환대받을 권리,
환대할 용기

환대받을 권리, 환대할 용기

소수자를 위한 일상생활의 정치학

© 이라영, 2018

초판 1쇄 펴낸날 2016년 3월 30일
초판 3쇄 펴낸날 2020년 9월 5일

지은이 이라영
펴낸이 이건복
펴낸곳 도서출판 동녘

전무 정낙윤
주간 곽종구
편집 구형민 정경윤 박소연
마케팅 권지원
관리 서숙희 이주원

등록 제311-1980-01호 1980년 3월 25일
주소 (10881) 경기도 파주시 회동길 77-26
전화 영업 031-955-3000 편집 031-955-3005 **전송** 031-955-3009
블로그 www.dongnyok.com **전자우편** editor@dongnyok.com

ISBN 978-89-7297-756-8 (03330)

환대받을 권리, 환대할 용기

소수자를 위한
일상생활의 정치학

이라영 지음

동녘

차례

일러두기

1. 맞춤법과 띄어쓰기는 '한글 맞춤법'을 준수하였다.
2. 외국 인명, 기업명, 단체명 등의 표기는 '외래어 표기법'을 따랐다.
3. 단행본·신문·잡지 등은 《 》에, 영화·논문·그림·노래·방송프로그램
   등은 〈 〉에 넣어 표기하였다.
4. 독자의 이해를 돕기 위해 저자가 주를 단 경우 괄호[ ]를 사용했으며,
   본문 아래의 각주 역시 저자의 것이다.
5. 본문에 등장하는 단행본이 국내에서 번역 출간된 경우 번역서의
   제목을 따랐으며, 원서명의 병기를 생략하였다.
6. 표지 서체는 산돌 제비를, 본문 서체는 아리따 돋움을 사용하였다.

머리말

환대받을 권리,
환대할 용기가
필요하다

자궁에서 무덤까지

새치와 임연수어가 같은 생선이라는 사실을 알았을 때 밥상 앞에서 몇 번이고 되물었다. '정말? 그게 그거라고?' 살면서 지속적으로 나의 '사투리'를 발견하고 있으며 그럴 때마다 '표준어'를 새롭게 입력시키고는 한다. 강원도 영동 지방이 고향인 내게 새치라고 입력된 생선은 표준어로 임연수어다. 하지만 내가 표준어를 알고 있다 하여 기존에 사용하던 방언을 굳이 버리지는 않았다. 상황에 따라 내가 꺼내는 언어가 달라질 뿐이다. 내 머릿속 언어의 서랍에는 하나의 개념을 뜻하는 여러 언어가 다양하게 장착되어 있다. 그러니 '지방 사람'은 필연적으로 두 개의 모국어를 가진 셈이다. 표준어는 사회적 합의에 의해 만들어졌을 뿐 중앙의 언어만이 옳은 언어는 아니다. 언어의 발생에는 고유한 역사와 맥락이 있기에 이 작고 사소한 역사들이 쉽게 사라지길 원치 않는다. '변방에서 중심으로' 가기보다 변방이 소멸하지 않도록 해야 한다.

　누군가는 알아야 하는 지식이 누군가는 알 필요 없는 지식이기도 하다. 사투리를 사용하는 사람은 표준어를 알아야 하지만 표준어 사용자가 굳이 사투리를 알 필요는 없다. 언어의 서열은 지역의 방언과 표준어의 관계에만 해당하지는 않는다. '만국 공용어'라는 영어가 가진 힘은 막강하다. 영어가 모국어인 사람과 그렇지 않은 사람 사이에는 이미 태생부터 커다란 기회의 불평등이 있다. 지식은 주류 언어를 중심으로 수집·배치되고 있으며, 비주류에 가까울수록 주류의 언어를 익히기 위해 투자하는 시간이 늘어난다. 영어 사용자 중에서도 억양에 따라 그의 정체성을 세부적으로 나눌 수 있다. 언어는 소통의 도구를 넘어 서로가 서로를 알아볼 수 있는 일종의 식별 수단이며 권력이다. 계층과 성별, 인종 간에도 중앙의 언어와 사투리가 존재한다.

단어 하나에도 중심과 변방이 있듯이, 세상에는 치우친 기준과 편협한 정답이 존재한다. 학문에도 서열이 있어서 어떤 분야는 우러르고 어떤 분야는 무시한다. 인간의 교육은 태어나는 순간부터 성별에 따라 달라진다. 장난감에도 성별 구분이 있고, 남자는 파란색 여자는 분홍색으로 나눈다. 이분법은 세상의 질서를 만든다. 그 질서를 구성하는 주체는 나와는 상관없는 경우가 많으며, 권력을 쥔 자들의 정답이 기준이 될 뿐이다. 질서를 흔드는 질문이 끊임없이 필요하다. 예를 들면 여자에게는 왜 남자보다 젊음과 외모가 중요한 '평가' 요소가 되는가. 이다른 기준에 문제 제기를 하지 않는다면 평화롭게 지나갈 수 있다. 하지만 이에 대해 의문을 던질수록 주변이 시끄러워진다. '문제를 일으키는' 사람이 된다. 이렇게 기준이 다르다는 건 더 조심해야 마땅한 사람이 있고 조심할 필요가 없는 사람이 있다는 뜻이다. 객관이나 중립은 비현실적인 개념이다.

조심하지 않아도 되는 권력이 우리의 일상을 잠식하고 있다. 죽이고 때리는 흉악 범죄가 아니어도 일상의 공포가 있다. 2014년 기준으로 하루 평균 18건의 '몰래카메라' 범죄가 발생했다. 청소년의 여교사 치마

속 촬영은 '놀이'다. 2015년 여름 발생한 워터파크의 몰래카메라 사건처럼 공중화장실을 비롯하여 리조트의 샤워실, 병원, 학교, 심지어 제 집에서조차 몰래카메라가 여성들의 일상을 감시하고 있다. 안전한 곳은 없다. '안전'은 전혀 평등하지 않게 배치되어 있다. 가장 긴장이 해소되는 공간인 화장실에서조차 여성은 '알아서 조심'해야 한다.

내 일상의 '사소한' 장애물과 문제들을 피하지 않고 계속 생각하고 움직이는 그 자체가 큰 고통이 따르는 일이다. 우리는 '억울함'과 '분노'의 실체에 더 가까이 다가가야 한다. 공식 안건이 되는 억울함이 있고, 불평과 투정으로 흩어지는 억울함이 있다. 분노의 목소리를 낼 수 있는 계층과 목소리가 거세당하는 계층이 있다. "거트루드 스타인의 말을 비틀어 보자면, 자라서 남자가 될 거라면 반항하는 소년인 게 무슨 소용일까? 분명히 반항이 백인 중간계급 남성 반항[외톨이 남성 안에 개인화, 국지화되거나 소년 갱단으로 일반화될지라도]이기를 그만두고 계급 반항이나 인종 반항으로 바뀌면, 매우 다른 위협이 등장한다."[1] 운동에도 주류가 있기 마련이고, 반항도 버릴 게 있는 기득권에게 가능하다.

나는 밥을 먹다가, 길을 걷다가, 영화를 보다가, 텔레비전 채널을 돌리다가, 수도 없이 일상에 만연한 차별과 불공정을 경험한다. 공식적으로 전쟁이 일어나지 않아도 꾸준히 전쟁이다. '남의 일'이란 없지만 종종 남의 일로 착각하는 사건투성이다. 이러한 사건들에 온몸이 예민하게 반응할수록 점점 피곤하고 좌절감까지 느낀다. 억울하면 출세하라고 으름장을 놓는 사회에서 억울함의 실체를 말하기란 쉽지 않다. 부당한 일을 당해도 제도적으로 해결할 길이 막히고, 국민 정서나 문화나 인간적 도리라는 중립적인 개념 아래 약자들의 분노는 짓눌리고 있다. 성별 간은 물론이고 나이에 의한 서열 관계와 같이 거의 모든 인간관계가 수직적인 한국 사회에서는 수평적으로 의견을 교환할 수 있는 통로가 부족하다. 생각을 거듭할수록 우울하며, 마음속에는 죄의식과 분노·오만이 늘 뒤섞여 있다.

사소하게만 여겨지는 우리의 일상을 사유하자. 우리가 일상생활에서 자연스럽게 사용하는 관용구나 표현들은 사회가 지정한 어떤 관념을 섬세하게 담고 있다. 공부 안 하면 저렇게 노동자 된다, 여자답지 못하다, 사내 녀석이…, 어디 여자가…, 억울하면 성공해라, 절이 싫으면 중이 떠나라, 암탉이 울면 집안이 망한다, 남자는 여자 하기 나름, 남자는 애, 남자 못지않게, 천생 여자, 여자는 이래서 안 돼, 저러니까 못 살지, 여자의 적은 여자, 시집가도 되겠네 등등. 성차별과 약자 비하·노동자 혐오를 자연스럽게 유통시키는 말을 아무렇지 않게 사용한다.

결혼식과 장례식 같은 경조사는 성차별을 아름답게 포장하고 사회적 신분을 여과 없이 과시하는 행사다. 전통이라는 명목하에 차별을 공식적으로 드러낸다. 장례식의 '상주'는 남성 혈통 중심이다. 할머니가 돌아가셨을 당시, 나는 30년 동안 만난 적 없던 세상과 마주했다. 상주로 부모님 이름 다음에 내 이름을 말했을 때 장례식장 직원은 펜으로 메모를 하다 말고 "아들은 없나요?"라고 되물었다. 아들이 동생이니 그냥 순서대로 적자고 아빠가 말씀하셨다. "아들 이름을 먼저 적는 겁니다." 직원은 뭔가를 가르쳐 주듯이 말하며 내 이름을 적지 않고 빨리 아들 이름을 대라고 눈빛으로 압박하고 있었다. "그냥 순서대로 적읍시다. 비단 '라'에 꽃부리 '영'." 다시 아빠가 대꾸했고, 직원은 "원래 아들 이름을 먼저 적는 건데…"라는 말을 몇 번 더 구시렁거린 후 내 이름을 적었다. 21세기의 남한은 여전히 남존여비가 '정상'의 얼굴을 하고 있다.

장례식장 상주 명단의 이름 순서 때문에 겪는 차별 따위는 너무 유치하여 언급하기 민망하기 때문에 그냥 넘기고 말 정도로 시시하다. 이러한 차별은 전통이나 문화의 얼굴을 하고 우리 일상을 휘감고 있다. 그리고 다들 이렇게 말한다. '원래 그래.' 몇 년 후, 외할머니가 돌아가셨다. '외'손자들, 그러니까 딸의 후손은 서열이 가장 낮다. 묘지 앞에 세워 둔 비석에는 엄마의 동생들인 3명의 외삼촌이 앞장섰고 우리 가족이 가장 마지막에 있었다. 생각해 보면 '외가'라는 호명은 꽤 재미있다. '외가外家'는 가족 바깥의 가족이다. 친가親家와 외가라는 말은 엄마의 핏줄을 소외시킨다. 남성이 속한 집단이 이렇게 여성이 속한 집단을 '바깥'으로 밀어내며 배제시키기에 남성이 있어야만 여성은 제도권 안으로 들어올 수 있다. 남성의 정자만을 '씨'로 보듯이 여전히 '손孫'은 남성 자손을 가리킨다. '손이 귀한 집'이라고 하면 아들이 귀한 집이고, '4대 독자'라는 귀한 신분은 여성을 들러리로 만드는 언어다.

아들의 탄생을 위해 여아들이 살해당하는 엄마의 자궁에서부터 여성을 뒤로 밀어내는 묘비에 이르기까지, 태어나 죽을 때까지, 아침에 일어나 저녁에 잠들 때까지, 내 몸의 머리끝에서 발끝까지, 내 입에 들어오는 먹거리의 생산부터 배설과 각종 생리 현상을 해결하는 일까지, 이 모든 것이 사회의 질서를 위해 발명된 제도와 뒤얽혀 있다. 머리 모양, 얼굴 화장, 하이힐, 브래지어, 고탄력 팬티스타킹, 웃음소리, 걸음걸이, 먹는 모습, 목소리와 말투…. 여성의 몸과 감정을 통제하는 요소는 수도 없이 많다. 이것들은 필연이 아니며 '원래' 그렇지 않다. 성인 비장애인 남성에서 멀어질수록 인간의 기준에서 멀어지며 덜 존중받는다. 대신 자기 자신을 더 관리해야 한다.

생각은 계속 움직여야 한다. 이 움직임을 방해하는 일상의 언어는 '원래 그래'다. 대부분의 일상을 '원래 그래'라는 말과 싸워야 한다. 가난한 사람은 원래 그렇고, 남자는 원래 그렇고, 여자는 원래 그렇고, 전라도 사람은 원래 그렇고, 한국 사람은 원래 그렇다는 편안한 진단이 이 사회를 휘감고 있는 하나의 진리다. 문화로 포장된 편견들이 맞지 않는 옷처럼 나를 조여 오거나 너무 헐거워 우스꽝스러운 모습으로 걸쳐져 있다. 관념은 끊임없이 수정되어야 한다. 여기에 쓴 글들은 일상에 스며든 약자 혐오와 차별, 구별 짓기 등 심하게 기울어진 의식에 질문을 던져 보는 작업이다. 익숙해진 일상을 익숙하지 않게 들여다보고 싶다.

환영받지 못하는 몸, 침범당하는 몸, 빼앗긴 공간, 배제되는 존재, 착취당하는 시간, 조롱과 모멸의 대상, 가려진 이들, 묵살당한 목소리, 악마화되거나 사적 영역에 갇힌 권력, 추방되는 계층 등을 생각하고 질문해야 한다. 내가 '되고 싶은' 롤모델이나 워너비보다는 나와 타인의 '관계'를 고민하고 싶다. 우리는 어떤 사람은 나의 세계에 받아들이고 어떤 사람은 나의 세계에서 밀어낸다. 존중받지 못하는 세계에서 탈출을 꿈꾸는 모습이 우리의 자화상이다. 이익을 위한 접대가 아니라 인격적인 존중이 절실해 보인다. 비정상 취급을 받거나 소외된 약자이며 때로는 사회의 '루저'인 이들이 환대받을 권리에 대해 생각하고 싶다. '그들'을 조롱하고 모욕하며 나는 '그들'이 아니고 루저가 아님을 증명하기보다는 모두 연결되어 있는 존재임을 인식하고 서로를 환대할 용기가 필요하다.

'나'는 누구인가

한 인간의 삶은 생각의 문맥을 구성하는 데 많은 영향을 끼친다. 그런데 자신의 삶을 구성하는 정체성은 하나가 아니다. 나와 다른 타인은 물론이고 '나' 역시 여러 정체성이 뒤섞여 있다. 지식을 수집·편집·유통

·생산하는 지식 노동자이며 집필 노동자인 나는 일용직이고, 때로 갑의 위치에 있으며, 여성인 데다, 가정에서는 딸·며느리·아내의 역할을 수행한다. 내가 거주하는 서구 사회 안에서는 '동양 여자'이다. 나는 누구인가. 하나의 정체성으로 한 사람의 위치를 규정짓기는 어렵다. 지역·인종·국가·성별·계급·종교·세대 등을 끊임없이 교차시켜야 한다. '젠더보다 계급', '국가보다 개인' 등의 이분법적 접근은 어불성설이고 사고思考의 적이다. 또한 문명과 야성[때로는 '야만'으로 읽는], 남성과 여성, 동양과 서양, 앎과 실천 등의 구별은 억지로 질서를 만든다. 실천과 지식의 분리는 가능하지 않다. '앎'은 완성된 형태가 아니라 '알아 간다'는 진행형이다. 사안에 따라 그 비중을 달리할 수는 있으나 개인과 구조, 내 몸과 사회 제도는 분리되지 않는다. 인간은 고독한 개인이며, 사회적 존재다.

'나'의 피해와 억울함은 중요한 분노의 출발점이 될지는 모르겠으나 이는 자칫하면 서로의 고통을 저울질하게 할 수 있다. 내가 약자야, 내가 피해자야, 내가 을이야, 겪어 봤어?… 라는 목소리 속에서 '나'도 '타인'임을 생각할 필요가 있다. 인간은 내가 아닌 남을 타자화하는 방식을 벗어나기가 쉽지 않지만 이 타자화의 굴레를 최소한 의심하며 살아야 한다.

약자란 무엇인가. 절대적이며 필연적인 약자가 있는가. 나는 내가 약자라고 생각하지 않지만 때로 약자가 '된다'. 여성이기에 늘 약자인 삶을 살지는 않으며 여성이 필연적으로 약자가 될 이유도 없다. 다만 내 외부의 시선에 의해 '오직 여성으로만' 존재할 때 나는 약자가 된다. 여자라서 그래, 여자니까 안 돼, 하여튼 여자들은, 같은 여자면서, 어쩔 수 없는 여자, 여자답지 않게, 여자의 적은 여자…. 여자에 대한 이 모든 규정들이 바로 여자를 약자의 자리에서 떠나지 못하게 한다. 남자와 대칭을 이루는 존재인 여자로만 정체성이 읽히는 지독한 타자화, 그것이 약자가 만들어지는 방식이다.

약자가 늘 '옳고 선한' 피해자는 아니다. 약자는 '개인'으로 규정되지 못하는 존재들이다. 그저 여성이라는 공통점 외에는 아무런 관계가 없는 여성 운전자들을 하나의 범주로 묶어 '김여사'로 만드는 행위에서 그 예를 찾을 수 있다. 최초의 여성 대통령이 나오자 기대는커녕 걱정이 앞섰는데, 바로 이러한 카테고리에 익숙한 사회이기 때문이다. 박근혜가 실정을 하면 정치인 박근혜의 문제가 아니라 '여성 대통령의 문제'로 환원하는 시각을 접한다. 박정희가 독재를 하고 전두환이 학살을 해도 이를 '남성 지도자의 문제'로 여기지는 않는다. 그들은 무슨 짓을 해도 '개인'이다. 개인으로 존재할 수 있다는 것은 그 자체로 얼마나 큰 권력인가. 권력이 규정한 타자성은 수많은 관계 속에서 지속적으로 약자를 생산한다. 타자의 존재에 대해 의구심을 갖지 않는 한, 그 타자들은 계속 약자로 규정될 것이다.

약자일수록 조심해야 할 규칙이 늘어난다. 약자가 '약자다움'에서 벗어나지 않을 때 사회는 평화롭다. 싸울 수 없는 약자들은 자기 위안 방식만 늘려간다. 지는 게 이기는 거야, 좋은 게 좋은 거야, 무서워서 피하나 더러워서 피하지… 이 말들의 핵심은 '갈등 회피'다. 똥이 무서워서 피하는 게 아니라 더러워서 피한다고 할 때 중요한 것은 '무서움'이나 '더러움'이 아니다. '피한다'는 태도다. 그렇게 나는 피할 수 있겠지만 누군가는 또 그 무서움·더러움과 마주해야 한다. 나 역시 남이 피한 무서움·더러움과 맞닥뜨린다. 모두 피하기만 하며 살 수는 없다. 누군가는 치워야 한다.

우리는 이 차별적 구조에 대한 저항보다 개인의 인간 승리를 즐긴다. 나이를 극복하고, 장애를 극복하고, 인종적 편견을 극복하고, 가난을 극복하고…. 극복해야 할 요소가 많을수록 약자다. 극복하지 '못한' 이들은 게으르고 무능력한 낙오자가 된다.

질문에 질문하기

약자의 질문은 대부분 환영받지 못한다. 신문 기사에는 왜 여성만 성별 표시를 하지? 직업마다 '여'를 열심히 붙여 주면서 왜 피해자가 여성뿐인 범죄에는 '가정'·'데이트' 등을 붙여 성별을 거세한 중립적인 명칭을 쓰지? 나의 이런 단순한 질문이 시시하게 취급받는 것에 비하면 나는 참 쓸데없는 질문을 많이 받았다. 나는 '늦은 나이'인 32세에 프랑스로 유학을 갔다. 놀랍게도 내가 떠나기 전 한국에서 수없이 받은 질문은 "결혼은 언제 하려고?" 혹은 "결혼도 안 하고?"였다. 이 모든 질문들이 내게만 '특별히' 일어난 일은 아니다. '결혼은 안 해?'와 같은 질문은 소위 결혼 적령기를 넘긴 이들이 모두 지겹도록 들어야 하는 질문이다. 나는 외국에 거주하면서 '다행히' 이런 쓸모없는 질문들 때문에 에너지를 빼앗기는 피해를 덜 입은 편이다. 그래도 취업 면접에서 '여자들은 어차피 결혼하면 그만둘 거 아닌가?'와 같은 부당한 질문들에 '아니오'라고 말해야 하는 그 이상한 억울함을 감수해야 했다. 차별적인 질문에 '결혼해도 일을 계속 한다'는 쓸데없는 증명을 해야 한다. 가부장제 질서 속에서 결혼 안 한 여성은 문제가 되고, '사회생활'이라는 영역에서는 결혼한 여자가 또 문제가 된다. 현대 여성은 '일터와 가정에서의 양립'이라는 주문을 받고 살지만 동시에 '일과 사랑' 중에서 선택을 강요받기도 한다. 여성이 문제problem다.

'아랫사람'은 부당한 질문에도 상냥하게 응대해야 하지만, '아랫사람'의 정당한 질문과 항의는 종종 질책을 받곤 한다. '꼬박꼬박 말대답·말대꾸'가 된다. '말대꾸'라는 말 자체가 소통의 일방통행을 의미한다. 그들이 말만 하지 않는다면, 혹은 말을 하더라도 고분고분 상냥하기만 하다면 일상생활에 '아무 문제가 없다'. '남자가 화가 나면', '남자들이 술 먹고', [어른들은] 옛날 사람이니까', '그럴 수 있지'라고 남자들을 '배려'하는 영역이 광범위함에 비해, 여성이나 아이는 제 생각을 거리낌 없이 말할 수 있는 상황이 상대적으로 협소하다. 그나마 상대적으로 '안전한' 대중문화 속에서 영리한 변화가 일어난다. 이효리의 〈배드 걸스〉, 씨엘의 〈나쁜 기집애〉, 제시의 〈쎈 언니〉와 같은 '드센' 노래는 사랑을 잃은 여자의 상처가 아니라 "나는 쎄 아주 사납게"라고 외친다.* 소셜네트워크서비스[이하 SNS]에서 '드센' 여자들이 눈에 잘 보이는 이유는 그 가상의 공간이 그래도 안전하기 때문이다.

우리의 몸과 일체가 된 이런 차별 의식은 '요즘 여자들 세상이야'라고 한숨 쉬는 소리가 더 크게 들리도록 한다. 여자들 세상이라면 3일에 1명꼴로 애인이나 남편에게 살해당하는 그들은 누구인가. 이혼 후 여성이 1번이라도 양육비를 받은 경우는 17퍼센트뿐이지만 단지 이런 제도가 생겼다는 사실만으로도 '여자들 살기 좋은 세상', '여성 상위 시대'라고 한다. 고개 숙인 가장이 권위를 잃을까 봐 걱정하듯이, 예전만큼 남성 중심으로 굴러가지 않는 상황을 더 안타까워한다. 요즘 남자 불쌍하고 요즘 남자들 더 힘들다며 남자, 아버지, 가장, 남편을 이해하도록 강요한다. 심지어 여성들이 많이 진출해 있는 교직이 갈수록 '여초'가 되어 간다며 남성 교사가 줄어들어 교육에 상당한 지장을 초래하기라

* 여성 가수들의 '쎈' 목소리가 담긴 노래에서도 남성들의 시선을 의식한 '섹시' 코드는 살아 있다.

도 하는 듯 걱정한다. 아이 양육이 주로 엄마에게 맡겨졌다고 걱정하는 목소리는 별로 들어 본 적이 없다.

이런 시각은 곳곳에서 볼 수 있다. 심지어 나는 이런 말도 들었다. "이제는 장애인들 살기 좋아." 광화문역에는 항상 장애인들이 장애등급제와 부양의무제 폐지를 위해 모여 있다. 장애등급제는 사람의 몸에 등급을 매겨 등급에 따라 복지 혜택을 차별화하는 인권침해적인 제도이며, 부양의무제는 가족에게 국가가 할 일을 모두 떠맡기면서 가정을 더욱 힘들게 하는 방식이다. 여성, 장애인, 성소수자처럼 일상적으로 차별을 겪는 이들은 같은 시대를 살고 있는 이성애자 남성이 아니라 과거의 여성, 과거의 장애인, 과거의 동성애자 등과 비교되면서 '좋은 세상'에 살고 있다는 세뇌를 받는다. 마찬가지로 지금은 노동자들이 살기 좋은 세상이며 재벌 규제가 더 문제인 듯 몰아 간다. 경제사범으로 구속된 재벌은 경제를 살리기 위해 사면을 받지만, 노조는 '무리한 임금 인상'을 요구하는 '귀족 노조'로 매도당한다. 갈수록 사용자와 노동자의 구도보다 정규직과 비정규직의 갈등 구도를 부각시킨다. 2015년 9월 '노사정 대타협'은 결코 '타협'이 아니라 '노'의 권리 포기를 강요한 결과다.

'메르스 사태' 당시 고개 숙여 '국민 여러분께' 사과하는 삼성전자 이재용 부회장의 모습을 보면서, 무능한 정부와 대비하여 우리는 현재 정확하게 '사적 자본의 독재' 아래 살고 있음을 실감했다. 책임의 민영화, 위험의 외주화는 이제 거대한 공식이 되었다. 기업하기 어렵고 노동자의 '기득권'이 문제라고 하지만 현실은 전혀 다르게 돌아간다. 노동계는 노동개혁이라는 이름으로 불공정을 강요받고, 재벌은 '국민'경제를 위한다는 명목으로 특혜를 받는다. 이런 한국에서는 노동자로서의 삶과 소비자로서의 삶이 극명하게 갈린다. 소비자일 때는 이렇게 좋은 곳이 또 있을까 싶을 정도로 빠르고 편리하다. 하지만 노동자일 때는 인권도 없고, 사생활도 없으며, 생명의 위협까지 받는다. 이제는 쉬운 해고가 '노동 개혁'이라는 이름으로 불리며 노동자를 '대체 가능한 도구'로 만들고 있다.

3포를 지나 5포 시대. 인격적 대우를 받지 못하는 '성장의 도구'로 인간이 소비되는 사회에서 시민들에게는 포기해야 할 목록이 늘어나고 있다. 연애·결혼·출산·취직 등을 포기하는 현실과 반대로 텔레비전 속에서는 이 일상이 예능의 대세가 되었고, 일부는 결혼·출산·육아로 돈을 벌 수도 있다. 어쩌면 과거의 평범했던 일상이 이제 특별해졌기에 예능이란 이름으로 박제되었을지도 모른다. 밥을 먹고 연애하고 아이를 기르는 일이 어려워졌다. 제 삶에서 포기하는 목록은 늘어나고 대신 남의 삶을 구경한다. 어떻게 살아야 하는가에 대한 고민은 끝이 없다.

일상생활의 정치

몇 개의 꼭지를 제외하고 이 책에 엮인 글의 대부분은 수년간 여러 신문과 잡지, 인터넷 매체 등에 기고했던 칼럼들을 기반으로 했다. 책으로 다시 편집하면서 적절치 않은 문장들은 삭제하거나 다시 작성하는 등 추가 집필을 하였다. 많은 부분을 고쳤지만 그중에서 칼럼을 쓴 이후로 늘어난 노동자의 '사망자 수'를 고쳐야 하는 일은 또 다른 착잡함을 안겼다. 또한 지난 글을 다시 읽으며 내 생각이 조금씩 달라진 부분을 발견하기도 했다. 못난 과거를 정면으로 마주하는 듯 부끄럽고 한숨이 나오는 순간도 있었다. 글쓰기의 공포다. 다시 나의 생각이 달라질수 있다는 염려에서 자유롭지 못하다. 그러나 글은 생각의 과정이다. 나의 생각이 옳지 못한 적이 있으며 지금의 나도 충분히 틀릴 수 있다.

다만 고여 있는 생각보다는 계속 움직이고 나누는 생각이 의미 있다고 여기기에 내 움직임의 과정을 나누기 위해 기록한다.

1장에서는 학력과 학벌, 인종 등 계층 간에 구별 짓고 밀어내는 사회구조에 대해 말하고자 했다. 신분 사회가 무너진 듯하지만 우리는 여전히 다른 방식의 신분 사회를 살아간다. 현재 우리의 자화상은 서로를 모욕하고 무시하고 배제하는 모습을 띠고 있다. 타인에 대한 멸시를 통해 나의 신분을 지키고 나의 존재를 확인해야 하는 시절이다.

2장에서는 이렇게 모욕하고 배척하는 구조 속에서 살아가는 계층을 조금 더 구체적으로 다뤘다. 생산직 노동자, 전라도민, 노숙인, 지방민[지역민] 등이 겪는 제도적 차별과 우리의 차별 의식에 대해서다. 자본주의 체제에서 한국은 자연을 약탈하고 노동자를 소외시키며 '성장'해왔다. 노동자들은 끊임없이 일하지만 빈곤의 굴레에서 벗어날 수 없다. "지방은 식민지"라는 강준만의 표현이 과장이 아닐 정도로 지역민들은 정책적·일상적 차별을 겪으며, 그중에서도 호남 사람들은 마치 '남한의 유대인'과 같다. 이처럼 마치 '원래 그렇게 태어난 사람'처럼 취급받으며 인격적 모욕을 일상적으로 겪는 계층에 대해 말하고 싶었다.

3장은 여성 혐오와 모성 신화에 대한 비판이다. 여성은 개인으로서 인간이라기보다 엄마, 딸, 며느리, 시어머니 등의 관계어로 규정된다. 엄마로서의 정체성이 없는 여성은, 여성의 가장 자연적이고 필연적인 역할을 거부한 존재로 취급당한다. 또 엄마가 '가족을 위해' 헌신하는 것을 자연스럽게 여긴다. 여성이 남성의 파트너나 가족을 위해 노력 봉사하는 노예가 아니라는 주장은 새롭지도 않은 케케묵은 소리일 뿐이다. 그럼에도 우리의 현실은 이 케케묵은 소리가 여전히 필요한 상황이다. 더불어 오늘날 갈수록 소비의 주체가 되는 여성은 소비 시장에서는 사로잡아야 하는 '여심'으로 부상하는 한편 사치스러운 '된장녀'라는 색안경에서 자유롭지 못하다.

4장은 여성이 하는 노동이 사회에서 어떻게 평가받고 있는지, 사적 영역에서 어떻게 보이지 않는 노동을 하는지를 다룬다. 노동시장에서의 성별에 따른 임금 격차는 여성이 저임금 노동을 한다기보다는 여성의 노동이 남성의 노동보다 가치가 낮은 것으로 취급받기 때문에 발생한다. 게다가 '비사회적' 노동인 가사 노동이나 가족을 돌보는 부불不拂 노동 현장에 다수의 여성들이 있다. 가부장제와 자본주의의 결합은 여성에게 '중산층 가정주부'의 모델을 이상적 여성의 삶으로 제공한다. 여성의 부불 노동을 가부장제도 속에 구속시키는 방식이다. '여성 노동'의 또 다른 특징은 '노동의 성애화'다. 여성은 일터에서 노동자이기보다 노동자를 기쁘게 하고 응원하는 '꽃'으로 여겨진다. 기혼 여성이 경력 단절 후 주로 저임금 돌봄 노동의 현장에 머문다면, 젊은 여성의 노동은 성애화되면서 이들의 업무는 성희롱과 분리되기 어렵게 된다.

5장은 범죄와 폭력이 지속적으로 '살아남는' 사회적 구조에 대한 글이다. 화장실 몰래카메라, 성폭력, 성매매, 낙태 등 주로 여성의 몸에서 벌어지는 일상의 전쟁을 다룬다. 피임과 낙태는 인구 조절을 위해 정책적으로 합법이 되기도, 불법이 되기도 한다. 낙태 문제에서 여성의 몸은 담론의 중심이 아니다. 여성이 자신의 몸에 대해 가지는 자율성을 배제한 생명 존중은 이상하고 모순에 빠져 있다. '거대한 자궁'으로 존재하는 여성에게는 인간으로서 최소한의 존엄을 지키기 위한 투쟁이 필요하다. '가벼운' 희롱에서 살인에 이르기까지, 여성을 대상으로 하는 범죄는 다른 범죄와 달리 '여성 탓'이 된다. 언론은 거의 천편일률적으로 가해자의 시각으로 사건을 서술하는 일이 다반사다. '딸 같아서, 좋아해서, 그런 뜻이 아니었는데, 욱해서, 순간적으로, 술에 취해, 홧김에 저지르는' 범죄다. 희롱이 범죄가 되기까지도 많은 투쟁이 필요했듯이 여성을 대상으로 한 폭력의 실체는 계속 파헤쳐야 한다.

마지막 장에서는 '정상이 아닌' 성에 대해 정리했다. 누구와 어떻게 관계 맺느냐의 문제는 개인적인 차원에만 머물지 않음을 알 수 있다. 성은 개인의 정체성 중 하나이지만 때로는 정치적 수단이며, 정치적으로 억압받는 대상이기도 하다. 〈성을 사유하기Thinking Sex〉의 저자 게일 루빈Gayle Rubin의 분석처럼 성에는 위계질서가 있으며 성은 언제나 정치적인 것이었다. 이 장에서는 역사적으로 인간의 성이 어떻게 억압받아 왔고 성별 이분법에서 벗어난 성을 배제해 왔는지 정리해 보았다. 굉장히 복잡하고 광범위한, 그리고 여전히 논쟁적인 주제들을 짧은 칼럼으로 썼던 글이라 의미를 더 축소하고 단순화시켰을지 모른다. 책으로 엮기 위해 다시 내용을 추가하기는 했지만 여전히 아쉬움이 남는다. 많은 한계를 드러낼 위험에도 불구하고 성소수자에 대한 논쟁이 더욱 풍성해지기를 바라는 마음으로 이 책에 포함시켰다.

부족함이 끝없이 발견되는 글이라 마침표를 찍기까지 오랜 시간이 걸렸다. 내 욕심을 다 채우려면 아마 마침표를 끝내 찍지 못할 것이다. 상투적이지만 나 홀로 '다음'을 기약한다. 삶이 차곡차곡 쌓이는 동안 나의 '생각'도 열심히 쌓아 나가며 진화해야 의미 있는 삶이라 믿는다. 거대한 대의를 외치는 선언보다 일상의 실천이 더 어렵고, 바로 곁에 있는 사람의 마음을 놓치기 더 쉽다. 그러니 가장 가까운 투쟁의 장은 내 몸과 내 습관이다. 배워 가는 사람, 움직이는 사람으로 늘 타인과 연결되어 있기를 바랄 뿐이다.

애초에 결이 다르고 분량이 다른 글들을 하나로 묶으면서 '이게 과연 같이 있어도 되는 글일까?' 스스로 의구심을 가졌다. 아마 내게도 노동, 여성, 성소수자 등의 주제가 분리되어 있어야 적절하다는 편견이 있었던 모양이다. 하지만 내가 쓴 모든 글들은 내 일상을 통과하는 '문제들'이었으며 이 문제들은 따로 분리되기가 어렵다. 우리의 일상에서 빈번히 겪는 일들을 정치화시켜야 한다. 전반적으로 '비정상'과 '변방'에 관심을 기울이고 쓴 글이 많다. 기존 정치담론의 우선순위, 남성 중심의 진보/보수 담론의 기준을 벗어날 필요가 있다.

어떤 글은 수필처럼 썼고, 어떤 글은 정보 중심이며, 어떤 글은 주장이 선명하다. 고쳐 쓰면서 서로 어울리게 다듬어 보긴 했지만 여전히 거친 면이 있으리라 생각한다. 다양한 주제가 뒤얽혀 있는 글을 한 권의 책으로 엮으려다 보니 각각의 글과 글이 유기적으로 연결되지 않는 면이 있었으며, 그 각각의 글 속에는 반복되는 내용도 있었다. 또한 시의성이 강한 칼럼은 책의 형식에 맞춰 추가와 삭제가 필요한 부분이 많았다. 전면적인 수정은 불가피했으며, 새로 쓰는 대신 이미 기본 틀을 갖춘 글을 다시 고치려니 예상치 못한 문제들에 부딪쳐야 했다. 그 과정에서 편집자는 중요한 동지이며 조언자였다. 여물지 못한 생각에 깊은 공감과 동기를 부여해 준 이정신 편집자와 이 책의 행간을 수도 없이 오가며 더 단단한 글을 짓도록 도와준 이환희 편집자에게 진심으로 고마운 마음을 전한다.

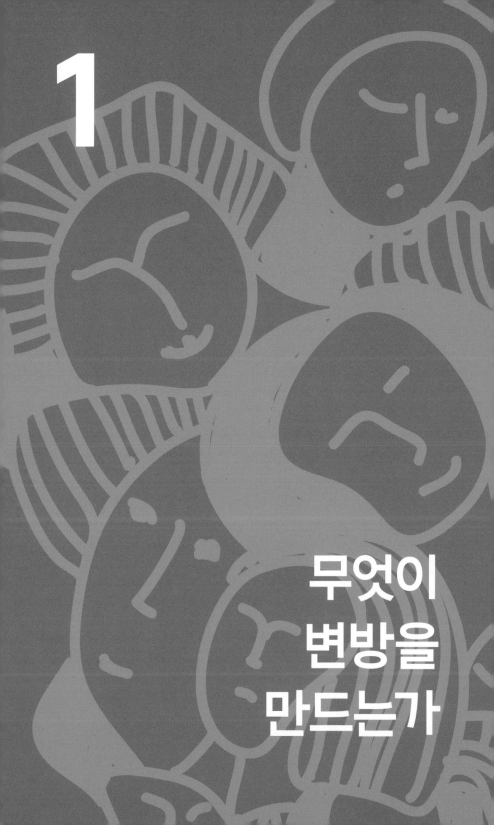

1

무엇이
변방을
만드는가

하나일 수 없는
'99퍼센트'

●

> 다른 대부분의 사람들은 특히 현실적 동물이며 잘산다는 것의 기준을
> 물질의 다과多寡에 두고 있지. 그건 생존 본능으로 당연한 거고, 올바르게
> 소신껏, 큰 가치를 위해 헌신하는 것, 그러한 삶을 잘사는 것으로 인식하는
> 사람은 지극히 소수라 할 수 있다. 그건 엄연한 현실이구, 정치란 예외
> 없이 그런 대다수를 상대로 하는 체제 아니겠어? 얼마나 그 대다수를
> 말아먹느냐, 얼마나 그 대다수의 허리를 펴게 하느냐의 차이가 있을 뿐.
>
> _ 박경리, 《토지》에서 이순철의 말

'1퍼센트에 대항하는 99퍼센트!' 지난 2011년 미국의 반월가 시위에서 본격적으로 외쳐진 이 구호는, 태평양 건너 한반도에도 상륙하여 목청 높여 불린 바 있다. 극소수의 이익을 위해 99퍼센트가 끌려다닌다는 뜻이다. 그런데 한반도 남쪽에서 울리는 그 구호 속에서 조금 의아한 점을 발견할 수 있었다. 현상이 언어를 창조하기도 하지만 언어가 현상을 이끌기도 하기에, 99퍼센트라는 그 언어의 함정이 결국 어떤 현상을 이끄는지 숙고하지 않을 수가 없다.

미국에서는 99퍼센트의 저항을 외치며 "월가를 점령하라!Occupy Wall Street!"라고 했다. 그러나 한국에서는 "명박 퇴진!"을 외쳤다. 이는 중요한 차이다. 미국에서의 99퍼센트 운동은 자본주의라는 체제에 저항

하기 위함이지 반공화당도 반민주당도 아니다. 반면 우리의 목적은 체제에 대한 비판이나 저항이라기보다 '이명박'이라는 절대악을 격퇴하는 것이었다. 우리에게 99퍼센트라는 구호는 어떻게 활용되고 있는가.

미국에서의 '99퍼센트 운동'은 자본의 착취에 저항하기 위해 그동안 주춤거리던 노동조합과 시민이 연대하며 노동운동의 새로운 국면을 기대하도록 이끌었다. 백악관이 아닌 월가를 점령하는 것은 단지 대통령, 정부, 여당 등에 저항하는 것이 아니라 자본의 음흉한 독재를 처단하겠다는 상징적 운동이다. 즉, 근본적인 경장更張의 시기가 도래했다는 뜻이다. 그런데 우리의 경우 이 언어가 반이명박 정서와 결합하며 체제에 대한 경장이 아닌 정권 교체로 구호가 모아졌다. 야당은 시민들의 이 함성을 적당히 이용하며 총선과 대선에서 정권을 심판하자고 외쳤다.
게다가 99퍼센트를 열심히 외치지만 '노동자'라는 말은 거북해하는 심리를 보면 이 체제에 대한 의문이 확장되지 않았음을 알 수 있다. 1퍼센트에 대항하기 위해 모두 뭉친 듯하지만 사실 돌아서면 99퍼센트 내에서도 지속적인 등급 매기기가 일어난다. 1퍼센트에게 착취를 당하는 99퍼센트에 포함되는 것에 분노하던 이들도 노동자 운운하면 '나와는 무관한' 소리로 받아들인다.
비정규직이 600만에 이르지만 정작 노동조합 가입자의 대부분은 정규직이다. 연대와 저항의 움직임을 가질 수 있는 힘도 미래에 대한 가능성을 품은 사람들에게서 더 적극적으로 나올 수 있다. 계약직으로 사회생활을 시작한 이는 마치 계약직이라는 종으로 태어난 것처럼 계속 비정규직 인생을 살아야 하는 경우가 부지기수다. 드물게 비정규직이 정규직으로 전환되면 대단한 신분 상승을 이룬 것처럼 여겨진다. 연대라는 것도 끼리끼리 같은 등급끼리 이루어질 뿐, '명박산성' 만큼이나 높고 견고한 계급의 장벽을 넘어선 연대는 드물다. 결국 중간 계층의 목소리가 99퍼센트를 대표하고 있다.

한국 사회의 거대한 종양 같은 학벌 문제도 결코 99퍼센트의 연대를 이끌지 않는다. 등급 사회에서 자신의 등급을 유지하는 일은 생존의 문제다. 그래서 "아프니까 청춘"이라며 그 '청춘'이라는 낭만적 이름으로는 모두 묶일 수 있어도 현실적 등급 앞에서는 인정사정 볼 것 없이 서로 구별 짓기를 한다. 자퇴를 해도 명문대생이 자퇴해야 사회적으로 주목을 끈다. 이런 상황에서 과연 같은 세대라고 해도 얼마나 연대 의식을 가지겠는가. 정권 비판을 위한 99퍼센트라는 거대한 집합체를 상징하는 언어는, 이런 일상적인 갈등을 숨긴다. 실제로 99퍼센트는 연대하지 않는다.

정치는 언제나 차악을 선택하는 것이라고 하지만 차악이라는 것도 생계의 위협이 없는 사람들 기준으로 차악이지 극빈층에게는 지속적 최악이다. 이 착취의 구조 속에서 밑바닥에 깔린 이들은 분노를 표현할 기회조차 상실한다. 분노의 주체조차 될 수 없는 이들에게 99퍼센트라는 언어는 기만의 언어다. 대중, 여론, 시민, 상식, 정의, 국민의 정서, 공감…. 이 모든 언어가 그들과는 무관하다. 이들의 목소리를 대변할 수 있는 정당의 존재는 집권당이 아니더라도 중요하다. 하지만 이제 진보 정당의 세력이 대폭 축소되었다. 중간 계층은 '계층 하락'에 대한 두려움으로 열심히 목소리를 높인다. 그리고 이들의 목소리는 절대 빈곤 계층의 기본 생계를 위한 투쟁을 거뜬히 넘어서는 힘을 가진다.

자본주의사회에서 대중이란 '소비할 수 있는 집단'이다. 상품이든 정보든 소비할 수 있는 주체여야 대중으로서의 존재감을 가진다. 우리가 지속적으로 간과하고 있는 것은 미디어에 접근하기 어려운, 그래서 '여론을 형성할 수조차 없는 계층'의 목소리가 걸러지고 있다는 점이다.

우연히 텔레비전에서 쪽방촌에 살고 있는 중년 부부의 생활을 보게 되었다. 여자가 임신 중이었는데 형편 때문에 처음에는 출산을 망설였지만 결국은 아이를 낳기로 결정했다고 한다. 나이가 많고 가난하기 때문에 그들은 아이를 가졌다는 사실을 몹시 민망하게 생각했다. 가난한 이들은 축복받아야 할 출산도 때로는 이처럼 죄스럽게 느낀다. '저러니 흥부 신세를 벗어나지 못하지…' 혀를 끌끌 차는 시선 속에서, 그들의 부부 관계는 없는 주제에 사치를 부린 것처럼 비웃음을 사기도 한다. 그렇게 가난한 이들은 인간적인 삶을 포기하기를 무언으로 강요받고 있다.

이효석이 〈도시와 유령〉을 쓴 지 수십 년이 지났지만 오히려 그 유령은 현재 더 늘어났을 것이다. 뉴타운이라는 말만 들어도 신경이 곤두선다. 노숙자들, 쪽방촌의 사람들, 고시원의 젊은이들, 아직도 '목욕차'라는 것이 다녀가는 동네에서 그저 내쫓기지만 않기를 바라며 살아가는 사람들이 존재하는 곳이 세계적 대도시 서울이다. 이 유명한 도시는 미관 때문에 노점상들을 철거할 줄은 알지만 그들의 생계 대책을 논의할 줄은 모른다.

'100세 시대'라며 노후 대책에 대한 압박을 은근히 받고 있다. 젊은 시절에 노후 준비를 철저히 하지 않으면 큰일이 날 것처럼 사회 분위기가 조성되어 있다. 하지만 '노후'라는 막연한 미래의 불안이 아닌, 지금 당장 현재가 위험한 가난한 이들이 도시 곳곳에 있다. 과거에 종교가 인간에게 내세를 팔았다면 자본주의는 현세에서의 미래를 판다. 그것이 불안이든 희망이든 지속적으로 미래를 생각하도록 이끈다. 미래와 교환할 현재가 있는 사람들은 어딘가에 투자를 하거나 노후 준비, 보험 등을 갖추느라 힘들다. 그런데 교환할 현재가 전혀 없는 가난한 이들은 '내일'이 없다. 경제력과 학력의 상관관계가 점점 밀접해지면서 누군가는 부모의 고학력을 상속받을 수 있지만 누군가에게는 빈곤의 악순환이 이어진다. 이들은 99퍼센트 내에서도 소외를 당한다. 정권 교체에만 활용되는 '99퍼센트'로는 우리의 현실에 존재하는 빈곤에 접근하기 어렵다.

애비는
종이었다

●

그는 지하 생활에 익숙한 사람이었다. 지상으로 올라갈 날이 있기도

하겠지만 지금은 지하의 방 한 칸도, 지하의 일자리 하나도 목숨처럼

소중한 사람이었다. 그의 소망은 그저 일하기 위해 먹은 밥이었으므로

응당 자유롭게 배설할 수도 있어야 한다는, 아주 소박한 것이었다.

_ 양귀자, 《원미동 사람들》 중에서

삶의 지겨움 중 하나는 어쩔 수 없이 자신을 설명해야 하는 순간을 매번 겪는다는 점이다. 내가 가장 쓰기 힘들어하는 글은 자기소개서다. 격식 갖춘 소개서가 아니어도 간단한 자기소개부터 내 정서의 구석구석을 설명하는 순간에 이르기까지 모두 다 지겹다. 설명은 늘 오해를 낳고, 불확실한 '나'는 설명되는 순간 확실한 정체로 빚어지기 위해 싹둑싹둑 잘려진다. 그러니 실체보다는 역할에 충실한 인간으로 사는 게 편할 수도 있다.

예술가들은 각자 자신이 가진 언어로 '나'를 설명한다. 나에 대해 쓰고, 나에 대해 그린다. 나에 대한 지독한 탐구는 쓸쓸한 일이다. 그럼에도 '나'는 끝나지 않는 예술의 주제다. 궁극적으로 인간이 알고자 하고, 또 말하고자 하는 바는 '나'일지도 모르겠다.

"애비는 종이었다." 서정주의 시 〈자화상〉은 애비의 신분으로 시작

한다. "종이었다"라는 그 한마디에 많은 맥락이 함축되어 있다. '나'의 출발점인 애비의 신분이란 바로 나의 신분을 구성하는 중요한 정체성이다. 내 삶의 가능성은 부모의 신분에 따라 다르다. '종의 자식'에게 "세상은 가도가도 부끄럽기만"할 뿐이며 '애비'가 대통령이었던 딸은 거리낌 없이 대통령이 된다.

더 이상 '종'은 없으나 신분 사회는 사라진 것이 아니라 시대에 발맞춰 변모되었을 뿐이다. 많은 나라를 돌아다니지는 않았지만 몇몇 나라의 묘지에서 시적인 글귀를 읽는 재미가 있었다. 그래서 한국에 들어와 할머니 묘소에 갔다가, 넓은 공원묘지 사이를 산책하며 묘비명을 훑어봤다. 내 눈에 들어온 것은 망자들의 생전 직업이었다. 무수한 '학생부군신위' 틈에서 적지 않은 '사무관'과 '교장'이 보였다. 나는 그 묘지주인들을 1번도 본 적 없지만 그들이 무슨 일을 했는지 알 수 있었다. 생전에 5급 이상의 사무관으로 공직에 있었던 사람들은 그렇게 자신의 신분을 묘비에 새긴다. 공동묘지는 관존민비와 남존여비가 살아 숨 쉬는 곳이다. 죽은 자들 간의 위계질서를 평온하게 보여 주는 장소다. 살아서만 자기소개가 지겨운 줄 알았는데 죽어서도 명패를 하나씩 얹고 누워 있어야 한다. 결국 자기소개란 신분 소개일 때가 태반이며, 인생은 역할 수행에 가깝다.

불확실한 '나'는 신분으로 확실해진다. 특히 한국 사회에서 '너'를 알아내는 간단한 방식은 부모 및 본인의 직업과 더불어 거주지[출신지], 그리고 학벌을 파악하는 것이다. 사람을 알기 위한 필수적인 요소인 이 세 가지를 알면 마치 그 사람의 기본적인 정체를 파악한 듯 여긴다. 여기에 물론 나이도 빠지지 않지만.

거주지와 출신지는 서울과 지방[시골!], 강남과 강북, 자가와 임대주택, 아파트의 브랜드 등으로 세분화되면서 한 인간의 자산까지 파악할 수 있어 유용하게 활용된다.[2] 한때 "부자 되세요"라는 광고 멘트가 온 국민의 안부 인사로 자리 잡았을 정도로 '부자 되기'는 인생의 중요한 임무가 되었으며, 부자 아빠가 곧 착한 아빠다. 이 욕망을 반영하듯 아파트와 빌라 이름에는 '리치'가 자주 붙어 있고, 한발 더 나가 '캐슬'과 '팔래스'가 되면서 귀족 작위를 받은 분들이 넘쳐 난다. 가난은 게으름의 표상이고 적대와 혐오의 대상이다. 임대아파트 아이들은 노골적 차별의 대상이 되어 가고, 같은 아파트에서조차 분양 세대는 임대 세대와 분리되려 애쓴다. 잘사는 사람과 못사는 사람의 거주지를 나누는 현상이 갈수록 두드러지고 있는 것이다. 한 아파트의 분양 세대가 당당히 임대 입주자에게 놀이터와 경로당 이용을 금지시킨다는 뉴스를 보고 해가 저문 묘지에서보다 더 오싹한 기운을 느꼈다. 입주민들 각각은 처한 상황에 따라 스스로를 '을'이라고 하겠지만 적어도 아파트 내에서는 '갑질'에 참여할 수 있다. 갑과 을의 구분은 이렇게 무의미해진다.

아파트의 브랜드화는 이 위험한 욕망을 더욱 자극했다. 브랜드 아파트는 오늘날의 '노블레스'에게 필수 조건이다. 쭉쭉 올라간 그 높이만큼이나 점점 인간을 내려다본다. 아파트의 '명예훼손'은 나의 성城을 침범하는 일, 이는 '나'의 브랜드를 훼손하는 일이나 다름없어졌다. 이들의 자화상은 바로 아파트다. 애국심, 애향심, 애사심도 지겨운데 이제 아파트까지 사랑해야 하나? 사람한테만 빼고 사랑이 넘치는 사회다.

아파트의 명예를 위해 '계약 해지'라는 이름으로 사실상 전원 해고된 경비원들이 있다. 한 경비원은 자신이 근무하는 아파트에서 지속적으로 주민들에게 모욕을 당하자 분신하고 말았다. 동료들의 말에 따르면 평소 입주민들의 무시와 부당한 대우 때문에 이 노동자는 스트레스를 받아 왔으며, 심지어 5층에서 음식물을 던져 주는 등 인격적 모멸감을 느끼는 일까지 당했다고 한다. 그러나 사건 발생 후 입주민들은 '아파트의 명예'를 움켜쥐기 위해 경비 노동자들에게 계약 해지 통보를 했다. 경비원의 죽음으로 아파트 이미지가 훼손됐다는 것이 해고 사유였다. 아파트의 이미지, 곧 명예는 '집값'이다. 분신한 경비 노동자의 산업재해가 인정되었음에도 모욕의 가해 집단으로서 깨달은 바가 없었다.•

이 사건을 통해 아파트라는 일상 주거 공간에서 하나의 계층이 다른 계층의 생존권을 쥐락펴락할 수 있음을 알 수 있다. 거주지의 명예를 지키려는 힘은 다른 계층에 대한 인격적 모독을 서슴없이 하게 만든다. "어디 사세요?"라는 질문이 이제는 단순히 '어디'라는 물리적 공간에 대한 질문으로 기능하지 않는다. 그가 사는 곳이 그의 계층을 말해준다. 거주지에 따른 계층 분화는 점점 세분화되고 있다. 아파트의 '갑'들이 그토록 지키고 싶어 하는 아파트의 명예와 이미지는 바로 그것이 자신들의 계급을 상징하기 때문이다.

우리는 여전히 상속의 시대를 살고 있다. 부모는 자식에게 물질적 상속 외에 인맥까지 물려줘야 한다. 산후조리원에서 인맥이 시작된다는 말이 있을 정도로 자식을 특정 동네의 특정 계층에 편입시키기 위한 몸부림은 치열하다. 부모의 계층이 자식의 운명에 끼치는 영향력이 점점 거세어진다.

그 상속과는 무관한, 오늘날 아파트보다 더 비인격적 대우를 받는 수많은 '나'의 자화상은 이렇게 시작할 것이다. 애비는 비정규직이었다, 애비는 해고되었다, 세상의 얼굴은 가도가도 뻔뻔하기만 하더라.

• 2014년 11월에 발생한 압구정 신현대 아파트 경비원의 분신 사망 사건을 둘러싼 일이다.

가난을
착각하다

●

본드 기운이 사라지고 꿈에서 깨어나면 여전히 동수는

어두컴컴한 다락에 누워 있었다. 현실에선 여전히 어머니,

아버지 없이 배고픔을 참아야 했고, 하늘을 날 수도 없었다. 무대에서

같이 춤을 추던 유승준은 여전히 텔레비전 속에서 화려하게 춤을 추지만,

동수는 괭이부리말 뒷골목을 혼자서 쓸쓸하게 헤매고 다녔다.

_김중미, 《괭이부리말 아이들》 중에서

파리에 있을 때 살던 건물에서 한동안 1주일에 한두 번은 꼭 이웃 간의 언쟁을 목격했다. 원인은 항상 세탁기에 있었다. 20명 정도의 세입자가 세탁기 1대를 공동으로 사용했다. 그런데 별도의 세탁실 없이 복도 구석에 세탁기가 있다 보니 바로 그 앞에 사는 세입자가 늘 괴로움을 호소했다. 세탁기 돌아가는 소리에 아무것도 할 수 없다며, 자기가 집에 없을 때만 사용해 달라고 했다. 시간을 맞출 수 없는 세입자들은 집에 세탁기를 두고 빨래방에 가서 돈을 쓸 수는 없다고 또 따진다. 나는 싸우기 싫어 손빨래를 하다가 지쳤다. 누구도 틀리지 않으나 모두가 힘들다.

이렇게 피곤한 나의 주거 환경에 대한 이야기를 주변 사람들에게 늘어놓다 보면, 간혹 "없는 것들이 요구 사항도 많고 성질도 더러워서

그래"라는 말이 돌아올 때가 있었다. 계단 옆의 비좁은 공간에 세를 주기 위해 억지로 만든 그 방에서 날마다 세탁기 소리와 함께 사는 세입자는, 소음 피해를 호소했다는 이유로 졸지에 요구 사항이 많고 성질 더러운 사람이 되었다. 이런 분쟁이 벌어지는 이유가 과연 세입자 개개인의 성격 때문일까. 결국 마당에 세탁실을 새로 지으면서 이웃들이 싸우는 풍경이 사라졌다. 문제는 집의 구조였던 것이다.

일상에서 발견하는 저소득층에 대한 이 같은 편견은 사회의 빈곤을 바라보는 시각에도 고스란히 나타난다. 빈곤이 발생하는 구조적 원인을 살피기보다 개인의 생활 습관, 성격, 소비 유형 등에 주목한다. 그래서 술, 게으름, 잦은 이직, 도박과 같은 개인의 탓으로 가난이 발생한다고 생각하지만 이는 나타난 결과이지 원인이 아니다. 개인과 가족의 가난을 들여다보면 그 안에는 한 사회의 역사가 흐르고 있다. 산업화이후 빈농의 자식들은 도시에 와서 도시 빈민이 되었다. 대부분 육체노동으로 살아가지만 육체노동자일수록 일용직일 가능성이 높으며, 잦은 부상으로 규칙적인 일자리를 갖기 어렵다. 규칙적인 수입을 갖기 어려울수록 소비 행태도 달라지기 마련이다. 그리고 사회의 보호 장치가 없을수록 빈곤은 자식에게서 또 그 자식에게로 이어진다.

이러한 빈곤의 고리를 이해하려는 노력보다 빈곤을 멸시하는 감정이 사회에 일상적으로 퍼져 있다. 그리하여 가난은 나라님도 구제 못하는 개인의 탓이 되고, 복지는 부지런히 일하는 사람들의 피 같은 세금으로 게으른 인간들에게 퍼붓는 시혜가 된다. 복지 수혜자들에 대한 무시의 감정은 그렇게 자라난다. 이는 한국에서만 목격되는 현상은 아니다. 미국에서 복지 수혜자들을 빈대라는 뜻을 가진 '무처moocher'라는 표현으로 비하하거나, 생산 없이 받아먹기만 하는 사람들이라며 '테이커taker'라고 부르는 것도 이런 감정 때문이다. 영화나 소설 속에서 가난을 '구경'할 때는 그 비참함에 가슴 저려하는 이들도 막상 현실 속의 가난 앞에서는 더럽고, 시끄럽고, 무례하고, 무식하고, 게으른 인간들이라는 타박을 서슴지 않는다.

사회학자 조은의 《사당동 더하기 25》는 '밑으로부터 사회학 하기'란 어떤 것인지 보여 준 연구였다. "이제 나는 한때의 도시 빈민이 25년이 지난 뒤 빈곤의 회로에서 벗어날 수 있는가에 답하는 것이 아니라 왜 그 질문에 확답할 수 없는가에 대해서 글쓰기를 시작한다."[3] 이렇게 시작되는 책은 한 가정을 25년간 연구하며 빈곤이 어떻게 만들어지고 지속되는지 담아내었다. 개인의 빈곤은 철저히 사회적인 것임을 보여 준다.

어떤 사안에 대해 원인과 결과, 현상과 당위를 혼동하는 경우를 종종 발견한다. 내게 무지의 정의가 뭐냐고 묻는다면, '의심하지 않기'라고 답할 것이다. 의심이 없는 이들과의 대화는 어려운 정도가 아니라 아예 불가능하다. 가난에 대한 무지는 '모르면서 아무 말이나 하는' 용기를 준다. '저러니까 가난하지' 따위의 말을 뱉기 위해 대단한 결심이 필요하지 않을 정도로 가난에 대한 무지는 당당하게 무시를 낳는다.

가난한 이들의 도박, 생명보험, 복권에 대한 집착도 빈곤의 결과이다. 빈센트 반 고흐Vincent van Gogh의 그림 〈복권판매소〉는 가난에 대한 반 고흐의 예리한 시선을 보여 준다. 허름한 옷차림의 사람들이 복권판매소 앞에 줄 서 있다. 이에 대해 그가 동생 테오Theo van Gogh에게 쓴 편지는 그림의 내용을 뒷받침한다.

"복권에 대한 환상을 갖는 것이 우리 눈에 유치해 보일 수도 있지만, 그

빈센트 반 고흐, 〈복권판매소〉, 1882.
"음식을 사는 데 썼어야 할 돈, 마지막 남은 얼마 안 되는 푼돈으로 샀을지도 모르는 복권을 통해 구원을
얻으려는 그 불쌍하고 가련한 사람들의 고통과 쓸쓸한 노력을 생각해 보렴."

들 입장에서 생각해 보면 정말 심각한 문제가 될 수도 있겠지. 음식을 사는 데 썼어야 할 돈, 마지막 남은 얼마 안 되는 푼돈으로 샀을지도 모르는 복권을 통해 구원을 얻으려는 그 불쌍하고 가련한 사람들의 고통과 쓸쓸한 노력을 생각해 보렴."[4]

가난은 한 인간의 삶 구석구석에서 그 '흔적'을 남긴다. 쉽게 가질 수 없는 옷 방, 안방 화장실, 서재 등의 언어는 계층을 여실히 반영한다. 공간은 곧 돈이며, 돈을 벌기 어려운 이들이 가장 직접적으로 할 수 있는 '경제적' 선택은 공간을 줄이는 일이다. 극단적으로 가면 모든 사적 공간을 상실한, '집 없는homeless' 상태가 된다. 영화 〈개를 훔치는 완벽한 방법〉은 집이 없는 사람의 고난을 우화처럼 만들었다. 영화 속 지소[이레]네 가족은 차 안에서의 거주가 일상이다. 반면 집이 있는 사람이 가끔 떠나는 캠핑은 '일상을 벗어난' 낭만적이고 활기찬 여행이다. 살아갈 공간이 없음, 이것은 단지 불편한 정도가 아니라 삶에 대한 위협이며 공포이다.

여성이 픽션을 쓰기 위해서는 '돈과 자기만의 방'이 필요하다는 버지니아 울프Virginia Woolf의 지적에서 '여성'의 개념은 빈곤 계층으로 확장할 수 있다. 자기만의 공간이 없는 계층에게 자신을 위해 무언가에 집중한다는 것은 상당한 에너지를 필요로 하는 일이다. 나와 가족과의 분리도 어렵다. 더구나 한국처럼 정부가 제공하는 복지 기반이 약하고 '소중한 가족애'가 모든 문제 해결의 힘으로 작동하는 사회에서 부모와 자식, 형제 간에 '개인의 인생'은 더욱 존재하기 어렵다. 가진 것은 오늘을 살고 있는 '몸뚱이'뿐이다. 사생활이나 인생에 대한 계획은 대단한 야망이 되어 버린다. 사생활의 개념은 주로 중산층을 기준으로 한다. 가난한

가난을 착각하다

이들은 사적인 공간과 시간의 확보는커녕 기본 인권인 개인 정보마저 팔아야 생존이 가능하다. 그렇게 사적 정보를 팔아 대포 폰과 대포 통장을 제공해서 살아가는 빈곤층은 '법적으로'는 범죄자일 뿐이다.

간혹 귀농이나 검소한 생활을 실천하며 가난을 '선택'했다고 말하는 세련된 이들이 있다. 누군가는 그것을 '자발적 가난'이라고도 한다. 가난을 정치적이나 도덕적 실천 차원에서 '선택'하는 순간 그것은 이미 가난이 아니다. 삶의 태도다. 그러나 가난은 '무소유'를 선택하는 삶의 태도가 아니라 생존의 문제다. '가난'이라는 언어마저 가난한 이들은 빼앗기고 있다. 선택하지 않았기 때문에 가난이다. 선택하지 않았다는 건 '아무리 노력해도' 벗어나기 어렵다는 뜻이다. 열심히 '노오력'한다고 해도 빈곤에서 벗어날 '희망'이 없을 때 노동 의욕도 함께 사라지기 마련이다. 벗어날 수 있는 계층 이동의 사다리는 점차 사라지고, 빈곤은 그렇게 '순환'한다.

몇 학번이세요?

●

팀장: 다른 여직원들은 다 야간대학 다니던데. 혜주 씨는 안 가?

혜주: 일하면서 더 많이 배울 수 있다고 생각해요. 팀장님한테 배우죠 뭐.

팀장: 음, 그치만 학위도 필요하지. 평생 잔심부름이나 하는

저부가가치 인간으로 살 수 없잖아.

_영화 〈고양이를 부탁해〉 중에서

어른들은 참 숫자를 좋아한다고 어린 왕자가 말했었다. 정말 그렇다. 나는 문득문득 내가 상대의 나이를 궁금해한다는 것을 스스로 발견하며 나 역시도 그 숫자를 좋아하는 어른이 되어 간다는 생각에 씁쓸해지고는 한다. 그리고 언제부터인가 누군가 내 나이를 물으면 '내가 몇 살처럼 보일까'라고 속으로 은근히 게임을 벌인다. 그리고 실제 나이보다 적게 보면 괜히 좋아한다. 나이라는 '숫자'에 점점 무게를 싣는 그 흔한 어른이 되어 가고 있다.

어른이 될수록 따라다니는 숫자들이 자꾸만 늘어난다. 사람을 파악하는 적지 않은 질문들 중에는 '숫자'가 참 많다. 나이가 몇 살인지, 집은 몇 평인지, 집값은 얼마인지, 연봉은 얼마인지, 남자들의 경우는 키가 몇인지, 여자는 몸무게가 얼마인지 등에 대해 우리는 궁금해한다. 대학을 졸업하고도 수능 점수를 자랑하거나 아이큐로 자신의 머리 등급을 과시하기도 한다. 이처럼 수많은 숫자들에 대한 질문 중에는 바로

"몇 학번이세요?"도 있다.

익숙한 질문이다. 대화의 내용상 필요할 때도 물론 있지만 단지 나이를 알고 싶을 때 에둘러서 학번을 물어보는 경우를 종종 본다. 나는 성소수자 인권 운동을 하는 한 동성애자를 인터뷰하러 간 자리에서도 이 질문을 받은 적이 있다. "몇 학번이세요?" 이쪽의 소수자는 저쪽의 소수자에게 무신경할 수 있다. 상대는 당연히 내가 대학을 나온 사람일 것이라고 생각하기에 아무렇지 않게 물었겠지만, 이 '아무렇지 않게' 학번을 물을 수 있는 사회의 분위기가 문제적이다.

호칭과 지칭이 다양하고 그것을 사용하는 데에 엄격한 한국 사회에서는 사적인 자리에서 처음 만나는 사람과 나이를 밝히기 전에는 상당히 묘하게 대화가 진행될 수밖에 없다. 그래서 한국인들 사이에서 상대의 나이를 아는 것은 하나의 관문이나 다름없다. 가끔은 이름보다도 나이를 먼저 묻는 사람을 보기도 한다. '정서상' 그럴 수 있다고 생각하지만 학번의 문제는 차원이 다른 복잡함을 안겨 준다. 우리 사회에서는 대학 입학 연도로 줄 세우는 습관이 있다. 사람의 관계가 강고한 위계질서로 짜인 사회다. 무조건 아래 학번에게 반말을 하던, 선배라는 대단한 감투가 있는 대학 사회도 낯설었지만 대학을 졸업하고도 사람들은 지속적으로 몇 학번이냐고 묻는다.

가끔은 같은 학교를 다니지도 않았고 내가 그에게서 뭘 배운 적도 없건만 학번 내세워서 '선배' 운운하는 경우도 본다. 나이가 적으면 '아랫사람'이 되는 것도 쉽게 동의하기 어렵지만 이 역시 오래된 정서다. 우리 사회에는 도처에 수직적 구도가 버티고 있다. 학번대로 줄 세워진 사회다 보니 '나이가 꼬이면' 말을 편히 못하고 우물거리는 모습도 종종 본다. 가령 재수나 삼수를 해서 대학에 들어온 사람이 한 학년 위의 선배에게 "우리 말 놓을까요?"라고 말하는 모습은 쉽게 상상하기 어렵다. 아주 '싸가지' 없는 후배로 낙인이 찍힐 것이다. 이 섬세한 줄 세우기 때문에 한국은 '제 나이에 남들처럼' 인생을 살지 않으면 사사건건 피곤해지는 사회다. 나이가 권력이 되는 것도 모자라서 학번도 권력이 된다.

그렇게 몇 학번이냐는 질문을 받을 때마다 '어쩌다가 대졸자를 보편으로 인식하는 사회가 되었을까'라는 생각이 밀려온다. 대학 입학률이 세계 최고 수준을 자랑하는 사회에서 대졸자가 아닌 사람을 만나기가 갈수록 어려워지고 있지만 그래도 모든 사람이 대학에 가는 것은 아니다. 고졸이거나 그 이하의 학력도 있다. 누구나 당연히 대학을 나왔다는 착각은, 대학에 가지 않은 사람들을 마치 그 '보편'에서 벗어난 존재로 취급해 버린다.

학번의 남용 중에서도 무례하고 편협한 것은 바로 세대 구별을 할 때 학번을 넣는 것이다. 397, 386[이제는 486], 575 등으로 표현되는 이 세대의 가운데 숫자는 학번이다. 이렇게 학번에 기반한 세대론이 생산될 정도로 대졸자들이 이 사회의 표준이며 주류 계층을 담당하고 있다. 그로 인해 학번이라는 숫자와 상관없는 이들은 비주류화된다. 사회의 주도권을 쥐고 있는 사람들 중심으로 세대를 파악하는 풍토에서 자기보다 못 배운 사람들에 대한 우월감을 엿볼 수 있다. 심지어 권력이 담긴 이 언어들을 무비판적으로 사용하는 '지식인'을 보는 건 그리 어려운 일도 아니며, 언론 또한 이런 표현을 비판 의식 없이 유포시킨다. 1987년 6월 항쟁 당시 그 유명한 걸개그림 〈한열이를 살려내라〉를 제작한 현장 미술가 최병수는 중학교 중퇴자다. 그럼에도 우리 사회는 '학번'을 끼워 넣은 386이라는 언어와 1980년대 민주화 운동을 연결 지으며, 사회운동의 역사를 대졸 학력의 기득권 중심으로 읽어 간다.

나이와 학번, 이런 숫자 놀이에서 제발 벗어나고 싶다. 내세울 것이 그 숫자밖에 없는 그런 처량한 어른으로 나이 먹고 싶지 않다. 사람을 만나면 그저 나보다 높은지 낮은지를 따져 서열 정리하는 것이 일상인 우리 사회에서, 나는 날마다 자이로드롭 속에서 오르락내리락하는 듯 멀미가 난다.

'괴물'에게 납치되는
계급적 운명

●

고난과 비참의 메아리가 울려 퍼지는

이 골짜기의 암흑과 혹한을 생각하라.

_베르톨트 브레히트, 《서푼짜리 오페라》 중에서

영화평론가 정성일은 2006년 영화 〈괴물〉에서 납치된 현서[고아성]에 대해 "그녀는 매일, 그 시간에, 그 장소에 학교가 끝나면 와야 한다"[5]라며, "현서가 괴물에게 납치된 건 그녀의 계급적 운명"이라고 했었다. 현서는 '우연히' 한강에 놀러 왔다가 납치된 것이 아니다. 그곳에서 매점을 하는 가족과 함께 가건물 속에서 살아가는 현서에게, 한강 둔치는 그녀가 늘 있을 수밖에 없는 거주 공간이다.

그렇기에 한강 주변에 서식하는 괴물을 피한다면 그게 오히려 운이 좋은 일이며, 이러한 사회적 조건이 납치당하는 운명을 만들었다. 부모의 가난이 자식에게 '괴물 앞에 더 쉽게 노출될 운명'을 불러낸 것이다. 아무도 그 소녀를 구하지 못했다. 민중의 지팡이인 경찰은 물론이고 민주화를 위해 학생운동을 했던 백수 삼촌도, 느림보 양궁 선수 고모도, 애달픈 부성애도 현서를 구하지 못했다. 그녀는 사회의 부조리 덩어리인 괴물의 입 속에서 결국 질식할 수밖에 없었다.

봉준호 감독은 〈괴물〉에서뿐 아니라 〈마더〉에서도 여학생의 죽음을 다룬 적이 있다.* 먹고 살기 위해 '원조 교제'를 하던 '쌀떡 소녀'라는 별명을 가진 여고생의 시체가, 어느 날 동네의 높은 곳에 빨래처럼 널려서 발견된다. 마을이 다 내려다보이는 달동네 꼭대기에서 '나의 죽음을 보아라!'라는 듯 '전시된' 그녀의 시체. 진짜 범인에 대한 사건의 진실 공방과 별개로 그 밤중, 그 길을, 쌀과 자신을 교환하기 위해 홀로 가야만 했던 '가난한' 그녀에게 주어진 운명이었다.

제도 속의 약자인 여자, 아이, 나아가 가난하기까지 한 이들을 영화 속에서 희생자로 등장시키는 것은 관객을 감정이입시키는 데에 효과가 있어서이기도 하지만 그것이 현실을 반영하기 때문이다. 성적으로, 계급적으로, 세대적으로, 총체적 약자인 그들은 아주 쉽게 범죄의 대상이 된다.

2012년 나주에서 7세 아이가 납치되었다가 성폭행당한 채 발견되었다. 통영 어린이 납치 살해 사건이 알려진 지 한 달 만에 다시 여아의 납치 성폭행 사건이 발생했다. '또?'라는 반응을 무색하게 하는 건, 한 해에만 아동·청소년을 대상으로 한 성범죄가 2,000건이 넘는다는 경찰청 자료다.

그런데 이렇게 아동 성범죄가 발생하자 언론은 선정적 보도에 혈안이 되었다. 가해자 실명을 비롯하여 얼굴까지 공개하겠다는 마음에 엉뚱한 사람의 얼굴을 싣는 대형 오보를 터뜨리고, 피해자의 상처 부위를 자세히 보도하며, 심지어 아이가 납치되었던 집안 거실이 훤히 들여다보이는 사진과 아이의 일기장 공개에 이르기까지 연일 도를 넘은 보

---

* 역시 그의 작품인 〈살인의 추억〉에서 영화상의 마지막 희생자도 교복 차림의 여학생이었다.

도를 '경쟁적으로' 쏟아냈다. 이런 것들은 그저 가해자를 향한 분노의 여론을 형성할 뿐 문제 해결에 아무 도움도 안 된다. 그런 분노 속에서 가해자들은 '우리와 다른' 비현실적 '짐승'이나 '괴물'이 된다. 그렇기에 그 괴물들만 없애면 마치 사회의 악성종양이라도 제거되는 듯, 그들에 대한 강력 처벌을 요구하는 여론이 번진다. 물론 다수의 성범죄자가 집 행유예로 풀려나거나 가벼운 형을 선고받는 현실을 생각할 때, 지금보다 높은 수위의 처벌은 필요하다고 본다. 하지만 가해자의 응징만큼 시급한 건, 그런 범죄[자]를 만들어 내는 사회에 대한 분석과 더불어 피해자들이 주로 어떤 계층인지를 솔직하게 밝히는 일이다.

한강에 괴물이 도대체 왜 등장했는지는 밝히지 않으면서 괴물의 '바이러스' 타령만 하며 시민들을 공포에 몰아넣는 일은 비단 영화 속의 초현실적 이야기만은 아니다. 사건의 양상을 보면, 통영 사건의 경우 피해자는 평소처럼 학교 가는 길에 차를 태워 주겠다는 주민에 의해 납치되었다가 성추행당한 후 살해되었다. 그리고 나주의 피해자도 가장 안전하다고 생각되는 자기 집 거실에서 가족들과 함께 잠을 자다가 이불째 납치되었다. 날벼락 같은 일이다. 그런데 이 날벼락이 단지 '짐승 같은 변태성욕자'에 의해 재수 없게 벌어진 일일까.

통영의 희생자는 아버지만 있는 한 부모 가정에서 돌봐 주는 어른이 마땅히 없다 보니 끼니도 제대로 챙기지 못했던 배고프고 외로운 아이였다. 나주의 'ㄱ' 양이 살고 있던 집은 식당을 개조한 공간으로, 미닫이 유리문만 열면 바로 거실에서 자고 있는 아이들에게 손쉽게 접근할 수 있는 구조였다. 비밀번호를 눌러야 하고 몇 개의 잠금장치가 달린 묵직한 현관문을 가진 집이 아니었다. 아이 아버지는 일용직 노동자고 기초생활수급자라고 했다. 조금 더 거슬러 올라가 2010년 부산 김길

'괴물'에게 납치되는 계급적 운명

영화 〈괴물〉, 2006의 한 장면

한강 둔치는 현서가 늘 있을 수밖에 없는 거주 공간이다. 그렇기에 한강 주변에 서식하는 괴물을 피한다면 그게 오히려 운이 좋은 일이며, 이러한 사회적 조건이 납치당하는 운명을 만들었다.

태의 여중생 납치 살해 사건이 벌어진 곳도 당시 피해자가 살던 다세대주택 인근이었다. 그곳은 치안의 사각지대인 재개발 현장으로 빈집이 많았다.

희생자들은 이렇게 〈괴물〉의 현서처럼 저소득층 자녀였고, 일상의 공간에서 주변인에 의해 피해를 입었다. 저소득층에 한 부모 가정의 아이가 더욱 쉽게 범죄에 노출된다. 그러나 이 '일상'에 숨어 있는 요소들을 자꾸 배제한 채 확실히 검증되지 않은 다른 요소들을 가져와 '성범죄의 원인'이라고 딱지를 붙인다. 게임과 야동이 없던 시절에는 마치 성범죄가 없었던 것처럼 술이 문제고, 게임이 문제고, 야동이 문제라고 한다. 심지어 외국인 체류자도 탓한다. 나아가 가해자들이 특정한 성적 애호증을 가졌다는 추측성 보도를 하며 '성애'와 '성폭력'을 구별하지 못하는 모습까지 보인다.

이처럼 강력 범죄가 발생했을 때 정치권이나 [대체적으로] 보수 언론에서는 보다 근본적 문제에 접근하려는 노력을 소홀히 한다. 성차별적 구조와 더불어 약자와 소외 계층에 대한 인권 의식 결핍, 정부의 부족한 지원 체계로 인해 보호받지 못하는 아이들의 계급적 불평등을 적극적으로 지적하지 않는다. 그뿐 아니라 가해자 역시 일용직의 저소득층이거나 일정 주거 공간이 없는 소외 계층이라는 점에 초점을 맞추기보다 게임·술과 야동을 즐겼다는 준비된 '공식'을 제공한다. 취약 계층에 대한 복지를 이야기하거나 성 정치 논쟁을 벌이면 피곤해진다. 그러니 피곤하게 원인에 초점을 두기보다 처벌 강화라는 방법을 더 선호한다. 대중의 분노를 구실로 화끈하게 참형을 이끌어 내려고만 한다. 더불어 이런 강력 범죄를 빌미로 불심검문이라는 낡은 발상을 회생시키는 것으로도 모자라서 급기야 '물리적 거세'라는 극단적 방안까지 내놓는다. 싹 다 자르자, 죽이자, 이렇게 그저 '그놈의 성기'만 응징하려는 전시성 정책에서 벗어나지 못하고 있다. 더 이상 '성기'에 죄를 묻지 말아야 한다.

지금도 여전히 '매일, 그 시간에, 그 장소에 학교가 끝나면 와야' 하는 운명에 처해진 '가난한 아이들'이 아무도 돌봐 주지 않는 사각지대에 놓여 있다. 부모의 손길이 닿지 않는 아이를 모른 척하는 사회의 방관 속에서, 그 아이들은 가해자로 성장할 수도 있고 피해자가 될 수도 있다. 이들에게 정작 필요한 관심은 내팽개치고 '감시와 처벌'의 사회를 구축하려는 꼼수만 부린다. 느슨한 처벌을 강화할 필요는 있으나 처벌 강화가 곧 사건의 해결책은 아니다. 사회적 안전장치도 부모의 보호도 없는 빈곤 계층의 아이들이 무방비로 놓여 있는 허술한 구조를 개선하지 않는 한, 같은 문제는 반복될 것이다. 가해자 응징보다 우리에게 필요한 것은 가난한 아이들이 '실종'되지 않도록 막을 수 있는 튼튼하고 촘촘한 사회적 제도다.

인격적 관계의
상실

●

2011년 세계보건기구WHO의 보고에 따르면 전 세계 성인의 10퍼센트가 정신 질환자이다. 정신 질환은 겉으로 잘 드러나지 않는다는 점을 감안하면 실제로는 훨씬 더 많은 이들이 앓고 있을 것이다. 그중에서도 가장 많은 비중을 차지하는 것은 우울증. 성별로 보면 특히 여성에게는 우울증, 남성에게는 알코올 중독으로 나타난다. 그리고 이것은 종종 자살을 부르는 요인이 되기도 한다. 물질은 화려하고 풍요로워지는데 정서는 잿빛으로 빈곤해지는 오늘날, '정신력이 약해서'나 '의지가 부족해서'와 같은 말로 당사자 개인의 나약함을 지적하기도 한다. 그러나 건강의 문제는 '나'라는 개인과 그를 둘러싼 사회 속의 '관계'에 의해 발생한다.

경제협력개발기구[이하 OECD] 가입국의 평균 자살률을 웃도는 국가들도 조금씩 하향선을 긋는 추세인데, 자살률이 하락하지 않거나 눈에 띄게 상승하는 나라로 언급되는 국가는 일본과 한국이다. 결코 간과할 문제가 아니다. 이 문제에 '사회적 관심'이 더욱 요구되는 이유는 이것이 '환경'과 밀접한 관계를 맺고 있기 때문이다. 교육 수준, 직업, 수입, 노동 환경, 주거 환경, 그리고 타인과의 관계 등이 자살에 영향을 미치는 것으로 나타난다. 특히 이 중에서도 직업과 노동 환경은 갈수록 중요한 요소로 꼽히고 있다. 노동자들의 자살이 점점 증가하는 현실만 보아도 알 수 있다.

2011년 당시 프랑스의 총리 프랑수아 피용Francois Fillon이 정책 슬로건으로 정한 것은, "박애의 프랑스에 외로움은 없다"라는 거였다. '외로움'의 문제를 국가적 슬로건으로 들고 나온 것이 반가웠다. 프랑스 여론 조사 기관인 TNS가 실시한 설문 조사에 의하면, 프랑스인의 91퍼센트는 많은 사회문제 중에서 '외로움'을 가장 중요한 문제로 여기고 있었다. 비단 프랑스뿐 아니라 선진국으로 갈수록 이 문제는 점점 심각한 현상으로 등장하고 있어, 이처럼 정부 차원의 대책을 마련하는 국가가 늘어나고 있다. 우리도 경제 순위 세계 몇 위라는 걸 강조할 것이 아니라 국민들의 '마음 건강'이 어느 지점에 있는지 관심 가질 필요가 있겠다.

개인의 외로움이 사회와 단절된 채 방치되다 보면 결국 우울증·광적인 종교 집착·중독증·폭력 등의 형태로 나아가며, 어느덧 그 무거움 속에서 익사하게 된다. 우리는 이렇게 현재 '인간 소외의 시대'를 통과하고 있다.

파리의 낭만처럼 상징되는 에펠탑이 교회를 연상시킨다는 사실을 알아차리는 관광객은 거의 없다. 에펠탑 꼭대기에서 보면 바로 아래 펼쳐진 공원에는 십자형으로 길이 만들어져 있다. 태생부터 '파리 만국박람회'를 위해 만들어진 에펠탑은 산업자본주의라는 새로운 종교가 탄생함을 만국에 알린 첨탑이나 다름없다. 오늘날 세계화는 자본주의를 위한 범국가적 전도 활동이며, 이 전도에 방해되는 것을 제거하기 위해 '자유'라는 이름을 앞세운 무역협정을 만들어 낸다. 반면 일찌감치 영성의 권력을 잃은 진짜 종교는 살아남기 위해 신앙을 매개로 자본을 축적하고, 사업체로써 교회를 확장하며 세습하는 자본이 되어 간다. 종교는 자본이 되고 자본은 종교가 된 것이다.

미셸 푸코Michel Foucault는 '주체와 권력'의 문제를 언급하면서 "권력의 양상은 구원에 지향점이 있다"라고 했다. 종교가 오랫동안 인간을 다스릴 수 있었던 근본적 이유는 궁극적으로 내세에서 개인의 영혼을 구원한다는 약속 때문이었다. 이것이 푸코가 표현한 '영성적 권력'이다. 종교와 신앙은 별개이며, 종교는 늘 사랑을 내세운 '권력'이었다. 그리고 근대화 이후 우리의 구원의 매개, 현재 그것은 동서양 어디에서나 '물질'이다. 더 이상 내세가 아니라 눈앞에 보이는 현세에서의 구원을 즉각적으로 추구할 수 있게 되었다는 착각이 현대 자본주의사회의 중요한 교리다. 우리는 마치 누구나 이 자유로운 체제에서 노력하는 만큼 얻을 수 있다는 착각을 하며 욕망의 사다리를 기어오르지만, 사실은 이 체제에서의 자유는 극소수만 누릴 수 있을 뿐이다. 오히려 우리는 여전히 현재의 삶을 희생하고 있다. 미래에 대한 온갖 불안을 상품화한 것이 보험이다. 종교가 내세의 지옥에 대한 공포심을 부추기듯 개인이 알아서 보험에 들지 않으면 미래에 재앙이라도 겪을 듯 불안함을 부추긴다. 그리고 국가의 사회보장 영역은 축소한다. 자꾸만 강조하고 부추기는 '노후 대책'이라는 것도 불안한 미래를 위해 현재를 자본의 노예로 만들기 좋은 소재다. 우리의 현재는 지속적으로 미래를 위해 저당 잡힌 채 희생되고 있다. 그럼 도대체 언제부터 우리는 현재의 순간을 누리는

가? 더 이상 준비할 미래가 없는 '진짜 노후'가 되었을 때? 그럴까? 그런데 노인 자살은 왜 늘어나는가?

주변을 왕따시키며 높이 올라가는 고층 건물이 빛나듯, 치열한 경쟁 속에서 모두를 왕따시키며 살아야 내가 빛난다. 돈이 곧 인격이다. 쓰고 버리는 소모품처럼 노동자를 취급하는 비인격적 태도 속에서 많은 노동자들이 정신적으로 고통받고, 우울증에 시달리거나 급기야 줄줄이 자살을 선택하고 있다. 그러나 노동자가 자살을 하든 병이 걸리든 자본은 파산하지 말아야 하는 것이 이 시대의 가치다. 과연 우리의 인격은 어디에 있는가. '돈을 쓰는' 고객님이 아닐 때는 누구나 어디서든지 투명 인간이 될 각오를 해야 한다. 인간관계에서 '인격적 관계'가 말소된 시대다. 인격적 관계가 없는데 누가 누구의 외로움을 알아차릴 것이며, 또 누가 누구에게 자신의 외로움을 꺼낼 수 있을까. 더구나 대도시의 삶에서는 '인간적'인 것이 끼어들지 않은 '건조한' 관계가 더 세련된 인간관계로 여겨진다. 인간적 관계가 귀하기에 '상담'이라는 상품이 현대인에게 절실해지고 있다. 돈을 주고 내 얘기를 들을 사람, 내게 따뜻한 말을 해 줄 사람을 찾아야 한다. 그나마도 돈이 없는 사람은 비싼 상담료를 지불하기가 어렵기에 이것조차 할 수 없다. 가진 자와 못 가진 자 사이의 비극은 단지 물질적 차이가 아니라 이렇게 정신적 고통과 치료조차 양극화된다는 점이다.

인간관계도 보험이다. 다양한 상품의 보험처럼, 다양한 목적에 부합하는 다양한 관리가 대놓고 칭송받는다. 목적을 위한 인간관계. 자산 관리하듯이 인맥 관리를 하는 기술을 익혀야 하고, 또 그것을 권한다. 모두가 고객과 판매자로 정리될 수 있는 관계다. 노동자가 아니라 돈을 가진 고객님이 되면 누구나 왕이 될 수 있고, 욕망하는 모든 것을 살

수 있는 세상이다.

물질과 몸, 그것이 오늘날 인간의 행복, 인간의 존재를 증명하고 구원하는 것이 되어 버렸다. 저 사람이 어떤 사람인가를 생각하기보다 저 사람이 무엇을 '소유'했는가를 본다. 일찍이 "목마르지 않아도 마시고, 배고프지 않아도 먹는"다고 갈파한 〈악의 꽃〉의 보들레르Charles Baudelaire는, 물질 풍요의 시대에 얼마나 정확하게 이 욕구불만을 알아차린 인간인가. 물질만 있고 인격적 관계가 말소된 우리들은 허기진 인격을 채우기 위해 지속적으로 소비를 한다. 나의 '존재'를 증명하는 것이 '소유'가 되었으니까. 그래서 무언가에 쉽게 중독된다. 풍요로우나 외롭다.

여성, 성스럽거나
혐오스럽거나

●

무한히 아름답거나 극단적으로 가증스럽고, 남성만큼 위대하기도 하고
또 어떤 사람들 생각엔 남성보다 더욱 위대하니까요.
그러나 이것은 픽션에 나타난 여성입니다.

_ 버지니아 울프, 《자기만의 방》 중에서

여성의 몸은 수많은 [남성] 화가들에 의해 종종 아름다운 누드로 재현
되고 조각상으로 탄생해 왔다. 그러나 그 몸의 주체가 미의 대상이나
재생산을 위한 생식 활동에서 벗어나 남성과 동등한 사회적 위치를 가
지려 하면 순식간에 조롱의 대상이 되고는 했다. 우리는 지금도 매체에
서 '아찔한 뒤태'와 '각선미'를 과시하며 '여신'으로 추앙받는 여자 연예
인의 몸이 전시된 사진들을 쉽게 발견할 수 있다. 반면 여성 혐오의 대
표적 비속어인 '보슬아치'처럼 여성의 생식기를 이용한 조롱과 경멸의
언어도 동시에 활개를 치고 있다. 생물학적 여성이라는 그 자체만으로
도 성스럽거나 혐오스러운 존재로 재현되는 일은 여전히 진행 중이다.

　1900년, 프랑스 사상 최초로 잔 쇼뱅Jeanne Chauvin이라는 여성 변
호사가 탄생했다. 남성 엘리트로만 이루어진 법조계에 여성이 진입하
려 하자 성적 모욕과 조롱이 쏟아졌다. 심지어 여성 혐오를 담은 캐리
커처까지 등장했다. 한 세기가 훨씬 지난 오늘날이라고 크게 달라진 것

작자 미상, 프랑스 최초의 여성 변호사 탄생 후 등장한 여성 혐오 캐리커처, 제작 시기 미상.

같지는 않다. 2010년 12월 프랑스 풍자 전문 주간지인 《샤를리 에브도 *Charlie Hebdo*》에는 마린 르펜Marine Le Pen을 조롱하는 그림이 실렸다. "마린 르펜은 아버지의 사상과 동침한다"라는 자극적인 문구와 함께 두 부녀가 입을 맞추고 얼굴이 뒤섞여 있었다. 극우당인 국민전선FN의 대표 마린 르펜이 아버지 장 마리 르펜Jean-Marie Le Pen을 고스란히 닮은 극우 정치인임을 강조하기 위해 그려진 풍자다. 단지 '정치인' 마린 르펜에 대한 조롱이라기보다 '여성' 정치인에 대한 조롱이라고 할 수 있다.

　《샤를리 에브도》는 2012년 9월에도 마린 르펜의 성에 집착하는 그림을 그렸다. 국민전선이 대표의 '성sex'을 바꾼 이후 [남성인 아버지에서 여성인 딸로] 전보다 더 대중정당이 되었다며 풍자했다. 나체의 마린 르펜이 누워서 다리를 벌린 모습을 그려 '여성의 성기'를 강조했다. 워낙 노골적 풍자로 종종 화제가 되는 《샤를리 에브도》이기에 그러려니 하면서도 무심히 넘길 수 없었던 이유는, 마린 르펜이 딸이 아니고 아들이었다면 생산될 수 없는 그림들이었기 때문이다. 딸이 아니었다면 굳이 그 생물학적 성에 관심을 가지지 않는다. 아들이었다면 아버지의 정치적 이념을 그대로 가지고 있는 정치인을 두고 아버지와 입을 뒤섞는 그림을 만들지 않을 것이다. 또한 아버지에서 딸로의 성기 변천사를 강조하지도 않았을 것이다. 경제 위기와 함께 유럽 전역에서 상승한 극우의 위상을 고려하면 프랑스 국민전선의 대중성이 높아진 이유로 굳이 대표의 '성'을 강조할 근거는 없다. 그럼에도 마린 르펜의 생물학적 여성성은 풍자의 대상이 된다.

이처럼 진영을 떠나 매체를 통해 지속적으로 여성성에 대한 공격을 보는 일은 참 피곤한 경험이다. 웃자고 그렸는데 정색하고 달려든다고 하겠지만 대부분의 풍자와 조롱은 이성애자 남성의 시각에서 만들어지기에 여성이나 성소수자 입장에서는 함께 웃기 어려운 경우가 많다. 2012년 4월 총선을 앞두고 김용민 당시 민주통합당 후보의 과거 막말 발언이 문제가 된 이유도 그 때문이다. 김용민은 2004년 한 성인 방송에서 "라이스[당시 미국의 국무장관 콘돌리자 라이스Condoleezza Rice]를 강간해 죽이자"라는 발언을 했다. 관타나모의 참상을 지적하며 미국을 비판하는 맥락에서 나온 격한 '농담'이라고 하지만 여성에 대한 폭력인 '강간'이 웃음의 소재가 되기는 어렵다. 남성 정치인에게는 하지 않는 '강간' 발언이 특정 여성 정치인에게 향할 때, 그것은 이미 '정치인'에 대한 공격이 아니라 '여성'에 대한 공격이 된다. '몸'으로 여성을 읽고 평가하며 그 몸을 숭배했다가 그 몸을 비난하는 방식이 지속된다.

유감스럽게도 이러한 방식의 공격을 2012년 11월 좌파 언론《레디앙》의 만평에서도 발견했다. 〈수염 난 여성〉이라는 제목의 상당히 반여성적인 만평을 보고 당혹스러움이 밀려 왔다. 턱에 면도 크림을 바른 박근혜가 면도칼로 수염을 깎는 모습이었다. 이 만평에 대해 작가는 "생물학적 여성이라는 이유로 여성 후보라고 선전하고, 또 그렇게 여성의 표를 모으려 했지만, 정치하는 행태라고는 약자에 대한 공격과 강자 추종의 가부장적 논리만 발기한 남근처럼 드러났을 뿐이었다"라고 설명했다. 하지만 성별을 소재로 한 설정은 어디까지나 '정치인'을 비판한다기보다 '여성' 정치인을 비판한 그림이다. 이런 그림이 나오는 배경에는 여성이라는 생물학적 성이 남성보다 평화적이고 부드럽다, 혹은 그래야 한다는 관념이 있다. 그 관념은 결국 은근한 '압력'이 되기도 한다. 그래서 박근혜와 싸우기 위해 야권에서는 자꾸만 '여성 대통령의 덕목'이라는 틀을 만든다.● 그들이 말한 덕목이란 다름 아닌 '평등, 평화 지향성, 반 부패, 탈권위주의'이다. 이것은 여성 지도자에게 '특별히' 요구될 덕목이 아니라 모든 정치인에게 마땅히 요구되는 일이다. 여성에게 더 높은 수위의 도덕적 기준을 제시하는 것이야말로 여성의 사회 진입을 막는 위선적 태도다. 또한 생물학적 성별 구분조차 겉으로 보이는 것처럼 단순하지 않다는 면에서 '수염난 여자'라는 소재로 여성 정치인을 비판하는 것은 적절치 않다. LGBT 인권 운동 활동가인 토리는 이 만평에 대해 "박근혜가 수염을 깎는 장면을 통해 박근혜의 남성성을 수염으로 상징하고 싶었던 것 같다. 남성성이 있는 생물학적 여성이 문

● 2012년 11월 1일 당시 민주당 중앙선거대책위 여성위원회 김상희 위원장과 박혜자·최민희 의원 등은 국회에서 기자회견을 열어 "박 후보는 여성 대통령의 덕목인 평등, 평화 지향성, 반부패, 탈권위주의와는 거리가 먼 후보"라고 비판했다.

이창우, 〈수염 난 여성〉, 2012.

제의 대상이 될 수 있는지, 수염이 과연 남성성을 상징할 수 있는지, 과연 한 개인에게 수염이 남/수염이 나지 않음이 부끄러움과 비하의 근거가 될 수 있는지 살펴보았을지 의문이다"[6]라고 했다.

　　우리는 종종 어떤 이의 발언을 '말실수'라고 한다. 하지만 말실수가 아니다. 여성의 존재를 어떻게 여기는지 그 의식이 말에 반영되어 드러났을 뿐이다. 박근혜를 비판하기 위해 '생식기' 발언이 나올 정도로 여성은 곧 커다란 자궁이다. 어떤 이들은 박근혜가 결혼하지 않았고 애를 낳지 않았기에 '여성의 역할'을 했다고 보기 어렵다는 의견을 피력하기도 한다. 이는 지독히도 가부장제의 틀 속에서 사유한 결과다. 출산과 육아를 하며 '한 남자의 아내이자 어머니 노릇'을 하지 않았기에 여성의 사명에서 벗어났다는 얘기다. 그것이 곧 '여성'으로서 결격사유인 양 몰아간다.

이렇게 여성을 [사랑과 헌신이라는 이름으로] 가정에만 묶어 두려는 사회의 암묵적 동맹은 참 다양한 방법으로 펼쳐져 왔다. 1955년 여성으로서는 처음으로 미네소타 출신의 미국 연방의원으로 당선된 민주당의 코야 넛슨Coya Knutson은, 1958년 재선을 앞두고 상대 후보의 모략에 휘말렸다. 공화당은 코야 넛슨과 이미 사이가 좋지 않았던 그의 남편을 이용해 공개적으로 편지를 쓰도록 했는데, 그 안에는 "코야, 나와 아이들을 위해 집에 돌아와 줘. 당신은 너무 많은 시간을 다른 남자들과 보내고 있어. 나 몹시 힘들고 아파. 제발 돌아와 줘. 사랑하는 남편이"라는 내용이 있었다. 이 편지가 공개되자 넛슨은 가정에 충실하지 않은 '여성' 정치인의 낙인을 벗기 힘들어졌고, 재선에는 실패했다. 이는 미국 현대 정치에서 성차별의 예로 종종 언급되는 대표적 사건이다.

2006년《경찰학연구》에 실린 〈가족 구성원 간 살해에 대한 고찰〉[7]이라는 논문을 보면, 실제 가족 살인의 경우 남성보다 여성에게 더 높은 형이 선고되는 것으로 분석되어 있다. 이는 가족을 돌보는 역할은 남성보다 여성에게 더 중요한 임무라는 관습적 사고 때문이다. 즉, 여성은 성스럽고 희생적인 어머니일 때는 숭배의 대상이 되지만 그 가정의 틀에 머물지 않으면 남성보다 훨씬 가혹한 비난을 감수해야 한다. 엄마는 곧 집이다.

유신 체제를 상징하는 박근혜를 조롱하고 풍자한다는 화가 홍성담의 그림도 예외는 아니다. 〈골든타임〉이라는 제목의 그림 속에는 박근혜가 분만대 위에서 출산을 하고 있는데, 갓 태어난 아이는 박정희를 상징하고 있다. 박근혜가 유신을 낳았다는 표현이다.《한겨레》에 실린 작가의 인터뷰를 보면 "박 후보를 분만대 위에 올려 그는[박근혜] 신이 아니라 우리와 같은 사람이란 것"을 말하고 싶었기 때문이라고 한다. 그리고《미디어오늘》과의 인터뷰에서는 "박근혜 출산설에서 착안한 그림이다. 박 후보의 처녀성, 몰지각한 여성의 신비주의 가면을 벗겨 내고 싶었다"라고도 했다. '어머니'가 아닌 한 여성 정치인은 졸지에 처녀성을 검증당하고 있다. 게다가 작가는 "미술사에서도 고대 벽화부터 페미니즘 작가들까지 수많은 화가들이 출산 장면을 그렸다"라며 자신이 박근혜를 풍자하기 위해 '출산'을 끌어온 것이 문제없다고 변호한다.

하지만 문제는 출산 그 자체가 아니다. 그 출산 장면을 어떤 맥락에서 사용했느냐가 중요하다. 많이 알려진 프리다 칼로Frida Kahlo의 작품 〈나의 출산〉은 그의 고통스러운 출산[사산] 경험이 담겨 있다. 칼로의 그림에 등장하는 수많은 여성의 몸은 여성성에 대한 공격이나 조롱도 아니고 여신 같은 미를 뽐내지도 않는다. 여성이 표현하는 여성의 몸을 통해 그동안 외면되어 온 몸의 고통을 까발리고, 대상화된 미가 아니라 살아 있는 주체적 생명을 표현한다. 반면 홍성담은 풍자의 미학이라는 이름 아래 여성 정치인의 출산 장면을 그리면서 '처녀성'을 운운하며 생물학적 성을 조롱했다.《샤를리 에브도》의 만평에서처럼 마린 르펜이 아들이 아니고 딸이기에 아버지와 입을 뒤섞는 그림이 생산되었듯이, 박근혜도 아들이 아니라 딸이기에 그의 아버지를 낳는 그림이 그려진다. 이것은 정치적 풍자라기보다는 '여성' 정치인을 조롱하는 성차별적 표현물이다.

그뿐 아니다. "박 후보가 정치인으로서의 특별한 철학과 사상을 보여 주었다기보다는 그를 둘러싼 검은 세력들이 그를 조종해 당선시켜 이익을 얻어 내려는 것처럼 보였다"라는 작가의 말은 여성 정치인을 바라보는 그의 시각을 고스란히 드러낸다. 박근혜를 스스로 생각하며 움직이는 인간이 아니라 누군가가 '조종해 당선'시키는 지극히 수동적 존

프리다 칼로, 〈나의 출산〉, 1932.
칼로의 그림에 등장하는 수많은 여성의 몸은, 여성이 표현하는 여성의 몸을 통해 그동안 외면되어 온몸의 고통을 까발리고 대상화된 미가 아니라 살아 있는 주체적 생명을 표현한다.

여성, 성스럽거나 혐오스럽거나

재로만 보는 것이다.

　과거 통합진보당 김재연이 국회의원에 당선된 후 《중앙일보》와 했던 인터뷰에서 기자는 "남편이 멘토인가?"라고 물었다. 이에 김재연은 "남편이 어떻게 멘토가 되죠?"라고 답했다. 남편이 멘토가 될 수도 있겠지만 문제는 어느 남성 정치인에게도 "아내가 멘토냐?"라는 질문을 하지 않는다는 점이다. 질문 자체가 이미 차별적이다. 여성의 생식기에 대한 넘치는 관심에 비해 그녀들의 주체적 사고에는 무심한 채 누군가에 의해 '조종'당한다는 생각을 참 쉽게 한다.

　여성을 '생각하는 인간'이 아니라 출산을 하거나 남성의 성욕을 위한 '거대한 자궁'이라는 틀에서 바라보면 여성이라는 인간을 판단하는 기준이 생물학적 틀에서 벗어나지 못한다. 출산을 했으면 여성으로서 임무를 수행한 셈이고, 그렇지 못하면 마땅히 공격받아도 된다고 생각한다. 여성을 중심으로 벌어지는 많은 담론들이 이렇게 여성의 몸에 갇혀 있다. 반면 그들의 생각이나 표현은 아버지, 남편, 애인, 오빠라는 남성의 영향 아래에 둔다. 여성을 비판하는 방식에서 '성별'을 떠나 그가 맡은 역할을 중심으로 분석하고 평하려는 노력이 필요하다.

'순수'의 폭력성

●

이 이야기가 어쩌면 이 나라에서 일어났던 일들을

명확하게 말해 줄 수 있을지도 모릅니다.

_영화 〈하얀 리본〉 중에서

프랑스 사회당PS은 2014년 3월 말에 있었던 지방 선거에서 참패한 이후 본격적으로 우회전을 시도한 바 있다. 장 마크 애로Jean-Marc Ayrault 총리가 사직하고 '사회당의 사르코지Nicolas Sarkozy'라 불리는 마뉘엘 발스Manuel Valls가 총리로 임명되었던 사실이 이를 방증한다. 내무부장관이던 마뉘엘 발스는, 롬족Roms이라는 루마니아 출신 집시들을 강제 추방하는 정책을 펼쳐 왔던 인물이다. 유난스럽게 '국가 정체성'을 강조하며 '프랑스적인', 혹은 '강한 프랑스'를 외치던 사르코지 전 대통령도 2010년 집시 강제 추방 정책을 실시한 적이 있다. 이 집시들은 오늘날 인종주의자들의 대표적인 표적이다. 이들의 캠프는 지속적으로 철거당하고 있으며, 대중들에게 집시는 소매치기와 인신매매 집단이라는 인식이 점점 더 굳건히 자리 잡히고 있다.

프랑스 국가인권자문위원회CNCDH의 2014년 조사에 의하면, 프랑스에서 이민자를 거부하는 정서가 전반적으로 상승하고 있다. 68운동●의 기온이 남아 있던 30년 전에는 [실제 자신이 인종주의자라 하더라도] '인종주의자'를 일종의 모욕으로 여겨 드러내지 않으려 했다면, 오늘날은 이

거부감을 점차 뚜렷하게 드러내는 편이라고 한다. 스스로 어느 정도 인종주의자라고 여기는 사람이 2009년의 조사에 비해 13퍼센트 포인트 상승했으며, '전혀 인종주의자가 아니다'라고 생각하는 사람은 15퍼센트 포인트 낮아졌다. 많은 사람들이 '이민자들은 우리와 통합되려 하지 않는다', '이민자들이 우리를 인종주의자로 만들고 있다'며 자신의 인종주의를 합리화한다. 특히 무슬림과 동유럽 출신 집시에 대한 거부감이 두드러진다.

거부감의 중요한 이유는 '그들'이 프랑스의 복지 제도를 누리면서 정교분리원칙laïcité을 존중하지 않고 자신들의 종교를 내세우기 때문이라고 한다. 높아지는 실업률과 경제 위기 속에서 가난한 이민자들은 세금 한 푼 안 내고도 복지 혜택을 받는 '수혜자'로 낙인찍히고 있다. 사회가 위기에 처한 원인을 약자에게서 찾는다. 이민자 중에서도 '더 가난한' 집단이 표적이 되는 이유다.

이 분위기에 힘입어 극우는 민족과 국가의 이름으로 이들을 집결시킨다. 혐오가 국가와 민족의 이름을 얻으면 순식간에 정의justice가 되며, 경제 위기 속에서 좌절을 맞이한 수많은 개인들은 존재의 이유를 새롭게 찾게 된다. 극우 활동은 일종의 생존 방식이다. "Non à Bruxelles! Oui à la France!" 2014년 유럽의회 선거를 앞두고 푸른색의 국민전선 선거 포스터 위에서 나부끼던 문구다. "브뤼셀이 아니라 프랑스!" '유럽연합EU'을 상징하는 브뤼셀이 아니라 프랑스라는 '순수한 우리나라'에 집

● 1968년 5월 프랑스에서 학생과 노동자들이 일으킨 사회 변혁 운동이다. 1968년 3월 미국의 베트남 침공에 항의하는 학생들의 대규모 항의 시위가 이어지면서 발생하였다. 여기에 노동자들의 총파업이 겹치면서 프랑스 전역에서 권위주의와 보수적 체제 등 기존의 사회질서에 강력하게 저항하는 운동이 일어났다. 이와 같은 성격의 운동은 프랑스뿐 아니라 미국, 일본, 독일 등에서 국제적으로 발생했다.

중하도록 호소한다. 그리고 실제로 국민전선은 승리했다. 유럽의회에서 유럽연합을 부정적으로 바라보는 집단의 대표성이 커지는 흥미로운 모순이 탄생했다. 점점 더 많은 프랑스인들이 국민전선에 대한 호감을 드러내고 있다.

2013년 6월 5일, 18세의 좌파 활동가 클레망 메릭Clément Méric은 극우 스킨헤드들의 폭행으로 사망했다. 시민들은 파시스트들에 의해 살해당한 '잊을 수도 없고 용서할 수도 없는' 사건이라 외치며 사망 1주기 때 대규모 집회를 열었다. 클레망 메릭을 구타한 스킨헤드들은 당시 '피와 명예Blood and Honour'라는 글귀가 적힌 티셔츠를 입고 있었다. 피, 곧 순혈주의는 극우의 기본 요소다. 순수한 혈통을 지키는 일이 사회정의가 되고, '순수'의 범주에서 벗어난 타자는 거침없이 제거 대상이 된다. 다른 종족 집단인 외국인·동성애자가 극우 입장에서는 바로 대표적으로 '불순한' 종족이다. 프랑스를 비롯하여 유럽을 휘감고 있는 극우의 실체는 100여 년 전의 유럽을 연상시킨다.

프랑스 외교관이었던 조제프 아르튀르 드 고비노Joseph Arthur de Gobineau가 1853년 발표한 《인종 불평등에 대한 소고Essai sur l'inégalité des races humaines》는 '아리안 신화'에 이바지한 가장 대표적인 저술이다. 현대 인종주의의 초석을 다지는 역할을 한 책으로, 이 책의 내용은 당시 사회의 '보편적' 사고였다. 고비노는 '아리아 인종'을 비롯한 북유럽 백인을 가장 우수하게 여기고, 유대인과 흑인을 가장 낮은 위치에 놓았다. 유대인과 흑인은 비문명적이며 '우수한' 문화를 만들 수 없는 인종으로 여겼다. 프랑스에서 노예제도는 공식적으로 1848년에 없어졌지만 흑인을 비하하는 '네그르nègre'라는 단어는 노예를 상징하는 언어가 되었고,

여전히 부정적 의미를 담고 있다. 이 '흑인'이 좁게 보면 말 그대로 피부가 검은 인종을 일컫지만, 실은 백인을 제외한 유색 인종을 포괄적으로 담고 있는 개념이다.

제2차 세계대전 이후 피폐해진 유럽에서 이와 같은 인종주의는 적어도 공식적으로는 수그러드는 듯했다. 서구 사회에 잠재된 인종주의가 '나치'의 이름으로 괴물처럼 터져 나왔을 때 벌어진 잔인무도함을 목격한 후, 생물학적 근거를 바탕으로 당당히 인종주의를 드러내기는 어려웠다. 하지만 오늘날 다른 방식으로 이 차별 의식은 사회를 점점 지배하고 있다. 예를 들어 디유도네Dieudonné라는 한 코미디언이 반유대주의를 표방하는 공연으로 사회적 논란을 일으킨 바 있다. 당시 내무장관이던 마뉘엘 발스가 해당 공연을 금지하는 강력한 조치를 취했을 때, '인종주의와 표현의 자유'라는 화두가 충돌하게 되었다. 디유도네의 공연을 금지시키면 표현의 자유를 침범한다는 논리가 펼쳐지고, 그의 공연을 보장하면 인종주의를 방관한다는 비판을 받게 된다.

이렇게 오늘날 차별의 방식은 대중문화 속에 파고들어 '표현의 자유'라는 명예로운 이름 뒤에서 보호받으려 애쓴다. 폭력은 이처럼 놀이가 되어 대중성을 얻는다. 더 이상 유대인을 가스실에 보내지는 않고 '드레퓌스 사건'처럼 억지를 부리지는 않지만, 혐오를 '표현'할 수 있는 '자유'을 보장받으려 한다. 혐오가 부드럽게 일상의 유머를 잠식하는 이 상황은 충분히 섬뜩하다.

서구 사회는 18세기까지는 신분제도를 통해, 19세기 이후에는 해외로 영토를 넓히며 식민주의에 입각해 인종 간의 카스트를 만들었다. 그리고 오늘날, 과거 인종차별에 쏟아붓던 에너지를 성소수자 탄압으로 확장 및 변화시키고 있다. 클레망 메릭의 죽음은 '모두를 위한 시위

manifeste pour tous'에서 발생했고, 이 시위는 '모두를 위한 결혼marriage pour tous', 곧 동성 결혼 합법화에 반대하는 시위였다. 오늘날 힘을 잃어 가는 보수 가톨릭과 파시즘이 만나는 지점이다. 이성애자의 결혼과 가정은 현대사회에서 이들이 가장 총력을 기울여 지키고자 하는 '순수의 영역'이다.

'동성애자'의 개념이 근대적이듯이 19세기 서구 제국주의와 식민주의를 합리화하기 위해 '인종'은 어느 정도 '발명'되었다. 인종주의나 성차별은 정치적 상황에 따라 '생산'되는 통치 수단이다. '한민족'이라는 개념이 가진 과장만큼이나 '피'의 순수함은 허구다. 문제는 실제 순수한 생물학적 혈통이 존재하느냐가 아니라 누구를 정치적으로 순수한 혈통으로 만드느냐, 그것이다. 지배 세력의 정당화를 위해 언제나 '카스트'가 필요하다.

노동의
공포

●

해포조선소의 사람들은 언제부터인가

자신들이 만드는 배를 지옥선이라 불렀다.

_방현석, 〈지옥선의 사람들〉 중에서

2012년 베니스국제영화제에서 황금사자상을 수상한 김기덕 감독의 〈피에타〉는 이전 작품들에 비하면 말이 많고, 그 말이 꽤 직접적으로 영화를 설명하고 있었다. 사채를 쓴 채무자들에게 돈을 받아 내는 일을 하는 강도[이정진]가 "돈이 뭐죠?"라고 묻자 엄마라는 여자[조민수]가 "모든 것의 시작과 끝. 사랑, 복수, 증오, 죽음…"이라고 답한다. 김기덕 감독이 친절해졌다는 생각이 들었다. 여러 해석이 가능한 그의 불친절함을 좋아했기에 〈피에타〉의 친절함은 개인적으로 덜 흥미로웠다.

그런데 영화가 시작되는 순간부터 내게 도달한 공포가 있었다. 그 공포는 영화 속 주인공인 잔인한 강도가 돈을 받기 위해 사람을 때리고, 높은 곳에서 떨어뜨리고, 절단기로 팔을 자르는 가혹 행위를 했기 때문이 아니다. 그도 물론 끔찍하지만 이보다 더 무섭게 나를 휘감은 공포는 따로 있었다.

영화의 많은 부분을 시각적으로 지배하는 것은 기계다. 비좁은 영세 철공소에서 무겁고 날카로운 기계를 다루는 '노동자이며 채무자'인

결코 용서받을 수 없는 두 남녀

자비를 베푸소서

피에타

©마운틴픽쳐스

김기덕 감독 열여덟 번째 영화
조인수ㅣ이정진 ㅣ···

[나쁜 남자]·이후 11년·더 나쁜 남자가 온다! 9월 6일 대개봉!

영화 〈피에타〉, 2012의 포스터
〈피에타〉에는 두 주연배우 이외
에 또 다른 주인공이 있다. 바로
'청계천'이다. 경제성장과 인간의
파괴가 함께 진행된 공간인 청계
천의 노동자들은, 일종의 불가촉
천민들이다.

이들이 지속적으로 등장한다. 영화 초반에 1번째 채무자는 실수로 기계
에 손을 살짝 다친다. 그곳의 노동자들이 일상적으로 다칠 위험에 처해
있음을 암시하는 것이다. 그리고 강도는 아무런 흥기 없이 주로 채무자
들의 '노동 현장'에서 도구를 찾아 '일'을 처리한다. 그 기계를 굴리며 먹
고살던 이들은 바로 그 기계에 의해 신체의 위협을 받는다. 돈벌이의 도
구가 살인의 도구가 된다. 게다가 마음이 흔들린 강도가 채무자의 손을
자르지 않고 떠나도 보험금을 위해 스스로 제 손목을 절단기 밑에 넣
는 사람도 있었다. 강도가 해치지 않아도 스스로 몸을 잘라 내는 비극
을 통해 진짜 '인간 백정'의 실체는 따로 있음을 드러낸다. 강도는 집행

자에 불과했고, 이 집행자는 '엄마라는 여자'를 만나 자신의 집행에 죄의식을 가지게 되었다.

한 중년 남성 채무자는 강도의 만류에도 불구하고 스스로 투신하여 목숨을 끊는다. 그는 죽기 전에 강도에게 묻는다. "자네, 청계천을 하늘에서 내려다본 적 있나?" 이들은 높은 곳에 올라가 청계천을 내려다본다. 영화 〈피에타〉의 또 다른 주인공은 다름 아닌 '청계천'이다. 1970년 11월 전태일은 근로기준법 화형식과 함께 청계천의 평화시장 입구에서 온몸에 휘발유를 끼얹고 라이터로 분신자살하였다. 높은 빌딩 숲 사이의 낙후된 공간인 청계천 일대는 한때 한국 산업화의 중심지였다. 경제성장과 인간의 파괴가 함께 진행된 공간이다. 그 청계천에서 15세부터 밑바닥 생활을 하며 40년을 버텼다는 그 채무자의 삶은, 마치 낙후된 청계천 일대처럼 조금도 나아지지 않았다. 도시의 번창에 기여했으나 정작 자신은 그 도시 속에서 빈민이 되어 감당할 수 없는 사채 빚을 안고 있다. 이제 남은 것은 몸뿐이다. 죽지 않을 정도로 신체의 일부를 절단하거나 망가뜨려서 보험금을 받는 것 외에는 돈 나올 길이 없다.

많은 이들이 미래의 소득을 담보로 은행에서 대출을 받고 다시 제 미래를 위해 투자한다. 그렇게 투자가 곧 빚이고, 빚이 곧 소득이 되는 돌고 도는 굴레에 갇혀 있다. 더 심각한 문제는 이 굴레에 갇히지도 못하는 사람들이다. '등급'을 받을 수도 없는 사람들. 〈피에타〉에 등장하는 청계천의 노동자들은 바로 이런 세계에 살고 있는 일종의 불가촉천민들이다. 가진 것이 몸뚱이밖에 없는 인간은 자신의 몸을 담보로 사채를 쓴다. 자본주의사회의 불가촉천민에게는 아예 처음부터 계층 이동의 사다리란 존재하지 않는 법이다. 몸뚱이가 버틸 수 있는 날까지 살아가다 죽임을 당하거나 스스로 죽는 이들의 삶을 영화는 마치 순례하

알렉산드르 사모흐발로프, 〈압축 드릴을 든 지하철 건설자〉, 1937.
이 그림 속 여성 노동자의 모습은 '리얼'하지 않고 이상적이다. 현실 속의
노동자들은 그처럼 멋진 모습으로 재현되기 어렵다. 노동하는 몸은 자주
위험에 처하고 삶은 고통스럽다.

듯이 보여 주고 있었다.

〈압축 드릴을 든 지하철 건설자〉라는 소련 시절 사회주의 리얼리즘 미술 작품 속의 한 여성 노동자의 힘찬 모습이 생각났다. 그 모습은 '리얼'하지 않고 이상적이다. 현실 속의 노동자들은 그처럼 멋진 모습으로 재현되기 어렵다. 노동하는 몸은 자주 위험에 처하고 삶은 고통스럽다. 피할 수 있다면 피하고 싶은 것이 바로 노동이다. 살기 위해 노동하지만 그 노동이 삶을 위협한다. '인간 백정'인 강도가 참회의 뜻으로 제 몸을 희생하여 죄사함을 받든 받지 못하든, 이 착취의 기계는 굴러간다. 사실, 이것이 진정한 공포다. 누가 죽든 자본은 두려워하지 않는다. '압축 드릴'은 그 용도가 언제든 달라질 수 있다.

2015년 7월 청주의 한 화장품 제조업체에서 일어난 사망 사건의 경우, 분명히 '살 수도 있었던' 노동자가 사망했다. 회사는 산업재해를 감추기 위해 지게차에 치인 노동자를 위한 응급조치를 취하지 않았고 구급차마저 돌려보냈다. 사고를 당한 노동자는 제때 치료받지 못해 과다출혈로 사망했다. 한국은 OECD 국가 중에서 산업재해 사망률 1위의 국가다. 또한 산업재해로 인정받기조차 어려워 인정받기 위해 몇 배의 투쟁을 하거나 그냥 억울하게 이름 없이 죽어 가야 한다. 삼성반도체 백혈병 피해자인 고 황유미 씨는 2005년 사망한 이후 산업재해를 인정받기까지 재판을 거듭해야 했으며, 2014년 법원에서 겨우 업무상 재해를 인정받았다.

한편 위험한 업무를 '파견'이나 '하청' 노동자에게 맡기면서, 이들이 업무 중에 사고를 겪으면 '우리 노동자가 아닌 외부의 노동자'라는 이유로 산업재해 대상에서 배제하기도 한다. 이렇게 위험은 외주화되거나 개인 부주의로 떠넘겨지기 일쑤다. 노동자의 몸을 기계처럼 사용하다

폐기 처분시킨다. 노동자 주변을 어슬렁거리는 이 죽음의 공포를 아무도 책임지지 않는다.

2

변방의
계급들

생산노동자의 삶은
진보하는가

●

手把金剪刀 쇠로 된 가위를 손에 잡으면

夜寒十指直 한밤 추위에 열 손가락이 곱는다

爲人作嫁衣 남을 위해 혼례복을 짓지만

年年還獨宿 해가 거듭되어도 나는 여전히 혼자라네

_허난설헌, 〈빈녀음〉 중에서

4대강 사업 노동자 23명 사망, 유성기업 노조원들 13명 차에 받힘, 쌍용자동차 해고자의 28번째 사망, 그리고 '놀면 노동자 된다'고 가르치는 학교. 이어지는 노동자들의 자살이나 사고사 소식, 파업자들의 구속과 비상식적 수준의 공권력 투입 등 노동자에 대한 대우가 형편없으니 그렇게 가르칠 수밖에 없을 것이다. 부패한 양반들을 가리켜 "도포 입고 낮에 도둑질하는 자"라고 했던 다산 정약용이 아마 현재 우리의 모습을 보면 무덤에서 이렇게 외칠 듯하다. "이곳은 와이셔츠 입고 낮에 살인하는 자들의 천국이구나!"

양반도 농·공·상 혹은 가르치는 일을 하며 직접 생산노동에 참여할 것을 주장했던 다산 정약용의 생각은 당시로서는 아주 혁신적이었다. 생산에 참여하지 않는다면 분배에도 참여할 수 없다는 것이 핵심이다. 그가 젊은 시절 토지 분배에 관해 쓴 《전론田論》은 비슷한 시기 프랑스의 샤를 푸리에Charles Fourier와 영국의 로버트 오언Robert Owen에 의해 서구에서 탄생한 공상적 사회주의 사상과 겹치는 부분도 있다. 이들에게서 특히 드러나는 인간적 공통점은 바로 '타인의 고통에 몹시 민감하다'는 점이다. 정약용이 타인의 고통을 그냥 넘기지 못하며 현실의 모순을 고발하는 시 한 편이 있다. 〈애절양哀絶陽〉. '양근陽根을 자른 것을 슬퍼하다'라는 뜻의 진짜 애절한 〈애절양〉. 시의 처음과 마지막 구절만 보자.

蘆田少婦哭聲長　갈밭 마을 젊은 여인 울음소리 처량해라
哭向縣門號穹蒼　관문 향해 통곡하다 하늘 보고 외쳐 보네
夫征不復尙可有　싸움터에 나간 남편 못 돌아올 수는 있겠지만
自古未聞男絶陽　사내가 자기 것을 잘랐다는 말은 들어 보지 못했네
(…)
豪家終歲奏管弦　부잣집엔 1년 내내 풍악소리 드높건만
粒米寸帛無所捐　쌀 한 톨, 베 한 치 내는 일이 없구나
均吾赤子何厚薄　다 같은 백성인데 왜 그리도 차별하나
客窓重誦詩鳩編　객창에 우두커니 앉아 거듭 시구편만 읊조리네[8]

《목민심서》에 실린 이 시는 정약용이 강진에서 유배 생활을 하던 당시 실제 일어났던 일을 바탕으로 썼다. 시의 전체 내용은 이러하다. 다산이 어느 날 한 여성이 탐진강의 갈대밭에서 너무도 슬프게 울고 있는 것을 보고 그 사연을 물었다. 사연인 즉, 남편이 자기 성기를 스스로 잘랐다는 것이다. 그런 일이 벌어진 이유는, 이미 죽고 없는 시아버지와 갓 태어난 어린애까지 합하여 삼대를 모두 군적軍籍에 올려놓고 군포軍布

를 내라고 했기 때문이란다. 군포란 당시에 장정 머릿수대로 내는 세금인데, 이미 죽은 시아버지와 아직 장정도 아닌 어린아이에게 왜 세금을 물리는가. 그래서 관에 가서 따지려 해도 듣지도 않고 그냥 '법대로' 무작정 소를 끌고 가 버린 것이다. 결국 도저히 분을 참지 못한 남자가 칼로 스스로 자기 성기를 잘랐다. 자식을 낳지 말았어야 했다고.

힘센 자에게서 착취당하는 이 약자들은, 죽어라 생산은 하는데 분배에서는 밀리고 엉뚱한 사안에서만 분배를 강요당한다. 그래서 억울함에 양근을 자른 조선 시대의 저 사내처럼 지속적으로 자신을 산화시키거나 산화되고 있는 약자들이 사라지지 않고 있다.

전기가 없던 시절에 인간은 야간 노동을 하기 어려웠다. 어둠을 이겨 낼 수 있는 폭발적 힘을 가진 전기의 등장으로 많은 자연의 한계를 극복하게 된 것까지는 좋았다. 하지만 그 이익을 누가 챙기는가 생각해야 한다. '임금노동자'가 본격적으로 출연한 산업사회 이후, 이 임금노동자는 기계에 인격적 대우를 양보해야 할 위치가 되었다.

200여 년 전 이미 로버트 오언은 영국 산업혁명의 한복판에서 생명체인 인간이 기계 취급받는 시대가 도래한 것을 인식했다. '인격이 없는 부富'는 결코 진보할 수 없다는 생각을 가졌던 그는, 기업 경영자이면서도 노동조합 운동을 펼쳤다. 노동자들의 복지와 건강을 우선적으로 고려하는 노동조건을 만드는 데 앞장섰던 경영자였다. 노동자와 어떻게 평등하게 분배할 것인가를 고민했던 오언은, 당시 다른 귀족이나 종교 권력자들에게 방해를 받고 외롭게 살아가야만 했다. 하지만 그의 사상이 오늘날 영국 노동당의 근간이 되었다. 억울하면 출세하라고 할 것이 아니라, '억울한 자들이여, 모두 연대하라!'고 외쳐야 한다.

과거의 문화유산인 커다란 교회나 성을 보면서 '저 화려한 유산 뒤에는 얼마나 많은 사람들의 죽음이 있었을까'라고 말하는 목소리를 가끔 듣는다. 규모의 차이는 있지만 오늘날의 화려한 자동차와 첨단의 정보 통신 기술, 쭉 뻗은 고속도로 뒤에도 많은 노동자들의 희생된 생명이 있다. 그것을 누리는 사람들에게는 세상이 진보한 것 같지만 '생산에 참여하는 자'들의 삶은 언제나 벼랑 끝으로 내몰린다. 그리고 주류 언론들은 '이달 말까지 파업 지속 시 2조 피해'라는 기사를 쓰며 사람의 죽음보다 자본의 피해를 강조한다. 업무방해니 불법점거니 하는 이름으로 노동자들의 행동은 규제를 받지만 야간 근무나 과중한 업무로 인해 노동자와 그들의 가정이 입는 피해에 대해서는 아무도 책임지지 않는다.

  명백하게 불법을 저지른 이건희 회장은 국익을 위한다는 명목으로 사면해 주는 반면, 노동자들은 법에 명시된 정당한 권리인 파업을 해도 붙잡혀간다. 법치는 누구를 위한 법치일까. 노동은 인간의 삶에서 필수이거늘, 이 사회가 굴러가기 위한 가장 기초적인 생산노동을 하는 사람을 귀히 여기지 않는 사회는 분명 잘못되었다. 한국노동사회연구소의 자료에 따르면 2014년 한국의 노동자가 1년 동안 일한 시간은 평균 총 2,285시간이다. OECD 회원국의 평균 노동시간이 1년에 1,770시간이다. 이는 한국의 노동자들이 다른 OECD 국가들에 비해 1년 동안 2달이나 더 일하고 있음을 알려 준다. 아직도 '하루 8시간 노동'을 위해 투쟁해야 하는 사회다. 생산노동자의 삶이 소외되는 사회의 역사는 결코 진보하지 않는다.

생산노동자의 삶은 진보하는가

불온한
'전라도의 힘'

•

김구는 가는 지방마다 환영을 받았는데 특히 전라도 지방에서는

그 환영이 아주 열렬했어요. 그게 어느 정도냐 하면 강연은 큰

도시에서만 하게 되어 있었는데 작은 군에서 사람들이 몰려나와 겹겹이

기찻길을 가로막는 바람에 김구는 예정에 없던 강연을 하고서야

기차가 움직일 지경이었어요. 그런 동태가 이승만에게 빠짐없이 보고된

것은 말할 것도 없지요. 그런 보고를 다 받은 이승만이 기분이

나빠져 한마디 내뱉은 것이 하와이 놈들 같으니라구 였어요.

_ 조정래, 《한강》 중에서

홍상수 영화는 제목이 대체로 재미있다. 그중에서도 〈강원도의 힘〉이 내게는 무척 흥미로운 제목이다. 아마도 내 고향이 강원도라서 그럴 것이다. 강원도 사람은 순박하고 인심이 좋다는 이미지를 가지고 있다. 대학교에 입학해서 자기소개를 할 때 모두 '어디에서' 왔는지를 말하길래 나도 '강원도'에서 왔다고 했다. 출신 지역을 소개하는 순간 우리는 '어디 사람'이 된다. 나라는 개인이 어떤 지역과 연결될 때 만들어지는 편견을 경험한 첫 사례였다.

강원도는 권력과 거리가 멀고 딱히 나쁜 이미지가 없기에, 살면서 '강원도 사람'이라 득을 본 적도 없지만 그렇다고 차별을 받거나 피해를

입은 적도 없다. 기껏해야 산과 바다, 감자, 오징어 얘기를 들을 뿐이다. '강원도의 힘'은 위협적이지 않다. 전라도처럼 유권자의 90퍼센트 이상이 특정 정당을 지지하지 않는다. 선거에서 보수 진영의 표가 많이 나온다고 해도 전체 인구가 대구광역시에 크게 못 미치니 TK[대구·경북]와 같은 주류로 묶일 일도 없다. 전라도에는 5·18 민주화 운동이라는 현대사의 굵직한 저항의 역사가 있고, 김대중이라는 걸출한 정치인이 있다. 제주도는 이국적인 풍광과 함께 '좌파'들에게는 4·3의 역사로 기억되는 곳이다. 충청도에는 김종필과 육영수라는 인물이 있다. 반면 강원도에는 정치적으로 강한 인상을 남긴 사건도 인물도 없다. 그래서 〈강원도의 힘〉이란 영화 제목은 탈정치적일 수 있다. '안전한' 제목이다. 강원도는 휴가철이면 고속도로가 가득 막힐 정도로 쉴 곳이 많은 도시인의 휴양지일 따름이다.

그런데 〈강원도의 힘〉과 똑같은 내용으로 〈전라도의 힘〉이라는 제목의 영화가 등장한다고 상상해 보자. 그런 영화는 과연 가능할까. 온갖 정치적 올가미를 감당해야 할지도 모른다. 내용과 상관없이 '좌빨 영화', '종북 영화'라는 딱지가 붙는 황당한 상황을 목격하게 될 것이다. 서구 사회에 '유대인'이 있다면, 남한 사회에는 '전라도인'이 있다. 낙인찍을 '공식적 약자'가 필요한 사회는 전라도 사람이라는 새로운 인종을 창조해냈다.

2013년 국가정보원 대선 개입 사건 2차 청문회 과정에서 새누리당 조명철 의원은 권은희 전 서울 수서 경찰서 수사과장에게 "권은희 과장은 광주의 경찰입니까, 대한민국 경찰입니까?"라고 질문을 던졌다. 이 '광주 경찰' 발언이 문제가 되자 같은 당의 김진태 의원은 "[조명철 의원이] 탈북자 출신으로 우리의 지역감정 개념에 익숙하지 않다"라며 조

불온한 '전라도의 힘'

의원을 변호했다. 그러면서 그는 오히려 "[당시 민주당 박영선 의원이] 경찰 수사 라인이 '진골 TK'라는 지역감정 발언을 했다"라고 공격했다. 조명철은 '지역감정 개념'에 익숙하지 않아서가 아니라 오히려 그 '지역감정'을 잘 이해한 것으로 보인다.

'광주 경찰'과 '진골 TK'는 과연 동일 선상에 놓고 비판할 수 있는 개념일까. 우리의 지역감정 개념에 익숙하지 않은 사람은 오히려 김진태 의원이다. 흔히 영호남 갈등이라고 표현하지만 이는 착각이다. 지역감정 혹은 지역 갈등이라는 말은 지역 간의 권력관계를 정확히 담지 못한다. 지역감정이나 갈등은 대등한 권력관계에서 벌어진다. 한국에서 경상도와 전라도의 관계는 기득권과 '왕따'의 관계에 가깝다. '전라민국'이나 '전라도 깽깽이'라는 말이 있을 정도로 전라도는 왕따의 대상이다.

경상도와 전라도가 가진 권력의 크기가 확연히 드러나는 사소한 예로 사투리를 들 수 있겠다. 경상도 사람 중에서 '경상도 남자'는 흔히 가장 사투리를 '못 고치는' 사람으로 알려져 있다. 실은 '못' 고쳐서가 아니라 고칠 필요를 딱히 못 느끼기 때문이다. 지역 방언을 사용하는 사람이 반드시 방언을 고칠 필요는 없다. 다만 우리가 주목할 점은, 누군가는 자신의 방언 때문에 눈치를 본다면 누군가는 전혀 거리낌이 없다는 그 차이에 있다. 방송을 통해 정치인들과 기업인들의 경상도 말씨와 마주치는 일은 있어도 전라도 말씨는 듣기 어렵다. 경상도 말은 '권력의 표준어'라고 불릴 정도다. 이는 영화나 드라마 속에서도 마찬가지다. 1997년 12월, 호남 출신의 김대중이라는 인물이 대통령에 당선되기 전까지 드라마나 영화 속에서 호남 사투리는 주로 무서운 조폭이나 악역의 말투였다. 김대중 당선 이후에야 대중문화 속에서 사투리의 지형도가 바뀌었다.

이러한 맥락을 고려하면, '진골 TK'는 특정 지역을 얕잡아 보거나 왕따시키기 위한 지적이 아니다. 한국의 '백인'인 그들만의 리그를 공격하는 말이다. 유색 인종을 향한 차별은 인종 갈등이 아니라 인종차별이고, 여성을 향한 차별은 성 갈등이 아니라 성차별이라고 한다. 마찬가지로 남한의 커다란 사회문제는 지역 간의 대립이나 갈등이 아니라 '차별'에 있다. 정확히는 호남 차별. 강원도 사람, 충청도 사람 가릴 것 없이 모든 지역의 사람들이 전라도와 분리되기 위해 이 호남 차별에 참여한다. 우리는 누구의 시각으로 광주, 나아가 전라도를 바라보는 것일까. 전라도의 야권 지지율 90퍼센트는 이러한 지역 차별에 대해 유권자가 할 수 있는 최소한의 저항이다. 새누리당 계열의 역대 정당들이 1980년 광주에서 학살을 자행한 이들의 후신임을 생각하면 이러한 결과는 지극히 자연스럽다.

아무도 나치와 유대인의 '갈등'이라고 말하지 않는다. 명백하게 박해였음을 모두가 알고 있다. 그러나 팔레스타인을 향한 이스라엘의 박해는 종종 '분쟁'으로 바라본다. 차별과 박해, 그에 대한 저항은 이렇게 시각의 주체가 누구인지에 따라 '갈등'이나 '분쟁'으로 둔갑한다. 한국 사회에서 지역감정이나 갈등이라는 표현은 상황을 정확하게 알려 주지 않는다. '우리가 남이가'라는 패거리 문화와 특정 지역에 대한 지역 차별이라는 개념이야말로 현상을 더 정확하게 담아내고 있지 않을까.

'도시의 유령'이
쉴 곳

●

밑바닥 사람들은 삶의 불행과 고통 외에 잃을 게 없었다.

그렇다면 얻을 것은? 그 또한 없었다.

마지막으로 마음껏 원한을 푸는 것 외엔.

_잭 런던, 《강철군화》 중에서

어릴 적, 방학마다 할머니가 살고 있는 서울에 '올라왔다'. 내가 살던 동네에는 3층 이상의 건물도 없었지만 서울에 오면 강물엔 유람선, 63층 빌딩에는 엘리베이터와 에스컬레이터, 지하로 다니는 전철까지 모든 것이 피곤할 정도로 높고, 크며, 빨랐다. 노랫말처럼 흥겹고, 크리스마스 장식처럼 호화찬란한 서울의 풍경 중에서 내게 가장 '서울적인' 인상을 남긴 모습은 '육교 위의 거지'였다. 지저분하고 우중충한 행색, 구걸, 악취는 기본이다. 그들은 마치 원래 그렇게 사는 역할을 맡은 사람인 듯, 모두가 자연스럽게 지나치는 존재다.

　　노숙인들이 주로 구걸을 하던 육교는 사라졌고, 수면을 위해 이용하던 서울역은 새로 지어졌다. 서울은 늘 깨끗하다. 언제나 '새것'이다. 이 깨끗하고 새것인 서울을 드나들 때마다 보들레르의 시 〈백조〉가 떠오른다.

"옛날의 파리는 더 이상 존재하지 않는다.

(도시의 모습은 인간의 마음보다도, 아아! 더욱 빠르게 변하는구나.)

(…)

파리는 변하는데! 나의 우울에는 아무것도 달라지는 것이 없다!"

변하는 도시, 그러나 변하지 않는 내 마음처럼 '거지'나 '부랑자'는 '노숙인'으로 다르게 불릴 뿐 여전히 도시의 구석구석에서 투명 인간처럼 살아간다. 악취는 그들의 마지막 존재감이다. 흔히 남의 몸에서 나오는 액체와 냄새에 사람들은 예민하기 마련이다. 공포 영화에서 피와 끈적한 타액은 필수다. 타인의 침, 땀, 콧물, 오줌, 혈액 등은 병균체나 다름없고 그 냄새는 역하게 하거나 두려움을 느끼게 한다. 계층의 차이는 내 몸에서 흐르고 분비되는 액체들을 관리할 수 있는 힘의 차이를 보여 준다. 가난하고 건강하지 않을수록 자신의 액체를 숨기기 어렵다. 빈곤과 소외의 냄새는 그렇게 만들어진다.

서울역 주변은 노숙인들의 수도이다. 30도를 넘나드는 더운 날, 서울역을 빠져나오자마자 잘난 내 코가 먼저 반응했다. 대도시의 기차역에서 종종 만날 수 있는 악취. 때로 후각은 인간관계를 방해한다. 뙤약볕 아래에서 한겨울 파카를 입고 몸을 오른쪽으로 기울인 채 미동도 없이 앉아 있는 남자가 보였다. 그가 살아 있는지 확인하기 위해 한동안 그의 앞에 서 있었다. 벌겋게 달아오른 그의 이마에는 땀이 물줄기처럼 흘러내리고 있었다. 'H&M' 비닐 가방 2개가 그의 옆에 놓여 있다. 주변에는 수도 없이 많은 이들이 소변을 흘리고 갔음을 알려 주는 짙은 냄새가 흐른다. 극대화된 익명의 삶을 살고 있는 도시의 유령, 바로 길 위에서 낮잠 자는 노숙인이다.

햇볕이 따가운 대낮에 노숙인들은 길바닥에 눕거나 앉아서 정말 깊은 잠에 빠져 있다. 노숙인의 '노'는 길 '로路'가 아니라 이슬 '로露'다. '이슬을 맞으며 자는 사람'이지만 실제 노숙인들은 이슬이 맺히는 새벽뿐 아니라 해가 중천에 뜬 대낮에도 잠을 청한다. 이 낮잠은 노숙인들의 생존을 위해 중요하기까지 하다. 밤새도록 이리저리 자리를 이동하며 쫓기는 수면을 하는 이들에게 한낮의 잠은 반드시 필요하다.

편견과 달리 노숙인들은 겨울에 동사하기보다 계절과 무관하게 사고로 사망하는 경우가 훨씬 많다. 사망률은 비노숙인보다 3배 정도 높다. 사람들이 다니는 길거리에 아무렇게나 누워 자는 그들의 낮도, 역무원을 피해 도망 다니는 그들의 밤도 안전하지 않다. 노숙인들 사이에도 자리싸움이 있고, 특히 여성 노숙인은 성폭력에 무방비로 노출된다. 그러나 안전한 시간과 공간을 상실한 노숙인들의 휴식 공간을 위한 정책보다는 '일반 시민'의 쾌적한 환경을 더 우선시한다. 덕분에 인구 1,000만을 훌쩍 넘기는 거대한 도시 서울은 비교적 깨끗함을 유지하고 있다. 깨끗한 도시에는 숨겨진 비밀이 많다. 서울보다 훨씬 지저분한 파리에도 '디자인'을 가장한 '눕기 불편한 의자'들이 지하철역에 가득하다. 공원 벤치에는 팔걸이가 늘어난다. 노숙인이 눕지 못하게 정책적으로 방해하고 있다.

시민을 위해 배척당하는 또 다른 시민이 노숙인이다. 시민의 범주에서 노숙인은 종종 배제된다. 2012년 제정된 〈서울시 노숙인 권리장전〉이 있다. 당연한 권리들로 가득하다. "누구에게나 존중받을 권리가 있다", 제1조다. '누구에게나 존중받을 권리'라는 그 당위는 실제로 모든 사람에게 작동하지 않는다. '도시의 유령'에 대한 최선의 존중은 그들이 더욱 잘 보이도록 하는 것이다. 노숙인도 마음이 있는 인간임을 인식할 때 비로소 그들의 부당한 삶이 보인다.

　파리에서 노숙인들을 위한 식사 제공 봉사에 참여한 적이 있다. 1주일에 1번씩 한 끼의 잘 차린 식사를 마련해 주는 일에 동참하며 사계절을 보내고 나니 내 눈에 들어온 사실이 있었다. 그들은 아무 자리에 아무하고나 앉아서 식사를 하지 않았다. 나름대로 무리를 형성하고 있었다. 대부분 식탁에 함께 앉는 사람이 정해져 있었으며 늘 같이 식사하던 사람이 보이지 않으면 열심히 찾고는 했다. 하지만 그 흔한 핸드폰도 없고 SNS로 자신의 일상을 불특정 다수에게 알릴 리가 없는 이들이기에 함께 밥 먹던 사람이 보이지 않으면 찾기 어려웠다. 혹시 길에서 사고를 당한 것은 아닌지 불안한 상상을 할 뿐, 딱히 할 수 있는 일은 없었다. 그들에게 밥 먹는 시간은 사람을 만나는 시간이었으며, 정갈하게 차려진 정찬을 먹으며 인간으로서 최소한의 품위를 유지할 수 있는 기회였다. 지극히 당연하게도, 거리에서 잠을 자고 남에게 밥을 '얻어먹는' 노숙인들도 분명히 인간관계가 있음을 나는 미처 생각지 못하고 있었다.

　노숙인들을 대하는 우리의 자세에서 볼 수 있듯이 인간의 커다란 한계는 바로 타자화다. 특정 대상에 대한 시혜, 동정, 멸시는 모두 '배제된 영역'으로 그 대상들을 몰아넣는 태도다. 타인의 삶을 타자화시키는 위험에서 자유로운 사람은 없다. 그러나 최소한 자신이 언제든지 타인의 문제를 타자화시키는 데 참여할 수 있음을 인식하는 것, 남의 일이 '우리의 문제'임을 꾸준히 인식하는 노력은 최소한의 정의일 것이다. 결국 '우리'라는 이름으로 '함께' 살아야 하는 영원한 타자에 대한 인식이 없다면, 수많은 사람들을 유령처럼 여기며 스쳐 지나갈 것이다.

시간의 빈곤을
겪는 노동자

●

형에게 가장 먼 미래는 언제냐고 물었다. 내일이라고 했다.

_영화 〈우리에게 내일은 없다〉 중에서

〈레닌 동지가 세상의 더러움을 청소한다〉. 빅토르 데니Viktor Deni의 이 작품은 러시아 혁명정부의 포스터이기도 했다. 레닌Vladimir Lenin은 세상을 청소했는가. 이 작품이 1920년 작인데 레닌은 4년 뒤인 1924년 사망했으니 아마 세상을 제대로 청소하지 못했을 것이다. 그런데 실은 1번의 '청소[혁명]'보다 더 어려운 일이 지속적 연대와 투쟁이다. 레닌이 염원한 '전 지구적' 전선에 대한 희망은 68운동을 마지막 불꽃으로 피우고 사라져 갔다.

삼성전자 서비스 노동자 자살. 유서가 되어 버린 그의 마지막 카카오톡 메시지에는 "배고파 못 살았고"라는 문장이 있었다. 이 말을 계속 되새겼다. 처음에는 생리적으로 느끼는 배고픔인지 정서적 고통에 대한 상징적 의미인지 판단이 되지 않았다. 왜냐면 '차마' 위장에 음식물이 들어가지 않은, 그 '배고픔'이라는 생각을 하기 어려웠기 때문이다. 아무리 일을 해도 빈곤에 시달리는 '노동 빈곤'이 늘어난다고는 하지만 삼성전자 서비스센터의 직원이 세상을 떠나는 마지막 순간에 남긴 말이

ТОВ. Ленин ОЧИЩАЕТ
землю от нечисти.

빅토르 데니,
〈레닌 동지가 우리를 청소한다〉, 1920.
레닌은 세상을 청소했는가. 사실
1번의 '청소[혁명]'보다 더 어려운 일이
지속적 연대와 투쟁이다.

배고픔의 흔적이었다는 사실은 정신을 아연하게 한다.

그 배고픔의 정체를 또 다른 기사를 보고 나서야 이해했다. 같은 서비스센터 노동자가 한 커뮤니티에 올린 글에, "오전 7시부터 밤 9시까지 고객님들께서 주시는 음료만 마시며 일한 날이 많은 것 같다"라고 적혀 있었다 한다. 경제적 궁핍은 물론이거니와 그는 위장에 음식물을 넣을 시간이 없을 정도로 하루 종일 '고객님'을 만나야 살아갈 수 있었던 것이다. 살려고 일하는데 그 일을 하면 살 수가 없는 모순이 발생하는 상황이다.

'배꼽시계'라는 말이 있다. 인간은 허기를 느끼면서 흘러간 시간을 대충 알 수 있다. 규칙적으로 생활하는 사람에게 이 배꼽시계는 꽤 정확하다. 또한 밤이 되면 졸음이 온다. 자야 한다. 그러나 많은 노동자들에게 이 기본적인 수면과 식사 시간이 보장되지 않는다.

시간의 빈곤을 겪는 노동자

산업사회로 들어선 지 200년이 지나면서 노동자들의 노동시간과 작업환경은 '전반적으로' 꾸준히 개선되어 왔다. 그러나 노동자들에게는 여전히 자기 시간을 관리할 권리가 부족하다. 배가 고프고 잠이 오는, 이 자연스러운 몸의 시계를 파괴하도록 강요받는다. 그리고 이들에게 마치 최면을 거는 듯 온 사회에 '힐링'이라는 처방전이 돌아다닌다. 그것은 현실을 바로 보지 못하게 가로막는 환각제일 뿐이다.

1913년 12월 1일, 헨리 포드Henry Ford의 이동 조립라인이 가동을 시작하면서 자동차 1대 제조 시간이 14시간에서 2시간 40분으로 단축되었다. 자동차 1대를 생산하는 시간이 획기적으로 줄었다. 기술의 발달로 이렇게 생산력이 증대되었다면 인간의 노동 시간이 줄어야 마땅할 텐데 어쩐지 그렇지 않다. 노동자들은 과잉 노동으로 휴식 시간이 부족하고, 빈곤 계층일수록 더 불리한 시간에 노동하는 '시간의 빈곤'에 시달린다.

24시간 영업은 고객의 입장에서는 편하지만 그 때문에 누군가는 한밤중에 일해야 한다. 주말, 밤, 점심시간, 여름휴가 등을 챙길 수 있느냐 없느냐는 결국 어느 계층에 속해 있느냐와 직결된다. 노동 빈곤 계층은 이런 시간을 가질 수 없는 시간의 약자다. 그래서 우스갯소리로 하는 '월화수목금금금'이라는 말은 결코 가볍지 않다. 꽉 찬 노동의 시간, 휴식 없는 고된 시간을 보내는 노동자의 일상을 상징한다. 이들은 시간을 빼앗기고 빼앗기다 극단적으로는 '삶'을 통째로 탈취당한다. 자살이라고 명명되는 타살이 그것이다. 살아갈 시간이 부족하다.

미국의 미니애폴리스 미술관에서 2013년에 열린 '노동과 산업의 이미지Image of Labor and Industry' 전시에서 가장 인상 깊게 본 작품이 있

벤턴 스프루언스, 〈일하는 사람들: 아침, 점심, 저녁, 밤〉, 1937.
노동자의 하루를 4개의 시간으로 쪼개어 놓은 이 작품을 보며 발견한 점이 있다. 아주 꼼꼼히 들여다보
지 않으면 아침인지 저녁인지 알아차리기 어렵다는 점이다.

시간의 빈곤을 겪는 노동자

다. 벤턴 스프루언스Benton Spruance의 〈일하는 사람들: 아침, 점심, 저녁, 밤〉. 이 작품은 우르르 우르르 몰리며 오직 '산업 인력'으로만 소비되는 노동자들의 일상을 담은 연작 판화다. 각각 '아침, 점심, 저녁, 밤'이라는 제목을 달고 있다. 노동자의 하루를 4개의 시간으로 쪼개어 놓은 이 작품을 보며 발견한 점이 있다. 아주 꼼꼼히 들여다보지 않으면 아침인지 저녁인지 알아차리기 어렵다는 점이다.

사망한 최 씨는 하루에 12시간 노동했다고 한다. '서비스센터'라고는 하지만 실은 기업이 고객에게 제공하는 서비스가 아니라 고객이 노동자를 착취하게 만드는 구조다. 그의 죽음을 통해 알려지기 전까지 서비스센터 노동자들이 하청업체 소속이며, 유류 비용과 핸드폰 비용까지 모두 사비로 해결한다는 사실은 알려지지 않았다. 그렇다면 누구의 시간을 착취하여 누가 돈을 버는가. 솔직히 넘치는 서비스가 제공되는 한국이 살기 편하게 느껴질 때도 있다. 사람을 부르는 데 망설임이 전혀 없다. '사람 값'이 너무 싸서 노동자들의 시간을 빼앗는 일에 모두 무감각해졌다. 모두 '고객'이라는 이름으로 자본과 손을 잡고 이 모든 착취에 동참하는 꼴이다.

현재 우리는 1987년 노동자 대투쟁 당시와는 다른 문제에 직면해 있다. 전 지구적 전선은 고사하고 같은 '조국'을 둔 노동자들도 파견직과 계약직, 정규직으로 찢기면서 노동자들 간의 반목은 더 심화되고 있다. 정치적 민주화 이후로 적의 얼굴은 모호해졌고, 노동운동은 더 고립되었다.

세계 인구의 1퍼센트가 46퍼센트의 부를, 10퍼센트가 86퍼센트의 부를 점유한 현실 속에서 90퍼센트의 인구는 남은 14퍼센트를 두고 아귀다툼을 하고 있다. 과잉 노동으로 근근이 살아가거나 아예 노동할 기회조차 없거나, 둘 중 하나다. 그래서 한쪽에서는 과로로 목숨을 잃는데 다른 한쪽에서는 스스로를 '잉여'라고 한다. 결국 시간이 많으나 할 일이 없는 잉여 노동자와 일거리는 많으나 늘 시간이 부족한 과로 노동자로 양분된다. 모두 빈곤하다. 근로복지공단 자료에 의하면 2011년 65건이던 30대 과로사 신청 건수는 2012년 84건, 2013년 84건, 2014년 94건으로 계속 증가하고 있다. 삶의 시간을 단축시키는 노동이다.

시간의 빈곤을 겪는 노동자

성장의 그늘에서
신음하는 사람들

●

신선한 공기에 대한 욕구조차도 노동자에게는 욕구이기를 멈추며,

인간은 혈거로 되돌아가지만, 지금 이 혈거는 문명의 악취를 풍기는

독기에 오염되어 있고 이 혈거 속에서 인간의 거주란 기껏해야 불안정한

거주일 뿐이며, 이 혈거는 그가 돈을 지불하지 않으면 언제든지 그를

쫓아낼 수 있고 그를 거절할 수 있는 낯선 힘으로서 존재하고 있다.

_카를 마르크스, 《경제학-철학 수고》 중에서

박근혜 대통령이 말하는 창조경제가 무엇인지는 아직도 오리무중이다. 창조과학보다 더 어렵다. 박근혜 대통령이 가수 싸이의 노래 〈강남스타일〉을 두고 창조경제의 대표 사례라고 했지만 여전히 뭘 말하는지 모르겠다. 단순히 성공 사례를 창조경제라고 끌어들이는 건 아닌지 의구심이 가득하다. 나아가 '제2의 새마을운동'까지 한다니 무엇을 창조하고자 함인지 갈수록 난해하다. 박정희 시절로의 회귀가 '창조'일 수는 없다. 그래도 이 창조경제를 지원한다는 대기업의 광고도 있고 창조경제혁신센터가 전국 17개 지역에 세워지기도 했다. 내용물이 무엇인지는 모르겠으나 정치에서 '새'라는 포장[새누리당, 새정치]을 계속하듯이 '창조'는 그저 막연한 '새것'이다.

청와대 블로그를 보니 이 창조경제의 영감을 얻기 위해 대통령은

박물관을 꼭 다녀야 한다는 생각을 했다 한다. 그래서 그는 2013년 유럽 방문 중에 파리의 오르세 미술관을 관람하였고, 특히 장 프랑수아 밀레Jean-François Millet의 〈만종〉 앞에서 한참을 머물렀다고 전했다.

〈만종〉은 〈이삭줍기〉와 함께 너무도 유명하여 '이발소 그림'으로 많이 활용한다. 이발소 그림이란 이발소에 하나쯤은 걸려 있을 정도로 흔한 복제 그림을 낮추어 부르는 말이지만, 그만큼 대중들에게 친숙한 그림이라는 뜻이기도 하다. 일하는 농민을 주로 그린 밀레의 작품이 그리 복제물이 많고 대중에게 사랑받는 이유가 있다. 박근혜 대통령이 밀레의 작품 앞에서 과연 무슨 생각을 했고, 그래서 어떤 '창조적' 영감을 얻었을지 궁금하다.

1848년 프랑스 2월 혁명 이후 농민의 정치 참여는 가능해졌지만 여전히 그들의 삶은 나아지지 않았다. 산업화 속에서 파리가 화려하게 근대 도시로 변모하는 동안 농민은 더욱 밀려났다. 도시로 상경한 임금 노동자들은 새로운 빈곤 계층이 되어 갈 뿐이었다. 그 당시 자기 땅이 없는 가난한 사람들을 그나마 '배려'한 관습이 떨어진 곡물을 줍지 않는 것이었다. 가난한 이들은 떨어진 곡물이라도 주워야 했으니까. 밀레는 산업사회의 풍요로움을 누리는 소수의 부르주아가 아니라 다수를 차지하는 노동자·농민의 고된 삶을 집요하게 붓으로 기록하며 소외된 자들을 주인공으로 만들었다. 〈이삭줍기〉에는 가난한 여성들이 허리가 아프도록 낱알 하나를 줍기 위해 애쓰는 모습이 담겨 있다. 낭만적이지도 목가적이지도 않다. 명작으로 남은 〈만종〉 또한 이와 같은 시대적 배경 속에서 배고프고 쓸쓸한 젊은 소작농의 슬픔을 담은 그림이다.

대통령은 밀레의 그림 속에서 이러한 노동계급의 소외와 빈곤을 읽었을까. 그는 문화가 상대 국가를 이해하기 위한 첫걸음이라고 했다. 그

장 프랑수아 밀레, 〈만종〉, 1857~1859.
밀레는 산업사회의 풍요로움을 누리는 소수의 부르주아가 아니라 다수를 차지하는 노동자·농민의 고된
삶을 집요하게 붓으로 기록하며 소외된 자들을 주인공으로 만들었다.

장 프랑수아 밀레, 〈이삭줍기〉, 1857.
〈이삭줍기〉에는 가난한 여성들이 허리가 아프도록 낱알 하나를 줍기 위해 애쓰는 모습이 담겨 있다. 낭만적이지도 목가적이지도 않다.

러나 지금 눈앞의 현실에서 벌어지는 비참함도 외면하는 마당에 19세기 그림 속의 프랑스 농촌의 모습에서 무엇을 이해하고, 또 어떻게 '창조경제의 영감'을 얻을 수 있을지 의문이다. '지금, 여기'를 외면한 정치는 쓸모가 없다.

밀양에서 농부들은 농사를 짓지 못하고 거친 투쟁을 해야 했다. 고령의 주민들이 대통령을 향해 그토록 들어 달라고, 보아 달라고 호소했지만 끝까지 모르쇠로 일관했다. 껍데기만 남은 민주주의 속에서 765킬로볼트 송전탑은 안하무인으로 농촌의 삶을 짓밟고 있다. 박근혜 정부는 그동안 중단과 강행이 반복되어 온 공사를 밀어붙이기 위해 2013년 10월부터 수천 명의 경찰을 동원했다. 농촌의 희생을 필요로 하는 경

성장의 그늘에서 신음하는 사람들

제 발전이야말로 조금도 창조적이지 않다. 박정희 시대에도 경제성장을 위해서 농촌은 자신들의 공동체와 생활양식을 잃어야 했다. "우리도 한번 잘살아 보세"라는 구호로 농민과 노동자들을 꼬드겼지만 그 '우리' 속에 농민과 노동자는 포함되지 못했다.

밀양 송전탑 건립 반대를 두고 한쪽에서는 '님비NIMBY'라며 비난하고 밀양 주민들을 마치 지역이기주의자인 양 몰아간다. 그런데 전기를 주로 소비하는 곳은 도시다. 꺼지지 않는 도시의 불빛을 위하여 농촌에 당당히 희생을 강요한다면 대체 누가 이기적인가. 더구나 민주적 절차를 따르기는 고사하고 공권력까지 투입하며 70~80대 주민들에게 거침없이 폭력을 행사했다. 밀양의 주민들은 10년을 넘게 투쟁했으나 69개의 송전탑이 들어섰고, 그 사이 2명의 농민이 스스로 목숨을 끊었다. 그럼에도 여전히 200가구 정도의 주민들이 이 투쟁을 포기하지 않고 합의를 거부하고 있다. 오히려 그들은 용산 참사 유가족이나 다른 지역의 송전탑 반대 대책위원회 같은 개발과 성장에 짓밟히는 다른 소외 계층과 연대하고 있기도 하다.

헬렌 켈러Helen Keller는 1912년 11월 3일 당시 뉴욕의 사회주의 저널 《뉴욕콜New York Call》에 〈나는 어떻게 사회주의자가 되었나How I became a socialist〉[9]라는 글을 기고했다. 글의 말미에서, '듣지 못하게 만드는 산업 폭군'에 대한 통렬한 비판을 한다. 마지막 문장이 "산업적 시각 장애와 사회적 청각 장애"로 끝난다. 자신이 만약 책을 쓴다면 붙일 제목이라고 했다. 물론 헬렌 켈러만이 쓸 수 있는 제목이다. 눈이 보이고 귀가 들려도 민중의 삶을 보지도 듣지도 않는 현실에서 이 제목은 아직도 유효하다. 성장의 그늘에서 신음하는 소외 계층의 소리에 귀를 막고 눈을 가린 그 폭군들이 보고 들어야 하기 때문이다.

자연이라는 이름의
식민지

●

4년이라는 너무나 짧은 시간에 우리는 강의 원형을 잃었고, 강으로

향한 실핏줄 같은 지천들은 깊어진 본류를 향해 무너져 내리고 있다.

그 시름을 알 리 없다는 듯 지천 상류에는 댐이 건설되고 있다.

아름다운 모래강 내성천은 가쁜 숨을 몰아쉬며

지금 우리에게 마지막 질문을 던지고 있다.

_다큐멘터리 〈모래가 흐르는 강〉 중에서

한동안 양양에 거주했다. 흔히 말하는 '산 좋고 물 좋은' 강원도다. 하루는 친척 동생 결혼식에 갔다가 아주 이색적인 주례자 소개를 들었다. "오색 케이블카 설치를 위한 삭발 투쟁에 참여하셨습니다." 그제야 주례자의 머리가 눈에 들어왔다. '삭발'과 '투쟁' 모두 결혼식장에서 주례자의 약력으로 소개되는 일은 흔치 않다. 많은 이들이 원하는 '지역 발전'에 참여했다는 자부심이 느껴지는 소개였다. 그만큼 설악산 케이블카 유치에 양양군민의 관심이 집중되고 있다는 증거였겠다.

거리에는 현수막이 가득했다. "명품 케이블카 세계인을 부른다", "낙후된 지역 경제 케이블카로 되살리자", "설악산 오색 케이블카, 설악산의 미래입니다". 양양은 온통 설악산 케이블카 설치를 기원하는 구호로 뒤덮였다. 이 지역에서 상상할 수 있는 모든 단체가, 아니, 생각지도

못했던 별별 단체들이 케이블카 유치에 힘을 보태는 현수막을 내걸었다. 오색에서 끝청까지 3.5킬로미터 구간에 케이블카만 설치할 수 있다면 양양의 미래가 획기적으로 달라지리라는 기대가 드러났다.

설치 반대를 위한 오체투지와 결사적으로 유치하기 위한 삭발 투쟁이 둘 다 벌어졌다. 자연을 개발한다는 명목으로 벌어지는 사안에서 늘 반복되는 일이 있다. 한쪽에서는 지역 경제를 살리자며 '우리도 한번 잘살아 보세'의 마음을 드러내고, 다른 한쪽에서는 생태 파괴를 이유로 강력하게 반대한다. 이 문제가 과연 경제 발전과 환경보호의 충돌일까. 경제와 환경의 대립이라는 틀은 눈속임에 가깝다. 경제 효과의 실체는 알 길이 없다. 경제를 '살린다'는 언설은 많은 사안들을 아주 단순하게 만드는 효과가 있다. '메르스로 인한 경제 손실'로 불안감을 조성하고 '임시 공휴일로 인한 경제 효과'로 기대를 부풀린다. 급기야 재벌 사면도 국민경제를 살린다고 한다. 재벌을 위한 특혜가 국민경제 살리기로 둔갑하듯이, 지역의 케이블카 설치는 지역 경제를 살린다는 명목으로 추진된다. 케이블카 설치는 실제로 '국민'이나 '지역'보다는 특정 계층에게 특혜를 주는 사업이다. 수년간 진행이 안 되던 사업이 2014년 박근혜 대통령의 평창동계올림픽 추진위원회 방문 이후 가속도가 붙었다. (주)설악케이블카는 박정희의 사위인 한병기에서 그의 아들 한태현과 한태준에게로 이어지는 사업체이다.

특혜를 주고받는 이들의 사심, 여전히 토목으로 성과를 내어 표를 얻으려는 지방자치단체, 그리고 경제 효과를 쉽게 믿는 지역민의 안일한 판단이 결합한 사업이다. 지역 언론도 한몫한다.《강원일보》는 설악산 케이블카 건설에 반대하는 내용을 담은 김선우 시인의 칼럼을 누락시키기도 했다. '지역 발전'이라는 명목 앞에서 다른 목소리를 내기란 어렵다.

지율 스님이 만든 4대강 관련 다큐멘터리가 있다. 〈모래가 흐르는 강〉. 지율 스님이 카메라를 들고 걷는 길은 사람의 그림자를 모두 담고도 남을 정도로 커다란 대형 굴착기의 바큇자국으로 가득했다. 사업보고서에는 절대 담겨 있지 않을 파괴된 내성천의 황폐한 모습을 볼 수 있다. 내성천은 모래가 없어지고 흐름이 막혔으며 녹조로 가득하지만 영주댐 공사는 한창이었다. 일부 지역 주민의 삶도 엉망이 되어 버렸다. 많은 이들이 살던 곳에서 쫓겨나 강제 이주를 당하고 보상금도 제대로 받지 못했다.

익숙한 개발의 반복이다. 하나같이 '친환경'을 내세운다. 바다[새만금], 강[4대강], 그리고 이번에는 산[설악산]이다. 세계에서 가장 긴 방조제이며 지역 경제 파급효과가 5조 원을 넘어설 것이라는 새만금 간척 사업, 경제 효과가 40조 원이라며 무려 22조 원을 쏟아 부은 4대강 사업, 모두 환경적으로는 재앙임이 드러났지만 경제 효과는 미지수다. 늘 거짓말이 필요한 개발을 한다. 양양군과 한국환경정책평가연구원은 보고서에서 설악산 케이블카의 경제 효과를 조작했다는 의혹을 받았다. 지역 경제를 살린다는 명목으로 가진 자들의 배를 불리는 '개발'에 언제까지 속아야 할까. 4대강 사업은 경제를 살리기는커녕 부채 원금만 8조 원에 달했다. 이 부채는 결국 국민의 세금으로 돌아오기 마련이다.

케이블카뿐이 아니다. 설악산 정상 부근에는 4성급 호텔과 식당을 건설할 계획이다. 이미 지금도 충분히 개발되었지만, 국립공원인 설악산 꼭대기에 케이블카와 호텔 등이 만들어지면 점차적으로 다른 산의 개발로 이어질 수 있다. 산에 가는 목적이 뭘까. 30분 만에 산의 정상에 올라 설악산의 무엇을 '느낄' 수 있을지 궁금하다. 그렇게 쉽게 올라

자연이라는 이름의 식민지

느낄 수 있는 것이라고는 자연에 대한 '정복욕' 정도가 아닐까. 더 빨리, 더 높이, 더 편하게. 자연이 망가지는 방식이다.

인간은 자연을 인간을 위한 휴식 공간이나 자원으로 여긴다. 그래서 자연을 '보호'하고, '개발'하고, '정복'하고, '규제'한다. 인간이 자연을 폭력적으로 대할수록 자연은 그 대가를 더욱 더 적극적으로 인간에게 돌려 줄 것이다. 자연은 수동적이지 않다. 4대강 사업 이후 그 강에서 어떤 일이 일어나고 있는지 우리는 현재 목격하는 중이다. 하천 유지 관리 비용이 배로 늘어났을 뿐 아니라 홍수 때 침수의 위험이 더 높아진 지역이 있다. 불필요한 보 건설로 물의 흐름이 막히고 강에서 파낸 준설토가 쌓이면서 지역 주민들은 모래 바람의 피해를 호소하고 있다. 한번 훼손된 생태계는 빠른 속도로 파괴되며 회복이 어렵다. 개발로 인해 생물의 서식처가 줄어들면 생물 다양성이 감소하는 것은 당연한 수순이다.

나는 등산보다 입산이라는 말을 선호한다. 산은 거기에 있고 우리는 산에 '들어간다'. 여성을 '대지'나 '밭'에 비유하듯이, 남성의 시각에서 자연은 여성과 마찬가지로 다스리고 개척하는 지배 대상이다. 하지만 자연의 본질은 인간을 위한 풍경이나 정복의 대상이 아니다. 인간과 동물, 문명과 자연, 남성과 여성은 꾸준히 종속적 고리로 연결되어 있다. 한쪽의 약탈과 착취를 통해 다른 한쪽이 이윤을 얻는 지배적 관계가 아니라 상생이 필요하다.

'박근혜 씨'와
'이 양반'들

●

만약 그가 그녀처럼 반말을 썼다면, 모르긴 해도

그녀는 결코 그에게 일거리를 주지 않았을 것이다.

그녀에게는 그에게 반말을 할 권리가 있었다. 하지만 그는 아니었다.

게다가 그는 절대 그 점을 지적해서는 안 되었다.

그는 끊임없이 애를 써야만 한다는 것이 피곤했다.

_델핀 쿨랭, 《웰컴, 삼바》 중에서

나를 어떻게 부르는지에 따라 그 사람이 누구인지 알 수 있다. 반대로 내가 누구를 어떻게 부르는지에 따라 내 위치를 확인한다. 성인이 된 이후 사람을 부르는 호칭 때문에 고민해 본 경험이 누구나 있을 것이다. '고민'이 되는 이유는 어떻게 부르느냐에 따라 관계의 색깔이 달라지기 때문이다. 한국어는 다른 이를 부르는 방식이 참 다양하다. 흔히 이를 두고 한국어가 '호칭이 발달'했다고 한다. 하지만 호칭의 발달이라기보다 서열에 대한 집착에 가깝다. 우리 사회에서 호칭이란 관계를 정의하는 핵심이다.

한국어의 복잡한 호칭과 지칭을 통해 우리 사회가 얼마나 위계질서가 철저한 서열 사회인지, 그리고 온갖 차별이 어떻게 문화나 전통으로 포장되었는지 알 수 있다. 남편의 동생인 시동생은 '서방님'이나 '도

련님' 또는 '아가씨'지만 아내의 동생을 부를 때는 '님'이 필요 없다. '처제'나 '처남'으로 부른다. 여성들은 남편의 가족에게 옛날 하인들이 쓰던 호칭을 사용한다. 이는 성차별이지 예법과는 거리가 있다. 하지만 이같은 세대, 성, 계층 간의 강고한 위계가 종종 예의로 포장된다. 예의라는 개념이 주로 '아랫사람'이 '윗사람'을 대하는 방식에 집중되어 있기에 늘 위아래를 질서 있게 정리해야 관계가 평화로워진다. 사람을 만나면 이 서열 정리가 우선이다. 그 '질서' 속에서 숨이 막힌다. 한국 사회의 인간관계는 이렇게 가파른 수직을 형성하고 있다.

이 서열 관계 때문에 개인적으로 가깝지 않은 사이에서는 어떤 호칭을 사용해야 하는지 곤란할 때가 많다. 그래서 누군가를 부르기 위해 그의 직업을 끌어오고는 한다. 한국 사회에서는 직책과 직업으로 그 사람을 부르는 일이 흔하다. 물론 모든 직업에 해당되지는 않는다. '좋은' 직업군에 속할수록 열심히 불려진다. 부모님이 사는 집 가까이에 '전 대학 총장'이 이사를 왔는데 동네 사람들이 모두 그를 '총장님'이라 부른다. 반면 앞집 아주머니는 우리 집에 올 때 "반야야"라고 [엄마를] 부르며 들어온다. '반야'는 우리 집 강아지 이름이다. 남편의 계층에 따라 여성의 신분을 파악할 수 있지만 아버지의 직업을 모르는 앞집 아주머니는 엄마를 부를 적당한 호칭이 없었던 것이다. '사모님'인지 아닌지 알 수 없어 '친근하게' 강아지 이름을 부른다. 한편 여성이 많은 직업군, 예를 들면 간호사나 승무원에게 여전히 '아가씨'나 '언니'라고 부르는 사람들을 발견하기는 어렵지 않다. 병원이나 약국에서 의사나 약사를 만나도 남성에게는 당연히 '선생님'이라고 하지만 여성일 경우는 간혹 '아가씨'나 '언니'라고 부르는 환자들이 있다. 호칭에는 이렇게 성차별과 직업 차별 등 사회의 '질서'가 담겨 있다.

호칭 문제는 때로 정치적 문제가 되기도 한다. 군사독재 시절에 대통령 '각하'는 지극히 당연했다. 민주화 이후 첫 정부인 '보통 사람' 노태우 정권 시절 이 각하라는 호칭은 적어도 공식적으로 사라졌다. 그래도 대통령의 가족과 관련된 영부인과 영애 등의 호칭 문제는 잔재했다. 노무현 대통령 재임 시절 《한겨레》는 그의 부인을 '권양숙 씨'라고 신문에 표기했다가 일부 독자들의 항의를 받은 적이 있다. 통합진보당의 이정희가 대통령을 '박근혜 씨'라고 지칭한 후 새누리당은 아예 논평을 냈다. '씨'라는 지칭을 두고 막말이라 했다. 국가원수에 대한 모독이라며 분노했고, 국민이 주권을 가진 민주주의 시대에 왕조시대 언어를 끌어와 '석고대죄'를 요구했으며, 공당의 대표에게 필요한 격이 없다는 혹독한 비난을 퍼부었다.

그러나 정말 '격'이 없는 태도는 다른 곳에서 발견할 수 있었다. 2013년 11월 국회의 청소 노동자들이 정규직으로의 전환을 요청하자 새누리당 김태흠 의원이 "노동3권이 보장되면 툭하면 파업"할 것이라고 발언한 적 있다. 노동자의 기본권을 막으려는 그의 망언에 비판이 일자 그는 한 인터뷰에서 "이 양반들이 지금 비정규직이 아니에요"라고 항의했다. 그가 말한 "이 양반들"이란 국회 청소 노동자들을 일컫는다. 청소 노동자들이 무기계약직이 되면 파업할까봐 걱정하는 그는, 그 "양반들"이 용역업체의 정규직이라고 우긴다. 정규직과 비정규직의 개념이 뒤죽박죽인 그의 머릿속도 신기하지만 나는 '박근혜 씨'와 '이 양반들'이라는 언어 사이에서 우리 사회의 차별 의식을 명료하게 발견한다.

3인칭에서 '씨'가 막말이면 '이 양반들'은 격이 있는 표현인가. 물론 한국어의 '씨'는 영어의 미스Miss나 미스터Mr.와 동일한 개념이 아니다. 보통 자기보다 '윗사람'에게는 사용하지 않지만 공적인 자리에서는 사용할 수 있는 호칭이다. 그러나 대통령은 이름 뒤에 '씨'라고 붙여도 모독이 될 정도로 지엄하신 분이고, 청소 노동자들은 방송에서 '이 양반들'이라 불러도 아무 문제가 되지 않는 만만한 계층이라는 질서 정연한 사고가 문제다. 민주공화국에서 대통령을 비롯한 정치인은 청소 노동자보다 '높은' 사람이 아니다. 사회의 다른 영역에서 다른 일을 할 뿐이다.

'박근혜 씨'에 분개하는 집권당의 모습과 청소 노동자들을 '이 양반들'이라 서슴없이 부르는 국회의원의 태도는, '권력에 대한 예우'만 따지고 '인간에 대한 예의'는 무시하는 이 사회의 이중성을 적나라하게 보여 준다. 인터넷에서 화제가 되었던 한 장의 사진, 버락 오바마Barack Obama 미국 대통령과 청소 노동자가 가볍게 주먹 인사를 나누는 모습은 한국에서라면 절대 볼 수 없는 장면이다. 침묵시위 중인 청소 노동자 앞에서 거만하게 허리를 꼿꼿이 펴고 내려다보는 사진 속의 국회의원 '양반'은 인간에 대한 예의가 있는가.

흔히 사용하는 '사회 지도층'이라는 말을 듣고 볼 때마다 늘 의문이다. 지도층은 누구일까. 돈과 권력을 가지면 지도층인가. 부유층과 권력층이 은근슬쩍 지도층으로 불리며 깍듯한 예우를 받을 때, 다수의 노동자 서민은 헌법에 보장된 노동3권과 같은 기본적인 권리조차 위협받는다. 무기계약직 되면 노동3권 보장된다고 김태흠 의원이 염려하던 국회 청소 노동자들은 2013년 말에 끝내 해고 통보를 받았다. 법을 만드는 국회를 청소하지만 노동자들은 법의 보호 바깥에 있다. 우리 사회를 휘감고 있는 모순의 실체가 그렇게 버티고 있다.

강요된 순수에
저항하기

●

도덕적인 책이라거나 부도덕적인 책이라는 것은 없다.

책은 잘 썼거나 잘 못 썼거나이다. 그 이상도 그 이하도 아니다.

_오스카 와일드, 《도리언 그레이의 초상》 서문 중에서

'생각한다'는 것은 무엇일까. 생각하기에 대해 여전히 생각 중이다. 생각하는 인간은 움직이는 인간이다. 신체적 움직임과 사상의 움직임은 '운동movement, 運動'이라는 같은 단어를 쓴다. 그렇기에 생각하는 인간은 운동하는 인간이며, 생각하기와 실천하기는 분리되지 않는다. 움직임의 방향을 스스로 설정하는 자, 곧 생각하는 인간은 반드시 저항한다.

관념의 전복, 체제의 변화가 두려운 이들은 생각하는 인간을 지속적으로 관리하고 억압한다. 권력자의 심사를 뒤틀리게 하는 예술 행위를 재판하여 벌금을 물리고 정해진 답을 벗어난 출판물을 금지하는 일련의 사건들이 반복적으로 일어나고 있다. 누군가의 표현은 규범이 되지만 누군가의 표현은 말대꾸, 싸가지 없음, 하극상이다. 툭하면 '군기'를 잡고, 특히 나이주의가 미덕으로 여겨지는 한국 사회에서 '윗사람'과 '아랫사람'이라는 개념은 이미 표현의 권력관계를 규정한다. '윗사람'과 토론은 불가능하며 '아랫사람'은 그저 말을 들어야 한다. 규범을 만드는 사람과 규범을 지키는 사람은 이렇게 나뉘어 있다. '말대꾸'라는 개념

자체가 이미 말할 자격이 평등하게 주어지지 않음을 보여 준다.

현실에서 표현할 수 있는 권리는 모두에게 있지 않다. 게다가 어디까지가 표현의 자유에 해당하고 어디부터 폭력이 되는가, 이 경계는 명확하지 않다. 여기서 중요한 것은 주어와 목적어다. '누가' 표현하는가, '무엇을' 표현하는가. 특히 표현하는 내용만큼이나 중요한 것은 표현하는 자의 위치이며, 표현의 주체가 표현의 맥락을 완성한다. '누가'라는 주어를 괄호 속에 감춘 채 외치는 표현의 자유는 종종 오만한 힘의 과시가 되기 십상이다. 탈북자 단체의 대북 삐라 살포는 표현의 자유로 받아들여졌지만 트위터로 '우리민족끼리'를 리트윗한 박정근은 국가보안법으로 기소되어 무죄가 확정될 때까지 고초를 겪어야 했다. 게다가 박정근은 북한을 찬양한 것이 아니라 '풍자와 조롱'의 의미로 리트윗했을 뿐이었는데도 말이다.

정작 자기 검열이 필요한 이들은 과도한 '표현'[이라고 주장하는 행위, 가령 약자 조롱과 혐오]을 하고 있으며, 표현을 제한받는 이들은 과하게 자기 검열에 시달린다. 검열하는 자와 검열당하는 자가 누구인지 생각하자. 자신을 들여다보는 자와 타인을 심판하는 자가 나눠진 이 규범은 전혀 정의롭지 않다. 이성애의 표현을 동성애자가 심사하지는 않는다. 그렇기에 '무엇이 검열당하는가'보다 '누가 검열하는가'로 고개를 돌려야 한다. 비판의 대상이 되지 않고 검열의 대상이 되지 않는 표현에 의구심을 가져야 한다. 누군가의 침묵을 담보로 얻는 표현의 자유는 특정 표현의 독주가 될 뿐, 민주주의와는 무관하다.

개그맨 장동민은 방송에서 "여자들은 멍청해서", "참을 수 없는 건 처녀가 아닌 여자" 등 여성 혐오 발언을 해서 논란이 일자 이에 대해

사과했다. 그런데 그는 다른 방송에서 이러한 논란조차 개그의 소재 거리로 삼을 정도로 안전하다.[•]

이 편파적 시스템 속에서 한 초등학생의 시를 두고 '잔혹 동시'라며 어른들이 유난을 떨었다. 심지어 종교의 이름으로 시를 두고 '사탄'까지 운운했다. 당시 10세의 작가가 쓴 시집 《솔로강아지》가 '패륜'이라는 비판까지 들으며 여론에 오르내리자 출판사는 결국 책을 전량 폐기하기로 결정했다. 일단 '잔혹 동시'라는 낙인은 시의 세계를 협소하게 가둔다. 한쪽에서는 시인의 천재성을 운운하지만 이 또한 적절치 않아 보인다. 천재성 유무는 출판의 자유와 무관하다. 시의 문학성과 시인의 천재성은 비판의 영역인데, 현재 '잔혹 동시'는 문학적 비판 이전에 출판의 기회조차 박탈당했다. 나는 시인에게 천재성이 있는지, 부모의 욕심이 과한지, 또 시에 작품성이 있는지에 대해 논할 생각이 없거니와 천재를 감별할 능력도 없다. 다만 '어린' 인간의 시[생각, 표현]를 둘러싼 우리 사회의 문제적 시선을 다루고 싶다.

나는 이 사건에 대한 '부모'들의 생각이 궁금하여 관련 커뮤니티를 탐색하다가 실로 잔혹함이 무엇인지 보고 말았다. '허세, 애어른, 천재성은 개뿔, 작위적, 정신 상담이 필요해' 모두가 '잔혹한' 인간평론가가 되어 있었다. 시 한 편으로 작자의 10여 년 인생과 부모와의 관계, 가정환경까지 모두 꿰고 있는 모습에 진저리를 치며 인터넷 속의 가상 세계를 빠져나왔다. '시' 자체에 대한 평가가 아니라 가십만 난무하는 참혹한 결과를 빚었다. 10세 소녀의 무서운 시가 '표현의 자유를 넘었다'고

[•] 2015년 4월 26일 방송된 tvN 〈코미디 빅리그〉에 출연한 장동민은 출연했던 코너가 끝날 때까지 고개를 숙이고 사과했고, 함께 출연한 조세호는 "사과를 몇 번 하는 거냐?"라고 화를 내는 상황을 연출했다.

이순영, 《솔로강아지》, 2015의 표지
시집 《솔로강아지》는 전량 폐기되어
많은 논쟁을 낳은 후 2015년 11월 결
국 재출간되었다. 이 사건은 목소리의
권력에 대해 생각하게 만들고, 표현의
비뚤어진 구조 속에서 안전하게 목소
리를 낼 수 없는 이들에게는 목소리의
연대가 필요함을 일깨워 준 사건이다.

비난을 듣는다면, 이 어린이를 향한 어른들의 무시무시한 공격은 정당
한가. 자기 자신에 대해 생각하지 않는 어른들은 어린 인간을 지적하기
만 바쁘다.

　인터넷을 통해 시집 《솔로강아지》에 있는 여러 편의 시를 살펴보았
다. 〈세상에서 가장 무서운 것〉, 〈학원 가기 싫은 날〉, 〈솔로강아지〉, 〈엄
마〉 등의 작품에서 꽤 여러 번 엄마에 대한 작자의 시각이 등장한다.
엄마에 대한 애정을 표하기는커녕 적개심과 두려움을 드러낸다. 작가
는 "시는 시일 뿐"이라고 했다. 나는 시가 시일 뿐이라고 생각하지는 않
지만, 시를 비롯하여 예술 작품이 현실의 도덕 교과서는 아니라고 여긴

프레더릭 레이턴, 〈책상에서 공부하기〉, 1877.
어른은 아이에게 자신이 보고 싶은 세계를 요구한다. 아이는 어른의 철저한 타자다. 미성년은 아직 성인
이 되지 않은 미'성년'일수는 있으나 미 '인간'은 아니다. 어른이 들어야 할 어린 인간의 목소리가 더 필요
하다.

다. 예술은 미와 선뿐 아니라 모든 종류의 추와 악을 다룰 수 있다. 더 정확히 말하자면 미추와 선악의 개념을 지속적으로 전복시키는 역할을 한다. 아름답고 재미있는 예술도 있겠지만 불편한 질문을 꺼내 드는 작품도 있기 마련이다. 예술이 아름다움과 유희, 치유를 향한다는 착각은 꽤 견고하다. 그래서 흉하고 더럽고 이데올로기에 반하는 표현을 내버려 두지 않는다. 예술은 독자를 기분 좋게 만들 의무가 없다. 잘 만들었느냐 못 만들었느냐의 문제이다.

　문제가 된 〈학원 가기 싫은 날〉은 전통적 효孝 사상에 반하는 표현을 담고 있으며 폭력적인 묘사 때문에 '아이답지 않다'는 반응을 이끌어 냈다. 하지만 아이다움에 대해 우리는 언제나 착각 속에 살고 있다. 모두가 거쳐 온 세계지만 쉽게 망각 속으로 사라진 세계가 아이의 세계다. 전쟁도 놀이가 될 수 있는 아이들의 '동심' 속에는 이미 인간세계의 각종 폭력이 함축되어 있음을 알아차리지 못한다.

　또한 아이와 엄마의 관계는 그리 평면적이지 않다. 아이에게 엄마는 세상에서 가장 기댈 수 있는 든든한 보호자이며 영원한 내 편이기도 하지만 반대로 가장 강력하게 구속하는 존재이기도 하다. "세상에서 제일 무서운 것"이 "엄마"라는 초등학생의 시는 솔직하다. 아이 입장에서 엄마는 규범을 만드는 사람이기에 가장 커다란 저항의 대상이지만 가장 필요한 사람이라는 모순된 정체성을 띤다. 효, 형제애, 가족애, 모성애 등이 언제나 절대적으로 작동하는 일관된 가치라면 그토록 오랜 세월 동안 온 인류가 강조해 오지도 않았을 것이다.

　모성애에 대한 신화만큼 동심도 어른의 시각으로 발명된 세계다. 어른은 아이에게 자신이 보고 싶은 세계를 요구한다. 아이는 어른의 철저한 타자다. 미성년은 아직 성인이 되지 않은 미'성년'일수는 있으나 미 '인간'은 아니다. 하지만 실제로는 성인만이 인간 취급을 받는다. 미성년 자는 덜 된 인간이고 노인은 너무 낡은 인간이다. 성인 인간을 기준으 로 미성년을 때 묻지 않은 순수한 존재로 타자화한다면 노인은 너무 낡 고 더러워서 오염된 존재다. 그래서 '늙은 여자'는 동화 속에서 주로 마 녀로 등장하며, '순수'와는 거리가 멀다. 동심을 걱정한다면 오히려 동 화 속에 등장하는 수동적 여성상, '계모'의 틀을 빌린 여성 혐오 등에 대해 먼저 문제의식을 가져야 하지 않을까. 어른들은 아이에게 차별적 문법을 고스란히 전달하여 혐오를 배우도록 한다.

순수한 마음이란 강요받지 않은 본래의 마음이다. 하지만 어른들 은 순수라는 명목으로 아이에게 특정한 마음과 역할을 강요한다. 철저 한 타자여야 할 아이가 간혹 어른과 별다를 바 없는 태도를 보이면 '애 늙은이'라고 한다. 우리 '관념 속의 순수'에는 정답이 있다. '관념 속의 순수'는 선함, 깨끗함, 경험 없음, 약함, 순종적인 성격을 띤다. 이는 젊은 여성과 아이에게서 주로 보고자 하는 환상이다.

아이와 여성은 보호의 대상일 때 아이답고 여성답다. 보호의 대상 이란 다른 말로 하면 스스로 생각하고 결정하는 주체가 아니라는 뜻이 다. 남자 어른을 제외한 인간을 '아녀자[아이·여자]'로 아울러 부르듯이 여성은 남자 인간의 타자이며, 어린이는 어른 인간의 타자로서 이들은 '나머지 인간'에 속한다. 흔히 결혼해야 어른이라고 하거나 자식을 낳아 야 어른이 된다고 생각하는 이유는, '어린 인간'이라는 타자가 있어야 어른이 어른으로 자리 잡을 수 있기 때문이다.

이렇게 순수의 상징, 감성의 주체, 비문명의 이미지를 위해 여성은 자연에 비유되며 어린 인간은 자라나는 새싹으로 파릇파릇 생기가 넘쳐야 한다. 특히 '소녀'는 여성과 어린 인간이라는 이중의 타자화 속에서 무균질 순수 덩어리, 오염되지 않은 청정 구역의 판타지를 제공해야 한다. 그러니 환상을 깨는 소녀의 거친 폭력성과 예상을 빗나가는 자기 주장은 어른들을 '멘붕'으로 이끈다.

법정 스님의 《무소유》에는 '아름다움'에 대한 글이 있다. '낯모르는 누이들에게'라는 부제가 달린 이 글은 "소녀들의 대화치고는 너무 거칠고 야한" 이야기를 우연히 제과점에서 들은 스님이 소녀들에게 아름다움을 가르쳐 주기 위해 쓴 글이다.* 거칠기로 따지자면 소년의 입과 주먹이 더욱 심각하겠으나 어찌된 노릇인지 법정은 소녀에게만 연설을 한다. "소녀라는 말은 순결만이 아니라, 아름답고 슬기로운 본질을 가꾸는 인생의 앳된 시절을 뜻한다"라며 "우리 춘향이나 심청이한테 배워야 할 거다"라고 한다. 춘향은 정조를 지킨 열녀 혹은 신분 상승에 성공한 여성이며, 심청은 목숨을 건 효녀 혹은 한량 아버지 봉양이 지겨워 자살을 택한 딸이다. 아마도 이들에게서 배우라는 점은 열녀와 효녀의 모습일 테다. 이것이 사회가 요구하는 소녀다움이며 여성다움이다. 어린 여자일수록 더더욱 남성 어른의 환상에 봉사하기 위해 '~다움'을 연기해야 한다.

순수에 대한 이러한 집착은 그 순수한 대상의 목소리를 삭제하는 강력한 명목으로 작용한다. 어린 인간을 순수의 결정체로 추켜세우지만 정작 그들의 목소리에 귀 기울이지 않는다. 미성년자의 표현을 무시하는 습관은 일상에 만연하다. '소녀의 일기장 같은'이라는 상투적인 수

● 이 글을 쓴 시점이 1971년이라는 사실이 눈에 들어왔다. 10대들의 거친 말은 예나 지금이나 다름없지만 언제나 '요즘 애들'은 더욱 문제가 된다.

사가 한 예이다. 유치한 감정 과잉의 글을 비하하기 위해 종종 죄 없는 소녀의 일기장을 끌어온다. 하지만 고전이 되어 버린 일기장, 《안네의 일기》가 바로 소녀의 일기장이다. 사실 이 안네의 일기조차 안네 아버지에 의해 성적 호기심이나 바르지 못한 표현, 곧 '거칠고 야한' 내용은 걸러진 채 출판되었다. 미성년자의 생각을 직접 그들의 목소리로 들을 수 있는 기회는 드물다.

불쾌한 예술이 살아남기를 원한다. '폐기'라는 금지가 금지하는 것은 무엇일까. 비판할 기회의 상실, 곧 생각할 자유의 박탈이다. 표현의 잔인함보다 그 표현을 하는 사람이 한국 사회에서 어떤 위치에 있는지 생각해야 한다. 한국의 학벌 차별은 인종 차별에 결코 뒤지지 않을 정도로 잔혹하기 그지없다. 이 차별에서 살아남으려고 모두 발버둥 치는 중이며, 뒤처짐에 대한 두려움은 현재 한국 사회를 온통 뒤덮고 있는 '시대정신'이다. 햇빛을 보지 못해 비타민D 부족이 심각할 정도로 한국의 소아·청소년은 학업에 치여 산다. 어른이 보고 싶은 동심이 아니라, 어른이 들어야 할 어린 인간의 목소리가 더 필요하다. 환상에 빠진 동심이 아닌 실재의 동심은 바로 그 목소리에 있다. 이순영의 시집 《솔로 강아지》는 전량 폐기되어 많은 논쟁을 낳은 후 2015년 11월 결국 재출간되었다. 이 사건은 목소리의 권력에 대해 생각하게 만든 중요한 사례다. 표현의 비뚤어진 구조 속에서 안전하게 목소리를 낼 수 없는 이들에게는 목소리의 연대가 필요함을 일깨워 준 사건이다.

순결의
인수인계

●

《친족의 기본 구조》에 따르면, 친족 관계를 강화하고 변별화하는

교환 대상은 결혼 제도를 통해 하나의 부계 혈통이 다른

부계 혈통에게 선물로 주는 여성이다. (…) 결혼을 하면 여성은

한 정체성으로서 자격을 갖는 것이 아니라 관계어로서만 작동한다.

이 관계어는 다양한 씨족을 일반적이지만 내적으로는

변화되어 있는 부계 계승의 정체성으로 구분하고 결속시킨다.

_주디스 버틀러, 《젠더 트러블》 중에서

결혼식장에서 신랑과 신부가 걷는 길을 '버진 로드virgin road'라고 부른
다. 버진 로드? '순결의 길'이라는 뜻인데 순결한(?) 신랑·신부의 새 출
발을 의미한다고 하면 그래도 대충 웃어넘기겠지만, 이 '순결'은 주로 여
성의 처녀성을 '지키는' 것으로 통용된다. 여성의 성은 결혼 전에는 무
조건 '지켜야' 하는 정체성을 띠고 있다. 대체 누구를 위해, 누구에게서
지키는 것일까. 신부가 입는 새하얀 드레스와 면사포 역시 그 순결의 상
징으로 작동하고 있으니 신부에게 결혼식이란 온통 순결함의 증명이나
다름없다.

　딸의 손을 잡고 버진 로드를 걸어가 사위에게 딸을 넘겨주는 일은
신부 아버지의 당연한 권리로 여긴다. 나는 누구이며 나의 몸은 무엇인

가, 누가 나를 소유하고 있는가. 나의 몸은 그 자체로 나다. 누구도 나를 인수인계할 수 없다. 여성이 '순결의 길'을 아버지와 함께 걸어가 신랑의 손으로 넘겨지는 이 의식이야말로 남성이 여성을 교환하는 가장 노골적인 순간이다. 결혼'식'에서 신부를 '오늘의 주인공'으로 대우하는 관행은 결국 여성이 교환의 개체임을 알려 준다.

교환의 대상이 되지 않은 여성들, '노처녀'는 여전히 가부장제의 조롱과 혐오 대상이다. 〈티라노의 무는 힘, 노처녀보다 세다〉[10]라는 제목의 기사는 노처녀와 아무 상관없는 공룡에 대한 글이었다. 노처녀를 남자를 잡기 위해 기를 쓰는 사람처럼 여기기에 그 힘을 티라노사우르스의 무는 힘에 비유했다. '남자 없는' 여성은 이성애 질서를 위협하는 마녀. 조선 시대의 내외법은 여성을 가족 관계 속에서 제약하기 위한 제도였으며, 특히 재가 금지·칠거지악七去之惡·삼종지도三從之道 등의 장치로 철저히 남편과 자식에게 묶어 두었다. 30세가 되도록 결혼하지 않은 딸을 둔 아버지는 처벌 대상이었으니 여자는 자라면 얼른 '치워야' 한다. 여자가 결혼하지 않으면 소속될 가족이 없다. 여자들은 남편이 죽은 뒤에도 절개를 지키면서 시부모를 봉양하며 '그 집 귀신'으로 죽어야 도리에 맞는 '전통'이 있다. '열녀'나 '효부'가 여성에게 줄 수 있는 가장 명예로운 이름이었다.

'선녀와 나무꾼' 이야기에서 선녀는 나무꾼과 사슴 사이에서 거래되었다. 사슴은 자신을 구해 준 '착한' 나무꾼에게 포상으로 선녀를 선물하는데, 그 선녀를 '취하는' 방법까지 알려 준다. 목욕을 할 때 옷을 훔쳐 하늘로 올라가지 못하게 하는 방식이다. 여성 납치와 몰래카메라 범죄를 범죄로 인식하지 못하는 역사는 먼 옛날이야기 속에서부터 찾을 수 있다.

바실리 푸키레프, 〈부당한 결혼〉, 1862.
신부가 아버지와 함께 걸어가 신랑의 손으로 넘겨지는 의식이야말로 남성이 여성을 교환하는 가장 노골
적인 순간이다. 결혼'식'에서 신부를 '오늘의 주인공'으로 대우하는 관행은 여성이 교환의 개체임을 알려
준다.

비교적 자유롭게 연애를 할 수 있는 근대사회가 도래했다고 해서 여성의 결혼과 연애가 '개인적'이지는 않다. 개화기에 등장한 '신여성'들을 남성 지식인들은 비난하고 조롱했다. 여성의 이상향인 '현모양처'의 범주를 벗어나는 '자유로운' 여성은 사회가 받아들이기 어려웠다. 자유연애 및 자유결혼, 그리고 자유이혼은 신여성들에게 남성 지배 사회에서 '개인'이 되는 방식이었다. 예나 지금이나 여성이 연애와 결혼의 상대를 선택하기 위해서는 남성보다 훨씬 더 복잡한 문제를 겪는다. "현대사회는 여성을 통제하고 여성이 결혼뿐 아니라 연애도 자신에게 '합당'한 사람하고만 하도록 강요한다는 점에서 고대 씨족사회보다 훨씬 더 멀리 갔다."[11] 결혼으로 맺어지는 남녀 관계는 남성의 학벌과 경제력이 여성보다 우위에 있는 경우가 보편적이다. '며느리는 낮춰 보고 딸은 높여 보낸다'는 말이 있을 정도다. 이는 단순히 남성이 자기보다 잘난 여자를 싫어해서, 혹은 여성이 자기보다 잘난 남자를 좋아해서가 아니다. 여성은 개인으로 존중받기보다 그녀가 속한 조직의 명예를 지킬 것을 더 요구받는다. 백인 남성과 흑인 여성의 만남보다 흑인 남성과 백인 여성의 만남을 백인 사회가 더 금기시해 온 맥락과 같다. 여성이 사회적으로 낮은 계층의 남성을 만날 때, 그 여성이 속한 조직 전체가 '자존심'을 잃은 것처럼 여긴다. 영화 〈파 프롬 헤븐〉은 다소 미흡하지만 동성애와 인종 문제를 동시에 다룬 작품이다. 이 작품 속에서 친절하던 주인공의 이웃이 냉정하게 돌아선 순간은 주인공 남편의 동성애 때문이 아니라 백인 여성인 주인공이 흑인 남성과 사랑에 빠졌을 때다. 사회적으로 더 용납이 안 되는 것은 중산층 백인 여성과 흑인 정원사의 관계였다. 이는 '백인 사회'에 모욕적이다. 영화 속에서조차 흑인 남성과 백인 여성의 정사 장면은 오랫동안 금기였다. 개인이 아니라 조직의 소유물인 여성은

순결의 인수인계

'몸을 함부로 굴리지 말아야' 조직 사회의 경멸을 피할 수 있다.

개그맨 장동민은 팟캐스트 〈옹달샘과 꿈꾸는 라디오〉에서 "참을 수 없는 건 '처녀가 아닌 여자'"라고 하여 논란이 된 적이 있다. 이는 '저질 농담'이 아니라 여성의 몸을 남성의 '동산動産' 취급하는 악습의 발로이다. 키르기스스탄에는 여전히 납치 결혼이 존재한다. 납치당한 여성의 가족은 순결을 잃었다며 딸에게 결국 납치범과 살도록 권한다. 처녀가 아닌 여자는 이미 누군가가 '다녀간 몸'으로, '새것'이 아닌 '중고품'으로 생각하기 때문이다. 그래서 성폭행 피해 여성은 '몸을 더럽힌' 사람으로 여겨져 더 수치심을 느끼게 된다. 수치심은 피해자가 아닌 가해자의 몫이어야 한다.

여성의 능력은 외모, 여성의 인격은 성생활로 평가한다. 그래서 여성이 어떤 사건에 휘말리게 되면 반드시 그의 연애나 성생활 등을 사건의 맥락과 무관하게 끌어온다. '처녀막 재생 수술'인 질 성형이 '웨딩 성형*'에 포함될 정도로 여성의 순결은 남편을 위한 혼수나 다름없다. 아프리카와 중동의 '여성 할례'와는 다른 방식으로 벌어지는 할례이다. 자본주의사회는 이렇게 의학의 힘을 빌려 비공식적으로 여성의 몸을 지배한다. 미래의 남편을 위해 고이 간직할 처녀성이 필요하다면, 여성의 몸은 영원히 남성의 것이다. "조선 남성의 심사는 이상하외다. 자기는 정조 관념이 없으면서 처에게나 일반 여성에게 정조를 요구하고 또 남의 정조를 빼앗으려고 합니다." 나혜석이 1934년 잡지《삼천리》를 통해 발표한 〈이혼고백장〉에서의 지적처럼 참으로 이상한 심사를 가진 이

● 피부 관리, 리프팅, 얼굴 라인 성형 그리고 아름다운 드레스 라인 연출을 위한 바디 성형이 있다. 얼굴 성형의 경우 대부분 양악과 같은 성형수술을 감행하는데, 결혼하기 전에는 큰 수술이 부담스러워 비수술 RF안면윤곽과 같은 간편한 얼굴 라인 시술에 관심이 높아지고 있다고 한다.

들이 많다.

대놓고 방송에서 '처녀가 아닌 여자'를 혐오하는 발언을 해도 이 사회의 '남성 연대'는 해당 개그맨을 옹호하기 바빴다. 한 언론에서는 "여자들 눈치 보다가" 능력 있는 개그맨을 잃었다는 듯한 칼럼을 실으며 예능 방송을 "여성 권력이 장악"했다고 한탄했다. 또 어떤 피디는 여성 비하 발언을 한 개그맨이 "알고 보면 좋은 사람"이라며 옹호하는 발언을 자신의 SNS에 올렸다가 논란이 되자 결국 삭제했다.● 그 대단한 연대 정신 덕분에 혐오는 계속 반복된다. 자정작용을 하지 않는 사회에서 차별은 차별로 보이지 않는다.

여성의 처녀성에 집착하는 발언이 공개적으로 나올 수 있고, 또 이런 발언을 해도 '남성 연대'가 이를 옹호하는 이유는 여성의 몸을 남성들 사이의 교환물로 인식하기 때문이다. 그래서 그러한 행동이 왜 문제인지 인식하지 못한다. 남자들끼리는 다 한다, 술자리가 아닌 방송에서 해서 문제다 등으로 비판할 뿐 그 발언 자체가 문제라고는 생각하지 '못하는' 경우가 많다. '일베[일간베스트 저장소]'처럼 여성 혐오를 공개적으로 드러내는 인터넷 커뮤니티 공간에서 '처녀 감별법'을 주고받는 게시물은 수시로 올라온다. 전쟁에서 여성을 잔인하게 성폭행하는 이유도 여성의 몸이 전리품이고 적국의 '동산'을 파괴하는 행위이기 때문이다. 공금으로 거래처의 성매매 비용을 대납했을 때 이를 '뇌물죄'를 적용하여 수사한다. 이는 여성의 몸이 남성 사이에서 매매되고 상납하는 대상임을 시사한다. 춘향이를 '절개를 지킨' 여성으로 보는 것은 여성의 순결을 따지는 남성 사회의 시각이다. 다른 시각으로 보면 춘향이

● tvN 김석현 피디가 장동민을 옹호하는 글을 자신의 페이스북에 올렸었다.

　　　　　　　　　　　　　　　　　　　　순결의 인수인계

는 자신이 원하지 않는 사람에게 굴복하고 싶지 않았고 스스로 관계를 선택하고 싶었던 것이다.

가부장제 속에서 여성은 여전히 '커다란 자궁'이다. 그리고 이 자궁은 인격이 없는 교환 대상으로 취급받는다. 메리 울스턴크래프트Mary Wollstonecraft의 지적처럼 "여성은 인간이 가지는 여러 열정 중 사랑만을 키우도록 교육받아 왔는데, 순결이라는 한 가지 미덕을 잃으면 순식간에 나쁜 여자가 되고 만다. 그렇다면 여성의 인격은 자신의 의지에 의해 결정되는 게 아닌 셈이다."¹² 가정 밖에서는 사업을 위해 여성의 몸이 '뇌물'이 된다. 전쟁 시에는 강간이나 '위안부'로 여성의 몸이 적군과 아군 모두에게 침략당한다. 결혼 제도는 아버지에서 남편으로 여성을 인수인계한다. 이러한 여성 교환은 가부장제의 뼈대이며, 자본주의의 산업이다. 작게는 가정에서, 넓게는 전 지구적으로 여성은 이렇게 매매된다.

이 구조 속에서 남성들은 엄마/창녀 혹은 성녀/창녀의 문법에서 벗어나 여성을 대하는 법을 '모른다'. 여성과 관계 맺는 방식을 모르기에 성관계, 성폭력 그리고 성매매를 구별하지 못한다. 그렇기에 성희롱과 야한 농담을 구별하기란 아주 어려운 과제일 수밖에 없다. 반면 한국에서 여성들은 결혼이라는 제도 속으로 안전하게 들어가기 전까지는 아슬아슬하게 '공식적 처녀'로 살아간다. 눈부신 산업화와 경제성장 속에서도 여성의 몸은 아직 봉건시대에 남아 있는 셈이다.

3

여성,
성스럽거나
혐오스럽거나

말하는 남자,
듣는 여자

•

남성이라면 누구든지 노래와 소네트를 지을 수 있었던 듯한

그 시대에 어떤 여성도 탁월한 문학작품을 단 한 줄 쓰지 않았다는

사실은 영원한 수수께끼이기 때문입니다.

당시 여성이 처한 상황이 어떤 것이었을까 나는 자문했습니다.

_버지니아 울프, 《자기만의 방》 중에서

암스테르담의 고문 박물관에는 인간이 인간을 괴롭히는 고문에 대한 자료가 전시되어 있다. 박물관의 전시품은 그다지 훌륭하지 않지만 고문이라는 행위 자체가 끔찍하기 때문에 전시물의 질에 비해 충격 효과는 크다. 판화로 기록된 수백 년 전 고문의 흔적 중에는 유독 여성들이 고문 피해자로 등장한다. 그들에게는 낙태를 했다거나 남자에게 '잔소리'를 많이 했다는 죄가 있었다.

잔소리한 여자에게 씌우는 입마개의 존재를 알게 된 후 이를 기록한 그림을 찾아보니 생각보다 꽤 많았다. 조엘 도먼 스틸Joel Dorman Steele과 에스더 베이커 스틸Esther Baker Steele이 쓴 《미국의 간략한 역사A Brief History of the United States》에서도 이 입마개에 대한 자료를 찾을 수 있다. 1800년대 뉴잉글랜드에서 가슴에 'scold'라고 쓰인 종이를 붙이고 머리에 뭔가를 쓰고 있는 여자가 동네를 걷고 있다. 그것은 입마개다. 마치

작자 미상, 입마개를 쓴 여자, 1885.
'Scold's bridle'이라고 불리는 입마개는 '잔소리 하는 여자'에게 씌우는 고문 도구다.

요즘 맹견들에게 씌우는 그런 입마개처럼 생겼다. 여자는 왜 저런 걸 쓰고 있을까. 'Scold′s bridle'이라고 불리는 입마개는 '잔소리 하는 여자'에게 씌우는 고문 도구다. 주로 17세기부터 영국을 비롯하여 미국에서 말 많은 여자를 '처벌'하기 위해 사용되었다. 여성을 동등한 대화 상대로 생각하지 않으니 그들의 말을 '잔소리'로 규정하고, 또 남편에게 '감히' 잔소리를 한다며 벌을 준 것이다. 심지어는 입마개를 씌운 채로 동네에서 끌고 다니기도 했다. 여성의 말을 억압하는 태도는 여성에 대한 물리적 폭력과도 결국 연결되어 있음을 보여 주는 사례다.

 '남자'라는 맨man과 '설명하다'라는 동사 익스플레인explain의 합성어인 '맨스플레인mansplain'이라는 신조어까지 만들어질 정도로 남성들은 듣기보다는 말하는 역할을 맡는다. 가르치고 명령한다. 경치 좋은 그리스의 풍경을 배경으로 줄리 델피Julie Delpy와 에단 호크Ethan Hawke 는 끊임없이 대화한다. 〈비포 미드나잇〉은 이전의 '비포' 시리즈처럼 두 사람의 길고 긴 대화로 이루어졌다.• 기차에서 처음 만난 남자와 무작정 오스트리아 빈에서 내려 함께 밤을 보냈던 셀린[줄리 델피]은 나이가 들수록 점점 '불만'을 자주 표출하고 '공격적'인 모습을 보인다. 불만과 공격적이라는 시각은 입장의 차이에서 비롯되었을 뿐이다. 상대적으로 발언을 억압당하고 있는 사람이 말을 좀 하면 공격적이니 폭력적이니 하는 지적이 쉽게 나온다. 셀린의 답답함은 처음부터 끝까지 일관되게 드러난다. 제시[에단 호크]는 매력적인 남자이지만 아무리 매력적이어도 여자와 말이 잘 통하기는 쉽지 않다.

지인들과 만찬을 벌이는 자리에서 셀린은 제시와 역할 놀이를 하며 지적인 남자의 이중성을 아주 재미있게 까발린다. "글을 쓴다구요? 아우, 난 내 이름 쓰기도 피곤한데. (…) 아, 정말 똑똑하군요!" 여자가 《로미오와 줄리엣》을 '소설'이라고 하자 남자가 '희곡'이라고 고쳐 주거나, 남자가 직업적으로 글을 쓴다고 소개하면 여자는 눈빛을 반짝반짝 빛내며 "You are so smart!"를 열심히 외치며 그를 우러러 본다. '남자의 기 살리기'는 단지 유교 국가만의 '전통'이 아니라 동서고금을 막론한 인류의 '관습'이다.

소개팅에 나가기 전에 열심히 유머를 준비하는 남학생을 봤다. 그

• '비포' 시리즈는 〈비포 선라이즈〉(1995)로 시작해 〈비포 선셋〉(2004), 〈비포 미드나잇〉(2013)의 3부작으로 이어졌다. 9년 만에 1편씩 18년 동안 같은 감독, 같은 배우가 참여한 독특한 시리즈다. 영화 속 20대의 제시와 셀린이 나이를 먹으며 각각 20대에서 중년까지 세대를 대표하는 연인 캐릭터로 변모하는 과정을 볼 수 있다.

영화 〈비포 미드나잇〉, 2013의 한 장면
제시는 매력적인 남자이지만 아무리 매력적이어도 여자와 말이 잘 통하기는 쉽지 않다. 지인들과 만찬
을 벌이는 자리에서 셀린은 제시와 역할 놀이를 하며 지적인 남자의 이중성을 아주 재미있게 까발린다.

ⓒ(주)에이블엔터테인먼트

말하는 남자, 듣는 여자

성실한 태도에 초를 칠 생각은 없지만 한편으로 남자들은 왜 그리 여자를 웃기려고 애써야 하는지 의문이 들었다. 웃기는 사람은 매력적이다. 유머가 호감을 주는 이유는 유머야말로 지성의 엑기스이며 상대의 기분에 대한 배려가 담겨 있어서다. 하지만 대부분 이 웃기는 역할은 남자에게 부담되고 있으며 웃기는 여자는 웃기는 남자만큼 매력을 얻지 못한다. 대신 여자는 웃는다. 수많은 유행가 가사를 보라. 여자는 '웃어 주는' 사람으로 종종 등장한다. 아름다운 미소부터 목젖이 보이도록 웃는 여자까지, 여자는 웃음의 생산자라기보다 웃음의 관객이다. 얌전한 관객이냐 적극적인 관객이냐의 차이만 있다.

> "일반적으로 서양 남자가 생각하는 이상적인 여성은 남자의 지배를 자유의사로 받아들이거나, 토론 없이는 남자의 생각을 받아들이지 않지만 결국에는 그의 이론에 굴복하는, 즉 지성적으로 남자에게 저항하다가 드디어는 설복을 당하는 그런 여자이다. (…) 니체는 "전사는 위험과 도박을 좋아한다. 그 때문에 가장 위험한 도박인 여자를 좋아한다"라고 말했다. 위험과 도박을 좋아하는 남자는, 여자를 정복할 희망을 가지고 있는 한, 여자가 아마존(여장부)으로 변하는 것을 즐거운 마음으로 바라본다."[13]

흔히 "저항하다가 드디어는 설복을 당하는" 과정이 있어야 밀고 당기기를 잘하는 관계라고 착각한다. 밀고 당기기에는 나름의 정해진 역할이 있다. 남자는 '말한다'. 이 '말'이란 지시, 명령, 판단, 평가, 정리 등으로 정의된다. '말을 듣기'는 여자의 역할이다. 고분고분, 순종적, 참한 여자란 결국 잘 듣고 말이 많지 않은 여자다. 그래서 이 듣는 역할을 수행하지 않는, "남자의 지배를 받지 않는 처녀나, 남자의 권력에서 빠져나온 나이 많은 여자는, 그렇지 않은 여자들보다 한결 더 마녀로 보이기"[14] 쉽다. 암탉이 울면 집안이 망한다. 여자가 말을 하는 그 자체를 불경하게 여긴다. 여자의 말은 '수다'이지 '의견'이 되기 어렵다. '고집이 세다', '자기주장이 강하다', '기가 세다' 등의 '지적'은 여자가 정당한 항의를 하거나 자기 생각을 말하기만 해도 쉽게 들을 수 있다. 별로 뭘 하지도 않았는데 자기 생각을 말하면 드센 여자다. '생각하는 사람'은 '생각하는 남자'와 동의어이며 '나는 생각한다. 고로 존재한다'의 그 존재는 남자다.

여성이 자신의 생각을 출판하는 데는 남자의 경우에 비해 훨씬 많은 장애물이 따른다. 창작물을 생산하는 여성에 대한 기존 남성 작가들의 시각은 김동인의 작품에 잘 드러난다. 김동인은 작가 김명순을 모델로 한 소설 〈김연실전〉을 통해 성적으로 타락한 '신여성'의 이미지를 전달했다. 김명순을 연상케 하는 이 여성은 김동인의 글 속에서 단지 '기생의 딸'이나 남자관계 등의 사생활로 공격받으며 도덕적 비난의 대상이 되었다. 근대 최초의 여성 문인 김명순은 1917년 〈의심의 소녀〉라는 단편 소설로 데뷔해 여성으로서는 최초로 《생명의 과실》이라는 시집도 출간했다.

문학작품 속에서 여성의 이야기보다는 남성의 이야기가 더 환영받는다. SF작가 니컬라 그리피스Nicola Griffith는 퓰리처상, 맨부커상, 전미도서상, 전미도서비평가협회상, 휴고 어워드, 뉴베리상 등 6개 주요 문학상의 15년간 수상작을 분석했다. 수상작의 작가와 주인공의 성별을 분석한 결과 압도적으로 남성 작가의 남성 이야기가 다수였다. 퓰리처상의 경우 여성의 시선으로 여성에 대해 그린 작품은 아예 단 1번도 수상하지 못했다. 또한 성장기 소녀가 아닌 어른 여성의 이야기는 더욱 드물었다. 여성의 이야기 her/story는 역사뿐 아니라 문학에서도 자리를 차지하기 어렵다. 남성의 이야기 his/story가 인간의 이야기로 되고, 여성은 이야기의 주체가 아니라 이미지의 대상으로 남는다.

이렇게 남성은 말의 주인이지만 사과하는 말에서 만큼은 예외다. 남자다움은 당당함, 울지 않음, 한 입으로 두 말하지 않기, 무릎 꿇지 않기 등이다. 이는 '약한 모습'에 대한 혐오를 담고 있다. 그래서 자신의 실수나 잘못을 인정하는, 특히 자기보다 약자인 여성에게 고개를 숙이며 잘못을 인정하는 태도는 기존의 통념적 남성성에 어긋나는 일이다. 남성연대 대표였던 성재기의 '사고사'는 계속 생각해야 할 '사건'이다. 그는 투신 3시간 전에《오마이뉴스》와의 인터뷰에서 다음과 같이 말했다. "후회한다. 어제 트위터로 밝힌 내용은 정말 부끄러운 짓이었다. 죄송하다. 평생 반성하겠다. 이미 공언한 내용이기에 실천에 옮기지 않을 수는 없다."

그는 '남자가 한 입으로 두 말을 하면 남자답지 못하다'는 관념에서 자유로울 수 없는 '남성연대'의 대표였다. 자신이 뱉은 말을 후회하고 투신 전에 두려움을 느끼지만 스스로 말을 번복했을 때 돌아올 '남자답지 못하다'는 질책이 더 두려웠을 것이다. '남아일언중천금'을 스스로 어기면서 남성연대의 대표로 남을 수 없었던 그는, 무모한 도전을 멈추지 못했다. 통념적 남성다움이 남성을 어떻게 억압하는가 보여 준 안타까운 사례다.

남성성은 주로 여자를 보호하는 '좋은 남성'인 신사와, 여자를 괴롭히는 '나쁜 남성'인 깡패로 구별될 뿐이다. 나쁜 놈들에게서 여자를 지키는 남자가 좋은 남자다. 이러한 '보호'라는 개념은 언제든지 통제와 억압이 될 수 있는 성질을 갖고 있다. 안티-페미니스트[본인들은 아니라고 하지만]들의 언어를 관찰하면, '페미니스트들이 남자를 무릎 꿇게 한다',

'남자를 끌어내리려 한다', '남자를 모두 범죄자 취급한다', '남자를 혐오한다' 등의 말이 빠지지 않는다. 이들에게는 잘못을 지적받는 일 자체가 자기 존재에 대한 '공격'으로 수렴된다. 그래서 페미니스트가 과격하다거나 공격적이라고 되레 공격한다. 권리의 평등이 그들에게는 '내 권리의 위협'이기에 자신을 '끌어내린다'라고 느낀다. 이렇듯 말과 행동의 주체인 남성에게 자신의 말과 행동에 대해 사과하고 번복하기란 거의 자기 존재에 대한 부정처럼 여겨진다.

사회의 목소리는 결코 평등하지 않다. 여성을 혐오하는 언어가 일상이 되어 규범과 문화로 정착하지만, 이에 대한 저항의 언어에는 재빠르게 '남성 혐오'라는 낙인이 찍힌다. 국립국어원은 '된장녀'는 신어 목록에 올려도 '비혼'이나 '퀴어'라는 말은 사전에 넣지 않았다. 남성의 목소리가 객관적인 언어로 정착하는 반면 여성이나 성소수자의 언어는 지속적으로 통제되고 삭제당한다. 페미니즘은 어떤 면에서 이렇게 '침묵시키는 권력'과 맞서 말할 수 있는 용기를 준다. 여성에게는 더 크고 다양한 목소리가, 남성에게는 더 넓고 깊은 귀가 필요하다.

엄마가
구해 줄게

●

여성의 주된 의무는 모성이다.

_마틴 루서 킹 2세

7남매 엄마, 51세 두 아이 엄마, 두 자녀를 둔 어머니. 이 '엄마'들의 공통점은? 여성 지도자다. '7남매 엄마'는 독일의 첫 여성 국방장관이며 '51세 두 아이 엄마'는 자동차 산업 역사상 최초의 여성 최고경영자[제너럴 모터스]라고 한다. 그리고 '두 자녀를 둔 어머니'는 국내 최초의 여성 은행장이다. 언론에서는 여성을 소개할 때 그들이 하는 일과 무관하게 혼인 여부와 자녀의 유무를 알린다.

여성에게 엄마의 정체성은 중요한 요소로 작용한다. 남성 지도자를 '51세 두 아이 아빠'라고 소개하는 기사를 본 기억은 없다. 독일의 총리 앙겔라 메르켈Angela Merkel에게는 꾸준히 '엄마 리더십'을 실현한다고 '칭찬'한다. '엄마'는 막중한 '직업'이다. 엄마의 '노동'을 희생과 헌신이라는 찬양으로 애써 모른 척하며 명예로 둔갑시킨다. 과도한 어머니 숭배 속에서 여성으로 규정된 존재는 출산과 육아를 통해 어머니의 '신분'을 얻어야 안전하다. 여성에게는 모성이 본능적으로 자리하고 있다는 사회의 신화에 부응해야 한다. 자신이 실제 어머니든 아니든, 혹은 어머니의 마음에 대한 성찰이 있든 없든, 그런 것은 중요하지 않다. 여성들은 종종 '어머니의 마음'을 연출하기를 요구받는다. 신사임당은 '예술가'보다는 '이율곡의 어머니'로 더 알려졌으며 그로 인해 한국 지폐에 최초로 등장한 여성이 되기도 했다. 여성계에서는 유관순이나 허난설헌을 더 제안했지만 자식이 없어 현모양처와 상관이 없었기 때문인지 결국은 '엄마'가 당첨되었다. '효부상'과 함께 '예술가의 장한 어머니 상'•은 여성의 위치를 알려 주는 좌표이다.

'출산하지 않은 여성'과 '어머니'라는 구별은 모성 신화와 이성애라는 두 제도를 유지하기 위해 필요하다. 새누리당 대표인 김무성은 2014년 11월 새누리당 중앙여성위원회 임명식에 참석해 "비례대표 여성 숫자를 대폭 늘려야 한다"라며 "제게 힘이 있다면 애기 많이 낳은 순서대로 비례 공천을 줘야 하지 않나 고민을 심각하게 하고 있다"라고 말한적이 있다. 재생산을 위한 몸으로만 여성을 바라보기에 '출산할 몸'이라는 이유로 여성에게 술과 담배를 더 금지했듯이, 여성의 생식 능력을 빌미로 사회 활동을 통제하는 방식이다. 개인의 사회적 성취도 출산이라는 '기본'적인 의무를 해야 공적 영역에서 더 인정받을 수 있다는 성차별적 의식이 강하게 드러난다. 여성의 모성은 여성으로서의 자격이나도덕성 심사처럼 여겨진다.

그래서 여성 지도자들은 자신이 어머니의 감수성을 가지고 있다는 점을 드러내어 남성 사회의 인정을 받는 동시에 남성과의 차이를 강조하려 노력한다. 2013년 최연혜 코레일 사장이 8,000명 가까운 노동자를 직위 해제하며 "회초리를 든 어머니의 심정"이라는 명언을 남긴 사건

• 문화체육관광부가 해마다 문학, 미술, 국악, 음악, 연극, 무용, 대중예술 등 7개 분야에서 활약한 명사의 어머니를 선정하여 예술가들에게 영감을 주고 영향을 끼쳤다는 명목으로 수여하는 상으로 1991년에 제정되었다.

엄마가 구해 줄게

은 바로 그 안타까운 '노력'의 결과다. 혹자는 이를 두고 "어머니란 단어가 오물을 뒤집어썼다"라고 했지만 이 역시 어머니의 성스러움이 전제된 사고다. 최 사장의 발언이 가진 문제는 어머니를 모욕해서가 아니라 우리 사회의 어머니 신화를 더욱 견고하게 만들기 때문이다. 어머니를 팔면 자신의 행위가 정당하고 숭고해진다고 믿었을 것이다. 모성 신화가 가득한 사회에서 길러진 여성 지도자의 일그러진 모습이다.

박근혜 대통령 역시 대선 후보였을 당시 토론에 나와 "열 자식 안 굶기는 그 어머니 마음으로 국민 모두가 행복한 대한민국을 반드시 만들겠다"라고 했다. 사회가 여성에게 기대하는 역할에 충실한 연기를 하는 것이다. 모성애가 여성의 특별한 미덕으로 여겨지기에 대통령을 국민의 어머니로 비유하는 황당한 수사가 통할 수 있었다. 그러나 대통령과 국민의 관계는 부모와 자식 사이로 비유될 수 없다. 자식은 부모를 선택하지 않지만 국민은 대통령을 선택한다.

그럼에도 이 '어머니들'은 어머니의 마음을 열심히 팔아 아버지로 상징되는 '법과 원칙'을 부르짖고 '국가'를 지키는 모습을 전시한다. '여자는 약하지만 어머니는 강하다'는 통념에 갇힌 그들은 '약한 여자'로 보일까봐 '강한 어머니'의 이미지를 한층 활용한다. 자신이 아버지 못지 않게 강력한 존재임을 증명하기 위해 그들은 기존의 아버지[남성 지도자]보다 훨씬 더 강경해야 한다. 철도 노조 지도부를 검거하기 위해 경찰이 조계사를 둘러싼 2013년의 성탄 전날, '어머니' 박근혜는 군의 최전방을 방문하여 군복을 입고 안보에 최선을 다하는 모습을 보여 줬다.

봉준호 감독의 영화 〈마더〉에 등장하는 '엄마'는 문제적이며 독보적이다. "너, 엄마 없어?" 도준[원빈]의 무죄를 도와 줄 수 있는 '진짜' 용의자에게 떨리는 목소리로 묻는 엄마[김혜자]. '내 새끼'만 보호하려는 엄마는 다른 생명에게는 얼마든지 무자비해질 수 있다. 그렇기에 박근혜 대통령이나 최연혜 사장이 활용하는 그 '어머니'는 그들 입장에서는 역설적으로 아주 정확한 수사다. [내 새끼를 위해 남의 새끼에게] "회초리를 든 어머니의 심정"으로, 그들은 바로 그 엄마의 역할을 충실히 해내고 있다. 그 '어머니들'은 오늘도 제 편을 향해 주술을 걸고 있을 것이다. '아무도 믿지 마. 엄마가 구해줄게.'

가슴 없는
가슴 소비

●

전쟁은 끝났다. 여성을 다시 여성스럽게 만들어야 한다.

_크리스티앙 디오르

성관계를 이르는 비속어 중에는 남성이 여성을 '먹다', '따먹다'라는 표현이 있다. 또 여성이 남성에게 '주다', '대 주다'라는 말도 있다. 이 언어들의 공통점은 여성의 성이 남성에게 '주는 것'이라는 의식을 바탕으로 한다. 성이란 것이 상호 소통하는 관계가 아니라 한쪽이 먹고 한쪽이 주는 관계라면 결코 대등해질 수 없으며, 결국 지배와 피지배의 구조를 가질 수밖에 없다. 남성의 성기는 속어로 '물건'이라 말한다. 남근은 주로 총, 카메라, 망치와 같은 '도구'에 비유된다. 이 도구는 '사용'하기 위해 반드시 대상이 필요하다. 총알이 박히고, 망치질을 하고, 카메라가 향해야 하는 확실한 대상이 있다. 여성의 성은 바로 그 대상이다.

단지 그 지배에 대한 포장의 방식을 지속적으로 바꿔 왔을 뿐이지 여전히 '제1의 성'인 남성은 '제2의 성'인 여성을 다양한 방식으로 소비한다. 세계적인 미인 대회는 여러 개 있으나 미남 대회는 없다. 길거리에서 지나가는 사람을 볼 때도 남자나 여자나 '여성'에게 더 시선을 많이 준다. 남자는 예쁜 여자를 쳐다보고 여자는 거울에 비친 자기 모습을 본다고 한다. 여성성은 타자다. 그래서 여성의 성을 '먹는', 즉 소비하는 대상으로 보는 시각은 어디서나 유구한 역사와 전통을 자랑하며 사회 곳곳에 만연하다. 권력에 도취한 '도지사 김문수'에게는 《춘향전》도 그저 "춘향이 따먹는" 이야기가 되며, 강용석 변호사는 특정 직업군의 여성들을 겨냥해 "다 줄 각오"를 해야 한다는 말을 천연덕스럽게 할 수 있다. 조금 더 극단적으로 가면 "빤스 벗어야 내 신도"라고 말한 일명 '빤스 목사'도 이런 의식이 괴물처럼 부풀어서 탄생한 인물이다. 궁극적으로 이들에게는 여성의 성이란 남성에게 '주기 위한' 것이며, 남성은 그 성을 '취하는' 입장이라고 생각한다는 공통점이 있다.

그런데 여성과 남성의 성적 구도에 대한 편협한 인식은 단지 일부 보수적인 사람들만의 문제일까. 그렇지 않다. 이것은 정치적 좌우 정렬과 반드시 일치하는 사안이 아니다. 남녀의 성이 그것을 소비하는 주체와 대상의 관계로 사회에 정착한 지 너무도 오래되어서 그 사고의 얼룩을 지우기가 쉽지 않다. 이미 우리는 '남성성'으로 견고하게 지어진 사회 속에 있기에 대부분이 둔감하다.

정치적으로 진보라고 해도 가부장적인 남성을 만나는 것은 그리 어려운 일이 아니며, 마찬가지로 정치적으로는 진보라고 하지만 여성성이 객체로 머무는 것에는 크게 저항하지 않는 여성도 있다. 그래서 똑같이 시위 현장에 있다가 집에 들어왔는데 자연스럽게 여자가 밥상을 차리고 남자는 받아먹기만 하는 장면을 발견하기란 어렵지 않다. 진보적 정치의식과 여성에 대한 인식은 이렇게 상당 부분 분열적이다.

2012년 1월, 팟캐스트 〈나는 꼼수다〉[이하 〈나꼼수〉]에서 진행자들은 정봉주 전 의원이 구속되자 수감 생활 중의 성욕 감퇴를 우려하며 '농담으로' 여성 수영복 사진을 보내라는 말을 했다. 그리고 한 여성 지지자는 실제로 비키니 사진을 찍어서 정봉주를 응원하는 메시지와 함

　　　　　　　　　　　　　　가슴 없는 가슴 소비

에곤 실레, 〈조롱하는 여자〉, 1910.
여성의 성을 '먹는', 즉 소비하는 대상으로 보는 시각은 곳곳에 만연하다. 성이란 것이 상호 소통
하는 관계가 아니라 한쪽이 먹고 한쪽이 주는 관계라면 결코 대등해질 수 없으며, 결국 지배와
피지배의 구조를 가질 수밖에 없다.

께 〈나꼼수〉 구성원들에게 전달했다. 이들 사이에 형성된 아무런 권력 관계가 없기에 어떠한 강요나 불쾌한 감정 없이 이 모든 것은 자발적으로 벌어졌다. 그렇다면 '권력과 관계 없는 농담'과 '자발적 대응'이라는 말로 이것이 애초부터 '아무 문제없는' 것인 양 정리해도 될까. 얼핏 보기에는 그럴 수 있을 것 같은데 어쩐지 그것도 깔끔해 보이지 않는다. 이미 '수영복 사진'이 가지는 의미가 있다. 게다가 그 말을 뱉은 사람이 '남성'이라는 사실과, '성욕 감퇴'라는 언어와 꼬리를 물고 등장한 '수영복'이라는 상징은 충분히 여성에 대한 '성적 대상화'의 맥락으로 해석될 수 있다.

여자들의 야한 옷차림이 성폭력을 유발한다는 발언에 대항하기 위해 야한 옷차림으로 시위를 하는 것은 몸을 도구화한 것이 아니라 '몸', 그 자체에 메시지를 입힌 것이다. 여자를 '성적 대상'으로 보는 것을 당연시하는 통념에 대한 저항이다. 하지만 아무리 농담으로 설정되었다 해도 남성 정치인의 '성욕 감퇴'라는 화두에 응하는 방법으로 등장한 비키니는 여전히 여성을 대상화하는 시각 안에 머물러 있다는 점에서 불편함을 줄 수 있다. 물론 백번 양보해서 이것도 '유쾌한 장단'으로 볼 수 있다. 그런데 이 유쾌한 장단을 과연 어떻게 소비하는지 보자. 본격적인 문제는 그것을 소비하는 방식에서 펼쳐진다.

"비키니 응원 사진 대박, 코피 조심"이라는 깜짝 놀랄 문구를 작성하고 그것이 문제의 소지가 될 것이라는 인식조차 없는 감수성으로 〈나꼼수〉 구성원이 직접 그것을 트위터에 올렸다면 이것은 더 이상 유쾌한 지점을 벗어날 수밖에 없다. 코피를 쏟게 만들 정도로 강력한 성적 대상으로 한 여성의 가슴을 소비한 시선을 공개하고도 어떠한 변명도 해명도 없었다. 여성의 가슴은 좋아해도 진짜 여성을 이해하는 가슴은 부족

가슴 없는 가슴 소비

한 것 같다. 〈나꼼수〉의 한 구성원이 역사가 남성의 역사로 이루어졌다는 인식이 없는 무지를 바탕으로 인터뷰에서 젊은 여성들이 〈나꼼수〉를 통해 정치의식을 가지게 되었다는 발언을 자랑스럽게 하던 모습을 떠올리면 그리 놀라운 일도 아니다.[•] '돼지'라는 표현으로 신체를 비하하는 언어도 무감각하게 오고 갈 수 있는 정서이니 이미 '성적 대상'인 여성의 몸을 두고 '코피' 걱정을 드러내는 날 것의 언어를 감출 줄 모른다.

이는 그들 개개인의 문제가 아니라 이처럼 둔한 집단의 감수성, 그것의 한 귀퉁이일 뿐이다. 여성에 대한 무지함은 좌우를 막론하고 아주 평화롭게 한 방향을 향하고 있다. 게다가 그까짓 젠더 감수성을 좀 진지하게 인식해 주지 못한 죄 정도야 정권 교체라는 대의를 위해서 얼마든지 덮어 줄 수 있다는 태도, 솔직히 공포스럽다. 누구를 위한 대의인가. 2008년 전국민주노동조합총연맹 간부가 여성 조합원을 성추행했던 일처럼 범죄화된 사건까지 굳이 끌어들이지 않더라도, 입으로는 진보를 논하고 룸살롱에서 질펀하게 노는 일이나 몸에 익은 일상적 성희롱, 혹은 성희롱의 일상화는 꾸준히 진행 중이다. 아직도 여성에게 술 한 잔 따르도록 하는 사람이 있고, 여성은 조직 내에서 함께 일하는 동료가 아니라 분위기를 화기애애하게 만드는 꽃처럼 존재해야 하는 경우도 허다하다.

여성성을 고민하는 것은 지금까지 한쪽 성에 권력이 과도하게 집중된 이 기울어진 역사 속에서 '인간'을 고민하는 일이다. 풍만한 가슴을 좋아하는 사회이지만 정작 진짜 가슴은 빈약하기 짝이 없다.

• 　김용민은 《인물과 사상》 2011년 12월호에 실린 인터뷰에서 다음과 같이 발언했다. "팬 사인회 때 보니까 20~30대 여성들이 가장 많더군요. 이제 정치에 눈을 뜨기 시작한 거죠. 정치가 남성의 영역이고, 또 재미없고 굉장히 복잡할 줄 알았는데 〈나꼼수〉를 보면서 생각이 달라진 겁니다. 정치도 사실 알고 보면 생활의 영역이고, 욕망의 결과물이라는 것을 알게 된 거예요. 한마디로 만만해진 거죠. 이 생활의 스트레스가 결국 정치에서 비롯됐다는 것을 알면서 비로소 행동하게 된 것이죠."

여성지와
여성주의

●

블랑쉬: 나는 현실을 원하지 않아요. 나는 마법을 원해요! 그래요,
그래요, 마법이요! 난 사람들한테 그걸 주려고 애써요. 난 사람들에게
사실 그대로 전하지 않아요. 나는 진실을 말하지 않고, 진실이어야
하는 것을 말해요. 그게 죄가 된다면 천벌이라도 받겠어요!

_테네시 윌리암스, 《욕망이라는 이름의 전차》 중에서

오래전 텔레비전 단막극 〈남편의 못생긴 애인〉에서 주인공은 여성 잡지 편집장이었다. 그의 남편이 '뚱뚱한' 여자 동창과 가까이 지내는 모습을 보면서 그는 강한 질투를 느끼고 상대 여성의 외모를 비하하는 발언을 한다. 이에 남편은 "당신은 여성지에서 일하고 언제나 페미니즘 어쩌고 하면서 어떻게 사람을 외모로 평가할 수 있어!"라고 소리친다.[15] 여성 잡지와 페미니즘은 어떤 관계가 있을까. 여성지는 외모 지상주의에 비판적일까. 흥미롭게도 우리가 오늘날 '여성지'라고 할 때 이는 '페미니즘'을 연상시키지 않는다.

여성지는 주로 여성 독자를 대상으로 패션과 리빙, 뷰티 등을 다루는 잡지를 말한다. 주로 미장원에 비치된 화려하고 예쁜 여성지 속에는 문화생활에 대한 정보부터 성공한 여성, 성공한 남성의 우아한 아내들, 때로 먹거리와 육아 방식을 통해 사회에 참여하는 여성들, 그리고 성생

144

활과 가사에 필요한 세밀한 정보들이 가득하다. 나는 이러한 여성지를 볼 때 예쁜 디자인에 매혹되어 가끔 몰래 뜯고 싶은 충동이 들기도 한다. 예쁘지 않은 여성이 없고, 예쁘지 않은 집이 없으며, 단정하고 고급스러운 그릇과 식탁은 정말 탐난다. 마치 세상의 모든 여성들이 이렇게 예쁘게 잘 살고 있는 듯 보인다.

　때로 여성지에서 주부를 대상으로 글을 모집하기도 한다. 이렇게 여성지를 통해 작가로 첫걸음을 뗀 박완서는, 장편 《나목》으로 등단한 후 "여성지를 통해 나온 나에게 과연 문예지에서도 원고 청탁을 해 줄까"라는 고민을 했다고 한다.[16] 여성지는 '저널'로서의 위상이 약하다. 도색 잡지를 표방한 《젖은 잡지》의 편집장 정두리는 한 인터뷰에서 자신이 페미니스트가 된 과정을 이야기하며 "남자 친구가 있고 패션 잡지를 읽더라도 페미니스트일 수 있다고 말하더라"라고 했다.[17] 여성들이 주로 보는 패션 잡지와 페미니스트에 대한 사회적 이미지를 동시에 알 수 있는 발언이다. 2014년 출간한 《나쁜 페미니스트》라는 책으로 미국에서 유명해진 록산 게이Roxane Gay도 자신이 '나쁜 페미니스트'인 이유 중의 하나로 패션 잡지 《보그》와 로맨틱 코미디를 좋아한다는 점을 꼽는다.[18] 페미니즘과 패션이 양립할 수 없는 성질이 아님에도 여전히 페미니스트들 중에는 패션 잡지를 즐기는 자신에 대해 의구심을 가지는 경우가 있다. 사실 페미니스트는 패션에 관심이 없어 보이는 것 같은 이미지를 전통적 매체에서 계속 생산하고 있기도 하다. 한 여성지에서 미국의 페미니스트 글로리아 스타이넘Gloria Steinem을 어떻게 소개하는지 살펴보자.

"68세라는 나이가 믿어지지 않을 만큼 아름다운 자태로 대중을 매료

시켰던 글로리아 스타이넘. 미국 여성운동의 대모인 그는 페미니스트도 외모를 가꾸고 연애할 수 있다는 것을 행동으로 보여 준 최초의 여성이다. (…) 스타이넘에게 아버지는 가장 좋은 친구였다. 자신에게 늘 깊은 애정을 표시하는 아버지를 통해 스타이넘은 인간적이고 다정다감한 것이 어떤 것인지 깨달았다. 그는 아버지가 보여 주었던 사려 깊은 모습과 따뜻한 사랑 덕분에 남성에게 적대적이거나 거부감을 표시하지 않을 수 있었다고 한다. 온화하고 남성 우월주의에 물들지 않은 남자들과 친구가 되거나 연애를 할 수 있었던 것도 모두 아버지의 영향이다."[19]

페미니스트에게서 '아버지의 영향'을 찾으려 애쓰고 있으며 그의 외모 관리와 연애를 강조한다. 마치 페미니스트는 '원래' 외모를 가꾸지 않으며 남자를 싫어하는 사람인 것처럼 말이다. 외모 지상주의를 비판하는 것과 스스로 외모를 가꾸는 것의 차이를 혼동하고 있으며, 남성 중심의 사회를 비판하는 페미니스트를 '남성 혐오자'로 에둘러 낙인찍는 방식이다. 안타깝게도 여성지에서는 여성이 세상에 반기를 든 '목소리'보다는 기존의 성 역할에 충실한 이미지를 더 선호한다.

여성 잡지는 언제부터 있었을까. 한국에서 최초로 발간된 여성 잡지는 1906년 6월에 창간된 《가정잡지》이지만 여성 잡지가 본격적으로 나온 시기는 1920년대였다.* 이 시기쯤 되어서 교육받은 여성들이 많이 배출되어 여성지를 만들 수 있는 인력이 늘어나고, 한편으로는 여성지를 구독할 수 있는 독자층이 광범위하게 형성됐다. 《가정잡지》가 여성의 가정생활을 주로 다뤘다면 '여성주의' 시각을 담은 최초의 잡지는 《신여자》다. '신여성'이라는 언어를 유통시킨 매체이기도 한 이 잡지에는 김일엽, 나혜석, 김명순 등의 여성이 글을 썼다. 이들은 여성의 성을

여성지와 여성주의

억압하는 기존 체제에 저항하고, 여성 인권을 위해 운동하는 여성 지식인이었다. 언론에 여성의 성에 대해 글을 쓰는 것은 당시로서는 파격적인 행보였다. 당시 서구 사회에서 성과학이 발달하면서 재생산이 아닌 '기쁨'을 위한 성생활에 대한 담론이 형성되었다. 성적 기쁨은 남성과 함께 여성이 평등에 다가갈 수 있는 하나의 도구였다. 이러한 영향으로 한국의 신여성들도 자유연애와 자유결혼 등을 여성해방의 중요한 수단으로 삼았다. 그러나 《신여자》는 재정난으로 단 4회 만에 폐간되었다.

그 후에는 《신여성》이 창간되었다. 1923년 9월 1일부터 1934년 6월까지 통권 38호로 발행된 당시의 최장수 여성지이다. 1930년대에 들어서는 지금도 출간되는 "생각하는 여자가 읽는 잡지" 《여성동아》의 전신인 《신가정》이 있었다. 그런데 이들 잡지는 예나 지금이나 여성을 '가정' 안의 존재로 그린다. 패션, 뷰티, 요리, 집안 인테리어 등에 필요한 실용적 정보와 광고가 화려한 디자인과 함께 가득하다. 가족을 지키는 어머니로서만의 희생과 헌신을 통해 모성을 강조하면서, 여성을 자식과 남편을 잘 돌보는 내조의 여왕이나 미와 소비의 주체로서 아름답게 내세운다.

● 각 나라마다 20년대를 지칭하는 표현이 있을 정도로 1920년대는 한국뿐 아니라 세계적으로도 중요한 전환기였다[미국에서는 Roaring Twenties, 독일에서는 Goldene Zwanziger, 영국에서는 Happy Twenties, 그리고 프랑스에서는 Années Folles]. 우디 앨런Woody Allen의 영화 〈미드나잇 인 파리〉에서 주인공은 밤 12시만 되면 과거의 시대로 간다. 바로 1920년대의 파리다. 경제 공황이 오기 전까지 1920~30년대는 경제적으로도 잠시 안정적이었다. 제1차 세계대전 이후 서구 지성 사회에서는 이성과 합리에 대한 회의가 시작되었다. 전위 예술을 비롯한 '운동'으로서의 예술이 활발하게 태어나던 시기도 바로 이때다. 한국도 1919년 3·1운동[혁명]으로 '자유'의 개념에 대한 인식이 확장되었다. '자유'는 근대화의 상징이다. 3·1운동에는 많은 여학생들이 주도적으로 참여하였고, 이는 여성들이 생활의 영역을 넘어 조직적으로 정치적 목소리를 낼 수 있는 커다란 계기를 만들었다. 이는 일본 제국주의에 대한 저항뿐 아니라 여성들을 억압하는 가부장제의 속박에서도 벗어날 필요를 인식하게 한다. 3·1운동 이후 민족, 성, 계급에 대한 개념을 아울러 여성해방 운동이 다양하게 성장하며 1927년까지 조직된 여성 단체만 70~80개에 이르게 된다.

여성의 실제 결혼 생활은 여성지처럼 예쁘고 우아하지 않다. 고려대 국제학부 로버트 루돌프Robert Rudolf 교수와 경제학과 강성진 교수가 《페미니스트 이코노믹스Feminist Economics》에 2015년 1월 게재한 논문 〈한국에서 대소사 전후 삶의 만족도: 성별이 중요할 때Lags and Leads in Life Satisfaction in Korea: When Gender Matters〉는 결혼에 대한 만족도에 성별 간 차이가 있음을 보여 준다. 대부분 여성은 결혼 2년 후 행복감이 줄어 결혼 이전 수준으로 돌아갔지만, 남성은 결혼 생활 내내 결혼 전보다 0.15~0.2 단위 높은 수준의 행복감을 유지했다. 결혼 이후 여성의 현실은 성 역할에 더욱 갇히게 되면서 그 결과가 남녀 간 행복 지수의 격차로 드러나지만, 여성이 보는 매체는 여성 성 역할에 대한 환상을 꾸준히 제공한다. 가부장제와 자본주의의 결합이 만들어 낸 가상의 여성상은 바로 여성지 안에서 쉽게 등장한다. 여성지에는 정치나 사회경제적 이슈보다는 연예인의 사생활이나 유명인의 아내와 자녀 등을 취재한 가십성 기사가 꼭 들어 있기 마련이다. 사회현상에 대한 비판의 글은 찾기 어렵다. 대신 '노처녀 탈출법'을 알려 주는 등 여성에게 외모, 사랑, 결혼이 인생의 가장 중요한 요소가 되도록 주입시키는 역할을 한다.

최옥선의 박사 학위 논문 〈여성의 몸과 성형: 여성 잡지의 기사와 성형 의료 광고를 중심으로〉에 따르면 여성 잡지는 여성의 신체를 아주 세부적으로 나눠 자극적인 문구로 '관리'의 필요성을 강조한다. 여성의 몸은 무엇을 위해 존재하는지 질문을 던지지 않을 수 없다. 여성의 노화는 극복의 대상이며, 임신과 출산 후에도 '아무 일 없었던 듯' 몸을 다시 돌려놔야 자기 관리를 잘했다고 본다. 외모 지상주의와 성형을 부추기는 광고들도 거리낌 없이 등장한다. 광고와 기사가 구별이 어려울

정도로 열심히 여성에게 '미美'를 강조한다.

남성을 대상으로 하는 잡지에서 여성의 섹시함이 중요한 역할을 한다면, 여성지에서 남성의 성적 매력은 중요한 소재가 아니다. 남성 잡지가 성매수 체험 르포와 여성을 대상으로 하는 몰래카메라 사용법까지 실을 정도로 남성의 시각으로 [범죄와 다름없는] 욕망을 표출한다면, 여성지는 주로 남성이 원하는 여성상의 길을 제시한다.

이러한 현상을 비판하는 페미니즘 저널은 화려한 여성 잡지에 비해 설 자리가 좁다. 여성의 현실을 전혀 '환상적으로' 드러내지 않는 여성주의 저널은 외연을 확장하기가 어려운 편이다. 1997년 창간한 《이프》는 2006년 종간하였다. 현재 페미니즘 언론으로는 매주 금요일 발행되는 《여성신문》이 있고 그 외 대부분은 '대안'의 공간에서 찾을 수 있다. 대학 내 페미니즘 저널로는 중앙대 《녹지》, 고려대 《석순》, 성공회대 《n[앤]》, 성균관대 《정정헌》 등이 있으며 인터넷 언론으로는 2003년 창간한 《일다》가 있다.

위의 매체들은 사회가 보고 싶어 하는 여성의 삶보다는 여성들이 살아가는 삶의 현장을 조명하려 한다. 그 두 가지 삶 사이에는 괴리가 있다. 가부장제와 자본주의가 결합한 사회에서 '행복한 가정'을 위해 여성의 그림자 노동은 필수 요소다. 또한 소비사회에서 여성의 몸이라는 상품은 남성의 시선 아래에서 치열한 산업의 장이다. 여성의 노동과 몸을 지배하는 이 방식에 비판적인 여성의 목소리를 위한 담론의 장이 훨씬 더 다양하게 있어야 한다. '여성 문제'가 '여성의 문제'로 국한되지 않고 인간과 사회의 문제가 될 때까지.

●　2005년 한국여성민우회는 여성 잡지에 불법 광고를 게재한 30개 성형외과를 의료법 위반으로 서울지방검찰청에 고발한 적이 있다.

어린 여자

●

갸름한 목선을 타고 흘러내린 정맥이 푸르스름했다. 햇빛이 어찌나
맑은지 잘 보면 소녀의 내장까지 들여다볼 수 있을 것 같은 느낌이었다.
팔걸이에 걸쳐진 양손과 팔은 어린아이의 그것만큼 가늘었다.
콧날엔 땀방울이 송골, 맺혀 있었다. 초목 옆에서 나고 자란
소녀가 이럴 터였다. 침이 고였다. 애처로워 보이는
체형에 비해 가슴은 사뭇 불끈했다.

_박범신, 《은교》 중에서

한 종편 방송에서, 유명한 아이돌 출신 가수들이 아래로 나이 차이가
크게 나는 여성과 결혼한 '사건'을 분석(?)하고 있었다. 한 연예 전문 기
자는 이를 두고 "동년배의 여성과 결혼하기에는 장애 요소가 있다. 정
신적인 장애를 말하는 게 아니라, [돈 보고 좋아하는 건 아닌지] 여자의 마
음을 믿을 수 없기 때문에 아직 순수한 젊은 여성을 선호하는 것 같다"
라고 말했다. 그러자 옆에 있던 중년 여성이 "순수함의 기준이 젊고 예
쁘고 탱탱한 것이군요? 저는 불순해 보이나요? 저도 순수합니다"라고
응대했다. 당황한 기색이 흐르는 기자는 "네, 나이에 비해 순수합니다"
라고 상황을 수습했다. 어린 여성에 대한 환상과 나이든 여성에 대한
비하가 동시에 담겨 있는 대화였다. "나이에 비해"라는 말은 2배로 재밌
다. '늙음'은 순수를 배반한다.

이 사례에서 알 수 있듯이 어린 여자에 대해 남성들이 환상을 갖는 것은 단지 육체적 젊음 때문만이 아니다. 어린 여성은 '내 말을 잘 듣는' 대상이 될 수 있다. 흔히 남자들이 여자를 비난할 때 하는 말 중 하나가 "자기주장이 너무 강해"다. 제 생각을 말하기보다 상냥하게 잘 들어 주는 역할로 길러지는 여성들은 나이가 어릴수록 더욱 듣는 역할에 충실하다. 여성의 이러한 특징을 노려 보이스피싱은 젊은 여성을 표적으로 삼기도 한다. 말 없는 베이글녀, 어리고 순진한데 충분히 섹시한 성적 매력을 막 발산하지만 내게 도전적이지 않고 순응할 법한 이미지를 소비하는 '삼촌팬'들을 위한 맞춤형 걸그룹이 얼마나 많은가. '트로피 와이프'라는 말이 있을 정도로 젊고 능력 있는 아내는 남자 인생에서 커다란 '상'으로 여겨진다. 젊고 아름다운 아내를 둔 남성은 자신의 경제적 능력과 동시에 성적 능력까지 과시할 수 있다. 반면 나이가 들어 갈수록 제 생각을 말할 수 있는 힘이 길러지는 '늙은 여자'의 생각에는 '순수하지 못하다', '계산적이다' 등의 낙인을 찍는다. 1937년 마테스 치글러Matthes Ziegler는 그림Grimm 형제 동화 속에 나오는 마녀의 특징을 정리했는데, 공통점은 '늙음'이었다.

젊음은 남성보다는 여성에게 더 큰 재산이다. 텔레비전에서 종종 '20대 시절의 외모를 고수하고 있는 40대 여배우'를 소개한다. 아무리 봐도 40대로 보이는데 자꾸 '20대 외모'라고 주장한다. 요즘은 '예쁘다'는 말보다 '어려 보인다'는 말을 더 선호하기 때문일까. '동안'은 마치 시대의 강령처럼 되어 버렸다. 그들은 40대지만 40대처럼 보이지 않는 신공을 펼쳐야 한다. 나이 먹은 티가 덜 날수록 '자기 관리'를 잘하는 능력 있는 사람이다. "동안이세요"는 아주 훌륭한 칭찬이다. 여성에게 그 말을 건네는 것은 언젠가부터 하나의 예의와 다름없게 되었다.

동안에 대한 집착은 늙음에 대한 혐오를 동반한다. 자기 나이에 비해 더 들어 보이는 사람은 자기 관리 못한 사람, 한물간 사람이다. 여자의 나이를 묻지 않는 것을 예의로 여기기보다, 여자에게 나이가 그토록 중요한 의미를 갖게 만든 사회를 비판해야 한다. 우리 사회에서는 특히 30세 이후의 여성의 외모에 대해서 말이 많다. '동안 미모, 방부제 미모, 30대 맞아? 40대 맞아? 애 엄마 맞아? 유부녀 맞아? 아줌마 맞아?' 여배우를 소개하는 기사에 흔하게 등장하는 제목이다. '언니처럼 보이는 엄마'가 되기를 부추기는 광고도 있다. 동안을 위해 성형수술이라도 해야 할 분위기다. 노화는 곧 병으로 취급받기에 개선이나 치료의 대상이다. 동안에 대한 온 사회의 집착은 남성에 비해 외모 경쟁력이 더욱 요구되는 여성들에게 더 많은 과제를 준다.

이렇듯 여성에게 젊음을 강요하지만 일반적으로 남성이 여성을, 나이 많은 남성이 더 어린 남성을 지배하는 구조 속에서 어린 여자는 나이와 성별 양 측면에서 이중의 약자이며, 사회적으로 만만한 계층이 된다. 지난 2014년 소치 올림픽 기간 동안 일부 언론들이 젊은 여성 선수들을 향해 일제히 '아무개야!'라는 우스운 반말을 내뱉었다. "연아야, 상화야, 석희야 왕관 지키려면 이 애들 조심해", "상화야 수고했어", "상화야 이젠 맘 놓고 웃어" 등의 제목이 언론을 장식했다. 심지어 2006년 KTX 여승무원 파업 당시에 그들을 지지하는 글 속에서조차 "어리고 여린 비정규직 여성 노동자들"이라는 표현이 있었다. '어리다'는 말에는 미숙하고 부족하다는 뜻이 담겨 있다. 여성 노동자들을 투쟁의 주체로 보기보다 마치 세상 물정 모르는 순진한 여성들을 그렇게 험한 투쟁의 세상에 '발들이게 해서' 안타깝다는 듯한 시선이 몹시 불편했다. 20대 중·후반의 여성들이 '어린' 취급을 받을 이유는 없다. 비슷한 또래의 군 복무

중인 남성에게 '어린 남성'이라고 하지 않는다. 그들은 건장하고, 듬직하고, 씩씩하고, 믿음직스러운 장병으로 묘사된다.

2014년 세월호 사건이 일어났을 때도 젊은 여성을 바라보는 '비전문성'의 편견이 드러났다. 많은 언론이 "20대 초짜 여성 항해사" 등의 문구를 사건을 알리는 기사 제목에 넣었다. 그의 업무상 과실을 밝히는 데 여성임을 밝힐 필요는 없으며, 20대 항해사라서 사고를 몰고 다니지도 않는다. 젊은 여성의 전문성뿐 아니라 그들의 정치적 의견도 줄곧 '없는' 상태로 만든다. 흔히 젊은 여성은 정치에 무관심하다는 편견이 있다. 리서치앤리서치가 2006년 지방선거 투표율을 세대별로 재조사한 결과 20~30대 여성은 동년배 남성에 비해 투표율이 높았다. 20대 후반 여성의 투표율은 31.9퍼센트로 같은 세대 남성의 투표율인 27.4퍼센트보다 4.5퍼센트 포인트 높았고, 30대 전반 여성[40.4퍼센트]은 남성[33.7퍼센트]보다 6.7퍼센트 포인트, 30대 후반 여성[48.3퍼센트]은 남성[43.0퍼센트]보다 5.3퍼센트 포인트 투표율이 높았다.[20] 단 20대 전반 여성의 투표율은 31.3퍼센트로 44.8퍼센트인 같은 세대 남성보다 13.5퍼센트 포인트 낮았는데, 이는 20대 전반 남성들이 군대에서 투표를 하기 때문이라고 추정할 수 있다. 이렇게 사실과 다르게 발생하는 편견을 보면, 여성의 소비 패턴과 외적 스타일에 기울이는 관심에 비해 젊은 여성의 의견에는 무관심함을 알 수 있다.

한편 젊음에 집착하게 만드는 사회에서 여성들은 외모뿐 아니라 때로 말투까지 어리게 '연기'해야 한다. 이를 애교라고 부른다. 남성에게 여성의 애교는 여성성을 보이면서 남자를 긴장시키지 않는 안전한 태도다. 애교를 구성하는 요소에는 '아기 같음'이 필수다. 한국은 노골적으로 어린 여자의 위로를 요구하는 사회다. ROTC 모임에서 행사 도우미를 할 아르바이트를 모집하며 "짧은 치마가 잘 어울리는 키 165센티미터 이상의 젊은 여성(18세~29세)"을 자격 조건으로 내세웠다. 여성이 일반적으로 남성에 비해 노동시장에 진입하기가 더 어렵지만, 성애화된 노동에서는 젊은 여성인 경우 남성이나 나이든 여성보다 더 많은 기회를 얻을 수 있다. 이는 결혼 시장과 성매매에서도 마찬가지다.

'젊은' 여성의 성적 매력은 '나라와 겨레의 기쁨'이기까지 하다.[21] 어디까지나 '젊은' 여성에게만 해당된다. 중앙경찰학교에서 신임 여경 임용 예정자들에게 형법 강의를 하던 한 외래 교수는 "여자는 40세가 넘으면 퇴물이다. 젊은 나이에 몸값 좋을 때 시집가라. 일선에 나가면 경찰대 출신이나 간부 후보생 출신들 꼬실 거잖아"라는 발언을 했다. "40세 여배우란 실업자나 마찬가지"라던, 영화 〈타인의 취향〉에서 클라라[안 알바로Anne Alvaro]가 한 말처럼 40대 이후의 여배우들은 동년배 남성에 비해 일할 기회가 적다. 여성은 '유혹하는' 존재로 여겨지기에 중년 여성은 성적으로 '한물 간' 인간, 곧 유혹을 위해 써먹을 가치가 없는 '퇴물'로 간주된다.

여성들에게 젊음은 주요한 자원이다. 섹시와 순수 사이를 오가는 여성의 이미지에 부응하려면 어른 같은 소녀, 소녀 같은 어른이라는 역할을 계속 유지해야 한다. 안타깝게도 '국민 여동생'은 계속 탄생하고 있다. 우리 모두는 실시간으로 늙어 간다. 늙어 가는 시간 속에서 늘 어린 여자로 존재하려면 시간이 갈수록 투자 비용[돈과 시간, 연기력]을 점점 늘려야 하는데, 아무리 투자를 해도 시간을 따라잡을 수는 없다. 여성들은 시간을 되돌리는 불가능한 도전을 강요받는 셈이다. '어린' 여자로 살아가기의 불가능성이다.

벗은 남자

●

성적 불균형 상태로 구축된 세계에서, 보는 쾌락은 능동적/남성과
수동적/여성으로 양분되어 있다. 지배적인 남성의 시선은 자신의 환상을
여성의 형상에 투사하고, 여성의 형상은 거기에 맞춰 양식화된다.
전통적으로 노출의 역할을 맡은 여성은 강한 시각적 효과와
에로틱한 효과로 코드화된 외관으로 보여지고 전시되는
일종의 '볼거리to-be-looked-at-ness'라고 할 수 있다.

_ 로라 멀비, 《시각적 쾌락과 내러티브 영화》 중에서

〈퐁네프의 연인들〉에서 아주 인상적인 장면은 미셸[쥘리에트 비노슈Juliette
Binoche]이 카페에서 팔을 들어 올렸을 때 겨드랑이의 털이 그대로 노출
되는 모습이었다. 일반적으로 영화에서조차 여성의 겨드랑이 털은 잘
감춰져 있다. 여성의 벗은 몸을 전시하되, 그 몸은 남성과 차별화된 몸
이어야 한다. 욕망의 기준에 대한 유구한 역사는 '여성'이라 불리는 인
간을 철저히 남성의 거울로 만들었다. 욕망의 대상이 된 여성은 예술사
에서 창작자가 아니라 뮤즈이거나 모델로 더 큰 역할을 담당한다. 여성
누드는 흔하고 익숙하다. 레오나르도 다빈치Leonardo da Vinci의 '인간'은
비장애인 백인 남성이었고, 의학에서 인간의 기본 모델도 남성이다. 심
지어 자동차 안전벨트도 남성을 기준으로 제작되었다. 그러나 미술대학
에서는 남성 모델보다 여성 모델로 인체를 공부하는 경우가 보편적이

Le nu est un sujet majeur
de l'Histoire de l'art.

Certaines œuvres de l'exposition
« Chercher le garçon »
ont un contenu sexuel explicite.

Elles peuvent heurter la sensibilité
de certains visiteurs,
notamment mineurs.

〈소년 찾기〉 전시가 열렸던 당시 미술관 입구의 문구

다. '벗은 남자'를 터부시 여기는 한국 사회에서는 남성 누드모델을 구하기가 훨씬 어렵고, 공급이 적기 때문에 그만큼 비용이 많이 든다.

2015년 봄, 파리 근교의 현대미술관에 〈소년 찾기Chercher le Garçon〉라는 전시를 보러 갔다. 그런데 입구에 이렇게 쓰인 문구를 발견했다.

"누드는 미술사의 주요한 주제입니다. 〈소년 찾기〉 전시의 몇몇 작품에는 선정적 내용이 있습니다. 이 작품들은 몇몇 관람객, 특히 미성년자들에게 충격을 줄 수 있습니다."

〈소년 찾기〉라는 전시에는 '남성성'을 주제로 한 현대미술 작품들만 모아 놓았기에 전위적인 남성 누드가 곳곳에 있었다. 개인적으로 작품보다 위의 안내 문구가 훨씬 재미있었다. 전시의 최고 작품이 이 안내 문구가 아닐까 싶었다. 지금까지 전시장 입구에서 이렇게 친절한 안내 문구를 본 적이 없어 사진을 찍어 오기까지 했다. 외설 시비에 휘말리는 아라키 노부요시荒木経惟의 전시에서도 이런 설명을 본 기억이 없

벗은 남자

다. 남성의 몸이 떼로 전시되는 상황이란 이토록 조심스러운 일이다. 2012년 빈의 레오폴드 미술관에서, 2013년 파리의 오르세 미술관에서 열린 남성 누드 전시가 최초의 남성 누드 기획전으로 꼽힐 정도로 벗은 남자의 몸은 미술사에서 소외되었다. 그렇지만 그려지지 않은 것이 아니라 변두리로 밀려났을 뿐이다. 벗은 몸은 여성에게, 애정 표현은 이성에게 한정되는 것이 '강제적 이성애' 사회의 기준이다.

여성의 몸이 '미'의 대상으로 추앙받는 데 반해 벗은 남자의 몸은 금기시된다. 여성이 '이미지화'된다면 남성은 '언어화'되기 때문에, 남성은 의미를 만들고 이야기를 이끌어 가는 주체이지 미적 대상이나 성적 대상의 주제가 되지 않는 편이다. 주체/능동/남성적-객체/수동/여성적이라는 문법 속에서 '말 없는 여성의 이미지'는 계속 육체를 중심으로 의미를 가지며, 남성의 시선에 의해 해석되고 관찰되는 것을 넘어 폭력적인 시선의 침범을 받고 있다.

미술사뿐 아니라 일상의 옷차림에서도 남성의 노출은 여성보다 제약받는다. 더운 여름 반바지를 입고 출근할 수 있는 남성 직장인은 흔치 않다. 여성의 미니스커트와 달리 남성의 짧은 반바지는 혐오의 대상이다. 통념적 '남성다움'의 범위 안에서 이루어지지 않는 남성의 노출은 '남자답지 못한' 행동으로 여긴다. 예를 들어 발레하는 여자는 '요정'처럼 바라보지만 발레하는 남자에 대해서는 '남자답지 못하다'는 편견을 드러내는 사람들이 종종 있다. 강한 남성성을 드러내며 승부를 겨루는 운동선수의 근육이 아니라, 주로 여성다움으로 여겨지는 '미'의 영역에서 활동하는 남자의 몸은 낯설게 바라본다.

어찌 보면 남성의 몸이 노출에서 더 자유롭지 못하다고 볼 수도 있지만 남성의 몸은 다른 방식으로 '자유롭다'. 동네에서 '속옷'인 러닝을

프랑수아 그자비에 파브르, 〈아벨의 죽음〉, 1791.
벗은 남자의 몸은 미술사에서 소외되어 왔다. 그렇지만 그려지지 않은 것이 아니라 변두리로 밀려났을
뿐이다. 벗은 몸은 여성에게, 애정 표현은 이성에게 한정되는 것이 '강제적 이성애' 사회의 기준이다.

벗은 남자

입고 어슬렁거릴 수 있는 '아저씨'나 지하철에서 편하게 다리를 벌리고 앉아 민폐를 주는 남성들은 단지 한국에서만 볼 수 있는 풍경은 아니다. 버스나 지하철에서 자리를 많이 차지하고 앉아 옆자리 승객을 짜증 나게 하는 '쩍벌남manspreading'이 2015년 영국 옥스퍼드 온라인 사전에 등재됐다. 바지를 입어도 다리를 쩍 벌리고 앉으면 흉이 되고 치마를 입으면 반드시 다리를 잘 모으고 있어야 하는 여성들에 비하면 남성들의 '아랫도리'는 자유로운 편이다.

'덜 조심해도 되는 아랫도리'에 대한 우리 사회의 숭배는 남자아이가 태어났을 때 노골적으로 드러난다. 지금은 거의 사라졌지만 과거에는 남아의 백일 사진이나 돌 사진에서 아랫도리를 노출하는 습관이 하나의 전통으로 여겨졌다. 그런데 이 '변태' 같은 전통이 사라졌다기보다 다른 양상으로 변모하고 있다. 남자 아기의 성기를 석고 조형물로 본떠서 귀하게 보관한다. 남성기에 대한 숭배는 이렇게 새로운 돈벌이를 창출할 수 있을 정도다.

한편 여성의 몸이 극단적 관찰의 대상인 몰래카메라의 피해자가 된다면 남성의 벗은 몸은 위협의 도구가 될 수도 있다. 벗은 여자, 벗은 남자, 벗은 아이, 벗은 노인은 제각각 다른 의미로 작용한다. 가령 남자 아이의 성기를 '귀엽다고' 만지는 행위는 성추행으로 인식되기보다 어른이 아이를 예뻐하는 방식으로 통한다. '바바리맨'이라 불리는 남성의 노출증은 조롱과 혐오 사이를 오가며 병과 범죄 사이에 있다. 아이의 귀여운 '고추'는 성인 남성의 무서운 '고추'가 되고, 그 남성이 성범죄자가 될 경우 잘라야 할 '고추'가 된다. 성기 중심의 사고가 야기한 '문화' 들이다. 게다가 남성기 확대 수술이 있을 정도로 남성들은 성기의 크기에 집착한다. 욕망의 주체로서 벗은 몸은 혐오의 대상이지만 욕망의 상징인 성기는 과시의 도구다. '남성'임을 증명하는 가장 확실하고 순수한 상징이다.

반면 여성은 감추고 감춰야 한다. 그래서 더욱 '벗음'이 의미를 가진다. 해석되는 존재인 여성은 의미를 만들어 가는 주체라기보다 의미의 보유자다. 예를 들어 영화 속에서 여성 배우의 주요 역할은 남성 주인공의 성적 파트너이며 관객의 관음증 대상이 되는 것이다. 카메라는 여성의 몸을 아래에서 위로 훑어가며 가능한 한 여성의 몸을 전시한다. 훔쳐보기의 대상인 여성의 몸은 일상에서 카메라의 폭력에 시달린다. 짧은 치마를 입은 여성들은 지하철 계단을 오르며 가방으로 엉덩이를 가린다. 여성들은 남학생을 가르치는 교육 현장에서, 공중화장실과 샤워실, 심지어 자신의 안방에서조차 나의 몸이 내 의사와 상관없이 언제 어떻게 촬영될까 불안해한다. 이 불편함을 감수해야 하는 일상은 당연하지도 자연스럽지도 않다. 우리는 왜 불편함을 참는 정도가 불평등한지 질문해야 한다.

벗은 남자

여성의 소비,
째려보거나 부추기거나

●

이렇게 아름답고 생명 잇는 인형, 돈이라면 얼는 삼키는

인형은 자본주의국가인 이 나라가 아니면 볼 수 업슬 것이외다.

또 이 인형의 특색은 돈! 돈을 잘 아는 것임니다. 이 돈의 나라는

인간인 여자를 돈 잘 아는 인형으로 제조화하는 공장이외다.

_허정숙,《울 줄 아는 인형의 여자국》중에서

"남자이기에 하고 싶은 게 있어도 가슴에 담았고, 갖고 싶은 게 있어도 말을 아꼈다. 솔직해지자. 자동차만큼은. 차는 남자의 존재감이다." 한 자동차 광고다. 한편 이런 소주 광고도 있다. "술과 여자 친구의 공통점, 오랜 시간 함께할수록 지갑이 빈다." 여성과 남성에 대한 사회적 편견이 가득 담겨 있다.

'남자이기에' 많은 소비를 참고 있는 듯 보인다. 그러면서도 자동차라는 고가의 소비품은 남자의 존재감이다. 여성 운전자도 늘어나고 있는데 '차=남자의 존재감'이 될 이유가 없다. 남자의 자존심이 지갑에서 나온다는 말이 있는데, 이제 남성의 소비에서 '자존심'을 넘어 '존재감'까지 언급한다. 반면 여성의 소비는 조롱의 소재가 되고는 한다. 〈개그 콘서트〉의 한 코너에서는 "김치녀가 될 거야! 오빠, 나 명품 백 사 줘. 신상[신상품]으로. 아님 신상 구두?"라고 떠드는 '김치녀'를 내세워 여성

을 비하했다. 우리 사회의 소비에 대한 이중적 시선이 드러난다. 게다가 여성이 '남성에게' 사 달라고 하는 모습을 강조하여 여성을 남성의 돈으로 욕구를 채우는 낭비와 허영의 주체로 만든다.

그렇다고 여성이 제 돈으로 자신에게 투자한다 하여 여성의 소비에 대한 혐오의 시선이 달라지는 것은 아니다. 여성이 자기 자신에게 돈을 쓰는 그 자체가 혐오받기 때문이다. 여성의 경제활동 범위가 늘어나면서 소위 결혼 적령기에 결혼을 하는 여성도 줄어들었다. '싱글 생활의 연장', 곧 가족이 아니라 나를 위해 살아가는 여성이 늘어날수록 여성들은 소비시장에서 능력자가 되지만 가부장제 질서 속에서는 욕을 먹는다. 한쪽에서는 돈을 쓰는 능력을 가진 여성들을 향해 '골드미스*'라는 표현으로 소비하라고 옆구리 쿡쿡 찌른 지 오래다. 그렇지만 명품 가방 든 여성들은 사치의 주범으로 꼽힌다. 명품을 소비하는 여성에 대한 혐오를 드러낸 글이 많지만 그중에서 이런 극단적인 글이 있었다.

"값비싼 명품을 사는 사람들은 누구이며 그 돈은 어디에서 나올까? 나는 최근 독버섯처럼 번지고 있다는 '성매매 여성'과 '바가지 걸'들을 그 주역으로 추정한다. 몇 년 전부터 서울 강남권을 중심으로 수천 명의 20대 여성이 성매매, 이른바 명품 매춘을 하고 있다는 보도이다. 주로 지하철역 주변의 오피스텔, 특히 강남 일대 지하철역 주변의 매춘 업소가 수백 곳에 이르러 강남은 그야말로 '성 특수'를 누리고 있다는 것이다. (…) 그래서 나는 강의 시간에 학생들에게 혹시 주변의 젊은 여성들이 명품을 걸치고 있으면 그것이 짝퉁 모조품이거나 만약 진품이라면 몸과 혼

*　국립국어원은 '골드미스'라는 신조어를 "재무 관리에 민감한 계층"인 '황금 독신 여성'으로 '다듬었다'.

을 팔아 산 것으로 보아도 무방할 거라고 말한다. 그리고 명품으로 치장한 그들을 부러운 눈으로 보지 말고 따가운 눈으로 흘겨 주라고 가르친다. 그것이 나라를 위해서나 당사자를 위해서도 필요하다고 (…) 나는 썩 좋은 방법은 아니지만 이런 고약한 사회병리 현상을 바로잡을 고육지책의 하나로 국민 모두가 명품을 뽐내는 젊은 여인들을 따가운 눈으로 째려보기를 제안한다. 아마도 그것이 명품이라는 허깨비를 수치스러운 물건으로 만들어 허망한 욕망의 싹을 잘라 버릴 수 있는 최선의 대책일 것이다."[22]

논리는 간단하다. '세계가 불황에 허덕이는데 한국의 명품 시장은 호황이다, 그런데 이 명품의 수요자가 누굴까, 이런 값비싼 명품을 사는 사람들은 누구이며 그 돈은 어디에서 나올까? '성매매 여성'을 그 주역으로 추정한다. 그러니 명품은 마땅히 '비행'의 증거이기에 국민 모두가 그 명품을 소유한 여인들을 째려봐야 한다'는 얘기다. 1920~30년대의 '모던걸'이나 '신여성'으로 불리는 젊은 여성 집단을 향해 공적[남성] 영역의 비난이 표출되었던 사례와 비슷한 맥락이다. 남성에 의해 통제되지 않고 여성이 스스로 자신의 욕망을 채울 때 남성 중심 사회는 언제나 당혹감을 드러낸다.

"사람의 인격이 그 외화에 있는가? 한 여성의 미가 그 난사되는 색채로 거죽을 꾸미는 데에 있는가? 길로 지나가는 수레바퀴의 울림에도 쓰러질 듯한다-허물어진 초가집에서 나오는 양장한 여자! 자기가 살고 있는 그 집값보다도 몇 배나 되는 그 옷을 입고 굶주린 사람들의 누더기 때가 이 모진 바람에 날리어 찢겨져 헤터지는 이 서울의 거기를 거닐 때에 그는 모든 것이 지푸라기같이 보일 것이다. 공작이여! 쇠창살 속에 화려한 저 꼬리를 펴 만족하는 동물원 창살의 공작이여. 달은 창살 속에서 울부짖는 새소리를 듣느냐?"[23]

1928년 《조선일보》에 실린 글이다. 여성이 외모에 투자하는 것을 두고 '인격' 운운하고, "집값보다도 몇 배가 되는" 옷을 입고 서울을 거닌다고 비난한다. '밥값보다 비싼 커피'에 돈을 쓴다고 비난하는 방식과 비슷하다. 그리고 "굶주린 사람들"을 끌어들여 소비하는 여성과 가난한 계층을 대립시킨다. 여성의 소비를 혐오하는 역사는 이렇게 오늘날 새롭게 탄생하지 않았다.

여성을 외모로 평가하지만 외모 가꾸기는 사치와 허영의 상징이다. '자기 관리'를 하는 멋진 여성이란 언제나 20대의 몸매와 동안 얼굴을 유지하는 '착한' 여성이다. '착한 몸매'라는 말에서 드러나듯이 외모가 인격이다. 그렇지만 외모에 투자하는 여성들에게는 꼭 '내면의 아름다움'이라는 지루하고 뻔한 훈계를 한다. 전 한나라당[새누리당의 전신] 대표 안상수는 "요즘 룸에 가면 [성형하지 않은] 자연산을 더 찾는다"라며 '자연산'의 가치(?)를 강조하기도 했다. 자연스러움을 강조하지만 정작 이 사회가 원하는 여성의 몸은 결코 자연스럽지 않다. '베이글녀'처럼 얼굴이 아기 같아도 몸매는 육감적이어야 하고, 허리와 팔다리는 가늘어도 가슴은 '빵빵'해야 한다. 몸 관리를 하지 않으면 능력 없는 게으른 여성이다. 설령 애를 낳아도 3달 안에 처녀 시절 몸매로 돌아와야 자기 관리를 철저히 하는 사람으로 대접받는다. 여성은 살아 있는 마네킹이며 길거리는 일상의 런웨이다. V라인, S라인, X라인 등 온갖 라인에 몸을 구겨 넣을 수 있어야 잘 팔리는 상품이 된다. 얼짱, 몸짱, 엉짱, 온갖 짱

소리를 들을 수 있어야 착한 상품이다. 이런 몸은 자연스럽게 '얻어지는' 것이 아니라 '얻기 위해' 상당한 돈과 시간의 투자를 필요로 한다.

한쪽에서는 이렇게 여성들의 소비를 부추기기 위해 몸을 숭배하고, 다른 한쪽에서는 소비하는 여성을 '창녀'라고 한다. 경제력이 있는 여성을 원하지만 그들의 소비는 못마땅하고, 예뻐야 하지만 외모에 돈을 쓰면 안 되고, 가리지 않고 잘 먹어야 하지만 날씬해야 하고, 그렇다고 다이어트에 돈을 쓰면 안 된다. 굉장한 모순이다.

자본주의사회에서 여성이 가장 '주체적' 존재가 되는 순간은 소비자가 될 때다. 고가의 상품을 구매할수록 차별화가 이루어지고 자기 자신도 훌륭한 상품이 된다. 소비사회에서 소비는 능력이며 또한 권위를 주는 일이다. 독일의 사회학자 마리아 미즈Maria Mies는 《가부장제와 자본주의》에서 여성의 소비가 어떻게 '진보의 상징'으로 전파되는지 설명한다.

> "서구에서는 여성이 쇼핑을 통해 자신들이 가졌던 많은 좌절을 보상받는 것이 일반적 현상이다. 가난한 국가의 중산층 여성도 같은 패턴을 따른다. 아프리카, 아시아, 라틴아메리카 도시 중산층 여성도 어느 정도 비슷한 라이프스타일과 소비 유형을 따른다. 아프리카 혹은 인도 여성의 잡지를 보면 중산층 여성이 어떻게 소비자로 동원되는지를 잘 볼 수 있다."[24]

시장은 '여심'을 잡으려고 애쓴다. 여성 전용 신용카드나 여성들을 위한 맞춤형 해외여행 상품은 여성이 소비를 통해 당당한 능력을 보여주는 듯 포장한다. 여성 인권의 수준은 낮지만 경제적으로는 발달한 한국 사회에서 여성이 가장 쉽게 자존감을 얻을 수 있는 방법은 소비다.

소비의 목적은 단지 그 상품의 사용가치에만 국한되지는 않다. 소비는 자신이 속한 집단과 구별 짓고 자신이 지향하는 집단에 소속되는 환상을 줄 수 있는 쉬운 방식이다. 소비가 계급을 반영할 때 경쟁적으로 소비를 할 수밖에 없다. 게다가 가부장적 사회에서 여성의 가장 쉽고 확실한 위안은 고급스러운 소비다. 이 소비의 방식에는 상품 구매도 있지만 여행이나 각종 이벤트도 포함된다. 20~30대 싱글 직장 여성들의 주요 소비 영역을 분석해 보면 크게 외모를 위한 소비, 음식점과 카페, 해외여행, 운동 및 자기 교육비, 문화생활로 나눌 수 있다.[25] 외모에 대한 투자는 남성 사이에서 교환 대상인 여성들의 전통적인 소비 영역이지만 오늘날은 특히 여성들에게 자기 관리의 주요 영역 중 하나다. 또한 여성들은 주로 음식이나 여행처럼 스스로를 접대하는 소비를 한다. 남이 만들어 준 음식을 먹고 해외로 여행을 떠나는 행위는 일시적으로나마 가부장제의 틀에서 벗어난 해방감을 준다. 사회에서 요구받는 자기 관리와 가부장제로부터의 해방구로서의 소비가 여성의 소비를 특징짓는 주요 성격이다.

이러한 맥락에 대한 고찰 없이 여성의 소비에 대해 무차별하게 낙인을 찍는다. 커피 값과는 비교도 안 되는 돈을 하룻밤 술값으로 써 버리는 남자들의 룸살롱 문화(?)에 관대한 사회에서 여성은 몇 천 원짜리 커피만 마셔도 사치를 한 셈이 된다. 여성의 소비 행위에 대한 혐오는 '명품 백'에 이르러 정점을 찍는다. 2000년대 이후로 '~녀'라는 여성 비하 언어는 더욱 다양하게 쏟아지고 있는데, 그중 '된장녀'와 '김치녀'가 대표적이다. 여성 힙합 가수는 여성을 비하하는 노래를 부름으로써 자신은 그 낙인의 대상에서 배제될 수 있다. 래퍼 제이스의 〈성에 안 차〉라는 노래는 여성의 소비를 지극히 남성의 시각에서 바라보는 가사를 담고 있다.

> 그렇게 많은 백을 갖고도 (성에 안 차)
> 옷장에 꽉 찬 옷을 보고도 (성에 안 차)
> 그렇게 멋진 남자를 만나도 (성에 안 차)
> 대체 뭐가 그리 불만이고 성에 안 차
> Hey Listen Girl Hey Listen
> (…)
> 너에게 연애는 만남이 아닌 거래
> 밑 빠진 독에 물 부어 줄 남자를 찾지
> 널 위한 현금 지급기 같은
> (…)
> 근데 왜 우리 여자들이
> 싸그리 욕을 먹어

여성에게 '들어라'라고 하면서 노골적으로 여성들이 남자를 '돈줄'로 여긴다고 표현한다. 그는 가상의 '된장녀' 이미지를 꺼내어 남성의 마음을 이해하고, '그 여자들' 때문에 '같은 여자'가 욕먹는 게 싫은 마음을 드러낸다. 여성과 성소수자를 비하하며 남성성을 과시하는 기존 힙합의 언어를 그대로 습득한 여성 래퍼가 이렇게 여성의 소비를 혐오하는 남성의 언어를 반복 재생하고 있다. 하지만 여성이 정말 사회에서 만들어 낸 이미지처럼 화려한 소비의 주체이기만 할까.

노동과 소비의 이미지는 철저히 성별화되어 있다. 남성은 노동하는 존재, 여성은 소비하는 존재로 그려진다. 남성은 소비하는 것조차 업무의 연장이라 법인 카드로 접대하고 접대받는다. 술자리가 보통 2차, 3차까지 이어져도 이는 과소비가 아닌 '인간관계'나 업무다. 반면 여성은 자신이 하는 노동마저 가족을 위한 봉사와 헌신이라는 이름으로 꾸준히 유령화된다. 특히 엄마, 며느리, 아내의 입장에서 가족을 위해 소비할 때보다 여성이 제 자신을 위해 소비할 때 유난히 혐오가 따른다. 그렇게 여성의 노동은 축소되고 소비는 과장된다.

명품 백이 아니어도 '아줌마'라는 사람들이 오후에 카페에 모여 있으면 '남편 일하는 동안 한가하게 돈 쓰는' 여자들로 취급하는 시각이 있다. 전업주부인 여성들은 주로 가족이 없는 낮 시간에 쉴 수 있다. 아침에 출근하고 저녁에 퇴근하는 일반적인 임금노동자의 기준으로 보자면 이른 퇴근이 '저녁이 있는 삶'이다. 하지만 전업주부는 집에 가족이 있는 시간이 늘어날수록 쉬는 시간이 줄어들기도 한다. 집이 '쉼터'이기보다 '일터'다. 게다가 백화점의 고객이 대부분 여성인 이유는 그들이 가정에서 주로 구매 담당이기 때문이다. 결국 여성의 소비에 대한 혐오의 상당 부분은 여성 노동에 대한 폄하와 몰이해에서 비롯된다.

'페미니즘은 노동문제에 무관심하다'는 공격은, 늘 노동하고 있는 여성의 노동을 지속적으로 지우는 습관과 무관하지 않다. 의도적 무시가 일어나고, 그 무시가 굳어져서 실제로 사회는 여성의 노동에 무지하다. 노동하는 인간과 노동에 대한 의제를 남성의 것으로 만들며, 여성을 남성의 경제력에 의지해서 사는 비노동 인간으로 만든다. 그리고 이 비노동 인간이 남성의 돈으로 즐긴다는 공식은 점점 '요즘은 남자가 불쌍한 여자들 시대'라는 망상을 낳는다. 시장에서는 부추기고 일상에서는 혐오하는 여성의 소비는, 그 실체와 무관하게 화려하고 거대한 포장지로 싸여 있다.

여성의 소비, 째려보거나 부추기거나

이브의 누명:
영화 〈안티크라이스트〉를 중심으로

●

남성의 성기는 세속적인 데 반하여 여자의 성기는

종교적, 마술적인 힘을 지니고 있다.

_시몬느 드 보부아르, 《제2의 성》 중에서

아장거리는 어린아이를 둔 부부가 성관계 도중 아이의 추락을 목격한
다. 자신들이 성관계 중에 '방관한' 아이가 창문으로 떨어져 죽은 것이
다. 이들에게 덮친 이 같은 고통으로부터 영화 〈안티크라이스트〉는 시
작된다. 그 고통에서 벗어나지 못하는 부인을 심리치료사인 남편이 직
접 치료를 하게 되지만 여자의 상태는 점점 더 악화된다. 결국 회복하
지 못하고 파국에 이르는 과정이 적나라하게 펼쳐진다.

　프롤로그로 시작되어 4개의 주제[비통함, 고통, 절망, 3명의 걸인들]로 이
야기가 이어지고 에필로그로 마무리되는 이 영화는, 앞뒤에 등장하
는 음악이 모두 헨델의 〈리날도Rinaldo〉 중에서 '울게 하소서Lascia ch'io
pianga'다. 특히 프롤로그는 이 장엄한 음악과 함께 디지털카메라로 촬영
된 고품질의 화면 속에서 아주 느리게 흘러간다. 샤워기에서 떨어지는
물방울이 구슬처럼 보일 정도다. 그리고 부부의 성관계가 보인다. 흑백
처리되었고 흘러나오는 음악의 힘이 막강하여 이들의 부부 관계 장면
은 '욕망의 성스러움'처럼 보인다. 욕실에 서서 관계를 맺는 이들의 아랫

영화 〈안티크라이스트〉, 2009의 포스터
이 영화는 도식적 인간들이 벌이는 잘난 이성의 광기가 얼마나 끔찍한지, 그것을 남성과 여성을
통해 보여 준다. 숲으로 들어가는 수많은 여성의 환영들처럼, 지속적으로 마녀사냥이 이루어지고
있는 인류의 광기를.

도리를 카메라는 집중적으로 보여 주며 남성의 거대한 성기가 화면을 압도하게 만든다. 그리고 앞으로도 이 영화 속에서 남성의 성기는 1번 더 관객의 시선을 붙든다. 그런데 이들의 격한 관계가 침대까지 이어지며 쾌락을 만들어 낼 때, 아이가 그 현장을 지켜보면서 놀다가 창문 밖으로 떨어진다. 눈이 펄펄 내리는 하얀 세상에 순진무구한 표정으로 아이는 추락한다.

아이의 장례식 후 여자의 우울증은 지속된다. 여성의 성욕과 모성애를 충돌하게 만드는 것이다. 여성에게 모성으로서의 육체는 성스럽지만 성적인 육체는 부정하다. 전도연이 열연했던 〈해피 엔드〉에서 여주인공은 자신의 정부情夫와 시간을 보내기 위해 아이에게 수면제를 먹이는 일도 서슴지 않았다. 그 부분은 단지 여자가 배우자를 배반한 외도 차원을 넘어 모성애까지 과감히 포기한 천하의 몹쓸 여자로 보이도록 만든다. 그리고 그녀는 남편의 손에 의해 '처형'된다. 〈파주〉에서도 자신의 집에 은신하고 있는 운동권 후배와 성관계를 맺던 여자는 아이를 통해 그 대가를 치른다. 그들의 성관계 중 부엌에서 끓고 있던 뜨거운 물이 넘어지며 아이가 화상을 입게 되는 고통을 겪기 때문이다. 이렇게 여자가 외도를 하는 동안 그 희생이 고스란히 아이에게 향하는 설정을 함으로써 여성의 성적 욕망과 모성애를 대립하게 만든다.

반면 작품 속에서 남성의 부성애[모성애만큼 많이 언급되지도 않을 뿐더러]와 그들의 성적 욕망이 갈등을 빚는 상황은 흔히 발견되지 않는다. 〈안티크라이스트〉는 외도가 아닌 남편과의 성관계 중에 아이가 사고를 당한다는 설정으로 이 문제를 훨씬 노골적으로 드러낸다. 그것도 아이가 창문 너머로 넘어가는 순간, 그 순간을 포착한 사람은 남자가 아니라 여자였다. 공교롭게도 그 상황을 목격한 것은 여자가 되고 남자는 고개를 반대쪽으로 돌리고 있어 아이의 추락을 보지 못한다는 상황이 앞으로 이들 부부가 가지게 되는 죄책감의 무게를 다르게 만든다. 라스 폰 트리에Lars Von Trier는 과연 이 문제를 고발하고 싶은 것이었을까, 아니면 그도 역시 여성의 성욕을 마녀화하는 데 힘을 보태는 것일까.

이 영화 속에서 자식의 죽음에 대한 죄책감은 모두 여자의 몫이다. 반면 이 죄책감의 고통을 치료하는 사람은 바로 다름 아닌 남편이 된다. 분명히 아이는 두 사람 모두의 자식이다. 그런데 고통에 몸부림치는 여자를 남자는 너무도 차분하게 '치료'하려는 태도를 보인다. 영화는 '아버지'로서의 남자의 고통은 더듬지 않는다. 남자가 여자를 치료해 주는 입장이 되면서 고통의 주체는 온전히 여자가 되고, 그 고통을 파헤쳐 가는 주체는 남자가 된다. 병원에서 입원 치료를 받는 아내를 남자는 집으로 데려가 자신이 직접 치료하려 한다. 우울증은 그다지 두려워할 문제가 아니라며 남편은 도식적인 방법으로 자신 있게 치료를 시도한다. 그리고 여자가 성관계를 멈추지 못한 것에 대해 괴롭게 후회할 때 남자는 '그럴 수 없는 것이었다'라고 명쾌하게 입장 정리를 한다. 성관계 중 방치한 자신의 아이가 죽은 사실에 대해 남편에게서는 괴로움을 찾을 수가 없다. 마치 아이 잃은 여자 의뢰인을 대하듯 그의 감정은 놀랍도록 냉정하다.

여성의 성욕을 터부시하고, 그에 비해 모성애를 신화적 수준으로 끌어올리며 진행된 인류의 역사 속에서 여자는 '아이의 엄마'이자 '가정 안'에 갇힌 존재다. 그것을 벗어날 때 요부나 마녀가 되며 악의 상징이 된다. 여성의 성욕을 죄악시 여기게 만드는 장치들이다. 남성의 성욕을 불경스럽게 보지는 않지만 그 성욕을 자극하는 매력적 여성은 남성을 파멸로 몰고 가는 존재로 몰아붙인다. '팜므 파탈femme fatale'이라는 말은 그래서 탄생할 수 있었다. 여성의 성적 욕망 안에는 늘 악의 기운이 도사리고 있다는 뿌리 깊은 관념은 여성 억압의 커다란 축이다. 아프리카 및 중동 일부 지역에서 벌어지는 여성 할례는, 여성의 성욕을 억압하고 '순결한 몸'을 지킨다는 명목으로 자행되는 끔찍한 폭력이다. 하루에만 6,000여 명의 소녀들이 이 폭행의 피해자가 되고 있다.

남편은 아내의 정신 상태를 더듬어 가면서 두려움의 정체를 끄집어내려고 한다. 여자의 무의식을 더듬는다. 그리고 그 과정에서 여자가 '에덴'이라 불리는 숲에 두려움을 가지고 있다는 사실을 알게 된다. 과거에 이 여자가 박사 논문을 쓰기 위해 아들과 머물렀던 숲이다. 남편은 여자의 두려움을 치료하기 위해 직접 에덴으로 함께 갈 것을 권한다. 두려움과 직접 대면하는 것이 가장 좋은 치료라고 그녀를 설득한다. 숲으로 들어가는 과정에서 맨발이 아니었음에도 여자의 발바닥이 화상을 입는다. 그리고 두려움에서 벗어나지 못하는 여자. 여자는 풀밭 위를 걷는 것조차 현기증을 일으키며 힘겨워하게 된다.

영화의 중간에 여자가 아들과 이 숲에서 머물던 시간이 조금씩 삽입이 되는데, 여자가 연구하던 주제가 중세의 학살이라는 것을 알 수 있다. 정확히는 중세 유럽에서 벌어졌던 마녀사냥. 여자는 인간 본성에 숨어 있는 고통과 절망, 그리고 악의 성질에 대해 연구했던 것이다. 남편은 아내의 연구 흔적들을 더듬으며 이런 사실들을 조금씩 알아낸다. 그러던 중, 아들의 모습이 담긴 사진 속에서 아이가 좌우가 뒤바뀐 채로 신발을 신고 있는 것을 발견한다. 여자가 아이의 신발을 반대로 신긴 것이다. 사소해 보이는 실수지만 여자가 아이를 불편하게 만드는 일을 스스로 했음을 보여 준다. 여자 내면에 숨겨진 무서운 도발의 기운은 이렇게 드러난다.

이상한 꿈들을 꿔서 불길한 기분을 드러내는 남편에게 아내는 "현대 심리학은 더 이상 꿈에 관심 없다"라며 "프로이트Sigmund Freud가 죽었잖아"라고 말한다. 그녀를 걱정스럽게 바라보는 남편의 눈에는 잔인한 동물들의 살육이 보인다. 여자는 자연스럽게 "자연은 사탄의 교회Nature is satan's church"라고 말한다. 에덴이라고 부르는 숲에 들어와서 자연을 '사탄의 교회'라고 칭하는 것은 신에 대한 노골적 도발이다. 일반적으로 '자연'은 문명사회를 비판하며 인간이 회귀해야 하는 선한 본성으로 그려진다. 이 영화에서 이들 부부는 에덴이라는 숲에서 남성 일반과 여성 일반을 상징하는 인물이 되며, 남성과 여성·신과 인간·문명과 자연 등의 거대한 구조에 대한 우리의 관념을 흔들어 놓는다.

낙원을 상징하는 에덴은 여자에게는 낙원이 아니라 두려운 사탄의 교회다. 그동안 종교에서, 그리고 서구 문명 안에서 이브에게 부과했던 죄의 무게를 생각해 보면, 이브의 입장에서 에덴은 낙원이 아닐 수밖에 없다. 그 깊은 뿌리 속에서 자라난 여성 억압. 마녀사냥은 그렇게 이어졌고, 지금도 여전히 여성은 그 굴레에서 벗어나지 못했다. 성관계 중에 죽은 아이에 대한 죄책감의 무게가 서로 다르듯이.

이제 남편의 눈에는 점점 자연의 무서운 현상이 보이며 그는 자연을 두려워하고, 여자는 점점 자연에 동화되어 간다. 영화는 인간의 본성으로 상징되는 '자연'을 '선'보다는 '악'의 모습으로, '치유'의 공간이기보다는 '고통'의 공간으로 보여 준다. 남자와 마주 선 사슴은 자궁에서 쏟아져 나오다 죽은 채 매달린 새끼를 그대로 뒤에 달고 있다. 태어났다고 말할 수도, 죽었다고 말할 수도 없는 다소 엽기적인 상황이다. 늑대는 순한 짐승의 살을 뜯어 먹는다. 매는 어린 새를 낚아챈다. 이런 모습들이 남자의 눈에만 들어온다. 도토리가 떨어져 지붕에서 울리는 소리에도 여자는 익숙하지만 남자는 놀란다. 여자를 치료하기 위해 에덴에 가자고 권한 것은 남자였지만 이 에덴이라는 숲에 여자는 2번째로 왔고 남자는 처음 왔다. 이미 논문을 쓰기 위해 머물렀던 그때 끝없이 펼쳐진 숲에서 아이 울음소리의 환청을 들었던 여자는 에덴에 낙원과 지옥이 공존한다는 것을 알아 버렸지만 남자는 그렇지 못했던 것이다. 탄생과 죽음, 성의 쾌락과 아이의 추락사가 동시에 발생하듯이 여자에게는 신이 만든 이 세상이 곧 사탄의 교회이기도 하다는 역설이 어쩌면 당연한 것이다.

여자는 고통을 잊기 위해 성관계에 집착하면서 점점 가학적으로 되어 간다. 쾌락과 고통을 동시에 버무리려는 욕망이다. 하지만 죽고 싶다는 여자에게 "죽는 것은 최고로 나쁘다"라고 말하고, 뭐든지 자신이 제어할 수 있으며 좋고 나쁨을 판가름할 수 있다는 차분한 이성에 도취된 이 남자에게 쾌락과 고통은 섞일 수 없는 것이다. 성관계 중에 자신을 때려 달라고 울부짖는 그녀는 남편이 원하는 대로 해 주지 않자 벌거벗은 채 집을 나와 커다란 나무 밑에서 마치 자연과 관계를 맺듯이 나무뿌리를 붙잡고 격렬한 자위를 한다.

계속해서 창고에서 여자의 연구 흔적을 살피던 남자에게 여자는 갑자기 달려들고, 급기야 발기된 '남성'을 나무토막으로 내리쳐 남자를 기절시킨다. 그리고 그의 성기를 손으로 붙들고 사정을 시키는데, 남자의 상처 입은 몸에서는 피가 솟구쳐 올라온다. '남성'에 대한 여성의 집착을 읽을 수 있다. 그러나 집착의 이유는 다르다. "프로이트는 죽었어"라는 여자의 대사로 미루어 볼 때, 감독은 여성이 '남근에 대한 동경'을 가진다는 설정을 한 것이 아니다. 오히려 '복수'에 더 가깝다. 자연의 복수, 오만한 이성에 가하는 복수다. 여자는 남자의 종아리 살을 뚫어서 커다란 추를 달아 놓는다. 여자의 행동은 점점 극에 달하며 남자를 땅속에 파묻기까지 한다. 그리고 스스로 자신을 처단하듯, 아이가 떨어지던 순간을 떠올리며 고통스럽게 자신의 음핵을 가위로 잘라 낸다. 여성의 욕망, 여성의 쾌락의 근원을 벌하는 것이다. 그렇게 모성과 욕망의 충돌에서 그녀는 욕망의 상징인 음핵을 잘랐다. 그녀는 남편과 심리 치료를 하면서 두려운 대상으로 '에덴'을 말하고, 그보다 더 상위의 두려움이 있다고 했었다. 남자는 삼각형을 그리고 그 삼각형의 가장 윗부분을 채우지 못했다. 그것이 무엇인지는 여자도 말하지 못했기 때문이다. 처음에 남자는 그 곳에 '사탄'이라고 적었지만 나중에 그것을 지우고 '나ME'라고 적는다. 여자는 자기 안의 악을 가장 두려워했다. 자기 안의 악을 죽이기 위해 음핵을 자른 것이다.

그러나 최종적으로 이렇게 극한 '악'의 모습을 보여 주는 여자는 화형당하는 마녀처럼 남자의 손에 죽고 불태워진다. 이제 우리는 왜 그녀가 처음에 에덴이라는 숲에 가기를 두려워했는지 알 수 있다. 그곳에서, 그녀는 자신의 안, 즉 인간의 본성 안에 도사리고 있는 악이 발생할 것을 직감한 것이다. 그리고 자신 안에 악이 있다는 것을 알아간 과정인 그녀의 연구 흔적들을 남편이 하나씩 추적하는 것에 대한 두려움이 있었다고 볼 수 있다. 그렇기에 창고에서 그것을 살펴보는 남자를 "나를 떠나려 한다"라며 공격했다. 자신이 악을 가지고 있음을 알고 있는 여자가 광기로 치달았지만, 그 광기를 단번에 제거한 사람은 선악의 뚜렷한 도식을 가진 '이성적 인간' 남자였다. 즉, 훨씬 더 확실하고 무서운 폭력을 가지고 있는 존재는 바로 이성이었다. 여자를 죽이고 홀로 에덴을 나오는 남자는 에덴의 선악과를 따먹는 것처럼 붉은 열매를 뜯어먹는다. 그 후 남자의 주위에는 수많은 여성들이 초현실적으로 등장한다. 숲을 떠나는 이 남자와 반대 방향으로 그녀들은 숲으로 들어가고 있다. 그렇게 오만한 이성만이 살아남아 문명사회로 흘러나온다. 그리고 에덴에서는 여전히 마녀사냥이 이루어진다.

　영화는 마지막에 안드레이 타르코프스키Andrei Tarkovsky•에게 이 작품을 헌정한다. 이 작품에 담긴 수려한 영상은 과연 타르코프스키에게 어울리는 헌정작이라는 생각이 들게 한다. 나는 이 영화를 파리 씨네마테크에서 관람했는데, 영화 상영 후 평론가와 함께하는 관객과의 대화 시간이 있었다. 일부 여성들은 여성 혐오적인 작품이라고도 했고, 일부에서는 안티 프로이트 작품이냐는 공격도 했다. 내가 보기에 오히려 라스 폰 트리에는 이 도식적 인간들이 벌이는 잘난 이성의 광기가 얼마나 끔찍한지, 그것을 남성과 여성을 통해 보여 준 것이다. 숲으로 들어가는 수많은 여성의 환영들처럼, 지속적으로 마녀사냥이 이루어지고 있는 인류의 광기를 말이다. 스스로 자신의 성기를 훼손하며 자기 자신을 가장 두려운 악의 존재로 여기는 여자처럼, 여성에게 가해진 인류의 뿌리 깊은 폭력의 역사를 고발한다. 그렇게 오랜 역사 속에서 덧씌워 있던 이브의 누명을 벗기는 것이 우리의 과제일지도 모른다.

•　러시아의 영화감독이다. 《증기롤러와 바이올린》로 주목받았으며 《솔라리스》, 《노스텔지어》, 《희생》등의 영화로 뛰어난 영상미를 드러내면서 여러 영화제에서 수상하였다. 독자적인 작품 세계를 일관되게 추구한 작가로 평가받는다.

화장실에
숨은 정치

●

사십이 훨씬 넘었을 듯한 그 여자는 얼굴을 반듯이 쳐들고 시선을
건너편 빌딩 꼭대기쯤에 고정시키고 시원스레 용무를 치르는데
그 표정이 그렇게 당당할 수가 없었다. 하긴 노상에서 방뇨를 하는
사람의 표정이 어떤 것인지를 나는 아직 본 적이 없다. 간혹 뒷골목 같은
데서 남자들이 방뇨를 하는 것을 못 본 것은 아니지만, 모두
뒷모양뿐이지 설마 앞으로 서서 방뇨를 하는 남자는 없었으니까.
그렇지만 여자가 벽 쪽으로 돌아앉아 궁둥이를 행인에게 돌리고
방뇨를 했더라면 그 모습은 또 얼마나 가관이었을까.

_박완서, 〈노상 방뇨와 비로드 치마〉 중에서

한국 역사상 가장 '의미 있는' 노상 방뇨는 신라 시대 보희의 꿈속에서
일어났다. 김유신의 동생인 보희가 꿈에서 경주 서산에 올라 오줌을 누
니 장안이 이 오줌에 잠기더라는 잘 알려진 이야기다. 아무리 꿈이라
해도 산꼭대기에서 많은 소변을 본 망측함 때문에 보희는 이 꿈을 동
생 문희에게 팔았다. 두 자매의 운명이 뒤바뀐 순간이다. 이때 만약 처
자가 아닌 '대장부'가 한 고을이 잠기도록 소변을 보는 꿈을 꾸었다면
굳이 부끄럽게 여기며 꿈을 팔지는 않았을 것이다.
　공공장소에서 용변을 보는 행위에 대해 부끄러움을 느끼거나 타

인에게 피해를 준다는 인식을 갖는 것은 성별과 나이, 사회적 계층 등에 따라 차이가 있다. 식당에서 어린아이의 기저귀를 가는 엄마들은 '무개념'이라며 종종 욕을 먹는다. 불쾌감을 느낄 수도 있지만 밖에 나오면 기저귀 갈 장소가 마땅치 않은 것이 현실이다. 그렇게 아이의 기저귀를 가는 여자는 욕하는 반면 남자의 노상 방뇨에는 둔하다. 인간의 자연스러운 생리 현상이지만 이 생리 현상의 해결 방안은 각각 다르다. 누군가는 심하게 참아야 한다면 '급하면 아무 데나' 볼일을 보는 사람도 있다.

취객과 노숙인 중에도 여성이 있지만 우리는 엉덩이를 드러내고 주저앉아 노상에서 오줌을 누는 여성과 마주치는 일이 거의 없다. 노상 방뇨의 이미지는 자연스레 남성을 떠오르게 한다. 어두운 골목길 담벼락이나 가로등 아래서, 세워 둔 트럭 뒤에서, 길가의 전봇대나 가로수와 마주 보고 서서 오줌을 누는 남자를 한 번쯤 마주쳐 보지 않은 사람이 거의 없다. '서서' 볼일을 볼 수 있는 신체적 구조 덕분에 아무 데서나 해결하기에 편리하다. 대도시라면 어디에서나 겪는 문제가 바로 이 노상 방뇨다. 2015년 7월부터 미국 샌프란시스코 공공사업국은 10곳에 노상 방뇨를 하지 말라는 경고 간판을 달고 소변이 튕겨지는 특수 페인트를 벽에 칠했다. 이렇게 시에서 정책적으로 관여할 정도로 남성들의 노상 방뇨는 일상적으로 벌어진다. 하지만 그들의 노상 방뇨는 단지 편의상 벌어진 일은 아니다. 참을 필요와 숨을 필요를 덜 느끼기 때문이다. 보통 여자들은 길에서 소변을 보는 남자와 마주쳤을 때 마치 큰 실수를 한 듯 깜짝 놀라며 그 현장을 황급히 피한다. 마치 그의 편안한 용변을 위해 피해 주어야 마땅한 듯 반사적으로 고개를 돌리고 그에게서 멀어진다.

남자들에게 화장실과 화장실 아닌 곳의 경계는 여자들보다 흐릿하다. 달리 말하면 여성에게는 사용할 수 있는 공간과 시간이 남성에 비해 훨씬 제약된다. 바니타 나야크 무케르지Vanita Nayak Mukherjee는 가난한 집단 내 여성의 위생 문제에 대한 연구에서 여성들에게 더 요구되는 정숙 규범이 여성의 건강을 악화시키는 사례를 보여 준다. 화장실이 부족한 인도의 케랄라주에서는 여성들이 몰래 용변을 해결하기 위해 밤까지 기다리느라 비뇨기와 생식기에 질병이 생기기도 한다.[26]

한편 남성들에게 생리 현상은 '놀이'도 될 수 있다. 수치심에 오줌을 누는 꿈을 팔아 버린 보희와 달리, 남자아이들은 어릴 때 오줌 멀리 누기를 놀이로 활용한다. 더 멀리 오줌을 누는 '힘'이 남성성의 과시로 연결된다. 영화 속에서 나란히 서서 소변보는 남자들의 뒷모습을 보여 주며 서로가 서로의 아랫도리를 확인하는 장면은 흔하다. 그중에서 '더 큰' 사람을 향해 '더 작은' 사람은 약간 기가 죽거나 놀라는 모습을 보이기 마련이다. 혹은 서로 노상 방뇨를 하면서 이야기를 주고받는 연대를 과시하기도 한다. 로마 시대에 남자만 이용할 수 있는 공중화장실은 정치 이야기를 나누는 공간이기도 했다. 반면 여성이 소변보는 장면은 에로티시즘의 대상이다. 임상수의 〈하녀〉에 등장하는 하녀[전도연]의 노상 방뇨는 관객의 관음증적 시선을 자극한다.

가정을 벗어났을 때 화장실이라는 공간은 단지 용변을 위한 공간이 아니라 훨씬 더 복잡한 사회적 의미를 가진다. '공중'화장실이지만 외부의 시선에서 차단된 공적이면서 사적인 이 장소는, 남성 동성애자들에게는 섹스 파트너를 찾는 곳이며,* 어떤 남성들에게는 격투를 벌이고 사람을 죽이는 곳이기도 하다. 미국의 영화 전문 매체인 '워치모

---

* 이러한 공중화장실을 속어로 카티지cottage나 티룸tearoom이라고 한다.

조(www.watchmojo.com)'에서 2014년에 선정한 '영화 속 화장실 격투 장면 Top 10 Movie fights in Bathrooms'은 한 작품을 제외하고 모두 남성들의 격투로 채워져 있다.[*] 그와 달리 여자 화장실은 여성들이 화장을 하면서 몸을 다시 단장하고, 때에 따라 아이의 기저귀를 갈기도 하는 공간이다. 또한 몰래 흡연을 하고 몰래 아이를 낳는 장소이기도 하다. 상대적으로 여성은 용변을 보기 위해 지정된 공간을 이용하며, 그 공간은 더욱 은밀하고 사적이다. 화장실은 남성성과 여성성이 극단적으로 펼쳐지는 곳으로 다른 성의 '침범'을 강하게 제재하는 장소다. 화장실이 타인과 관계 맺는[성관계, 싸움, 대화 등] 독특한 공적 영역인 남자들에게 그 공간을 청소하러 들어오는 노동자의 성별은 '여성'일 수 있다. 그러나 훨씬 사적인 공간인 여자 화장실에 남성이 청소하러 들어오기는 어렵다. 여자 화장실에 몰래카메라를 설치하는 범죄는 이러한 '여성성의 장소'를 침범하고 공격하는 극단적인 행위다.[**]

성별 구별이 없이 화장실을 함께 사용하는 가정에서 일어나는 사소한 문제도 있다. 공중화장실처럼 남성 전용의 소변기가 없는 가정에서도 남성들은 대부분 서서 소변을 본다. 오줌 방울은 변기 주변뿐 아니라 꽤 멀리까지 튀어 위생상 좋지 못하다는 주장이 여러 번 제기된 적이 있다. 과연 남자는 서서 소변을 보는 것만이 자연스러운가. 요즘은 일부 남성들이 자신들의 소변보는 방식을 '커밍아웃'하는 일이 점차 벌어지고 있기도 하지만, 남자가 '여자처럼 앉아서' 용변을 보는 그 자체

---

[*] 10위 〈트루 로맨스〉에서는 퍼트리샤 아켓Patricia Arquette과 제임스 갠돌피니James Gandolfini가 싸운다.

[**] 국회 안전행정위원회 소속 당시 새정치민주연합 박남춘 의원이 경찰청으로부터 제출받은 자료를 보면, 2010년 한해 1,134건이었던 '몰래카메라 범죄'가 2014년 6,623건으로 크게 늘었다고 한다.

가 종종 남자답지 못한 놀림거리가 되고는 한다.

　장지아는 〈서서 오줌 누는 여자〉라는 사진과 비디오 작업에서 6명의 젊은 한국 여성이 서서 소변을 보는 모습을 연출했다. 용변을 해결하는 방식에서 성별 구분이 엄격하기 때문에 이런 작업은 '금기에 대한 도전'이 된다. 하지만 로코코 시대 화가인 프랑수아 부셰François Boucher의 그림을 보면 복잡한 드레스를 걷어 올린 여성이 다리 사이에 요강을 끼워 넣고 서서 오줌을 누고 있다. 실제로 소변보는 방식은 환경과 의복, 사회적 관념에 따라 달라졌다. 화장실이 없던 시절 여성들은 선 채로 '해결'해야 했다. 현재 중국 일부 지역에서는 물 절약과 화장실 공간 활용을 위해 서서 볼 일을 보는 여성용 소변기도 활용되고 있다. 이슬람 문화권에서도 남성들이 앉아서 소변본다. 결국 앉기와 서기가 반드시 성별에 따라 구애받을 필요는 없다. 남성의 빠르고 편리한 용변 보기와 여성의 다소곳한 용변 보기라는 틀 속에서 각자 다르게 습관이 굳어졌다고 볼 수 있다. 인간의 소변보는 자세에는 정해진 규칙이 없다. 상황에 따라, 각자의 몸 상태에 따라 다르게 선택할 수 있다.

　인간이 생리 현상을 해결하는 방식과 화장실이라는 공간이 품고 있는 맥락을 살펴보면 화장실 사용은 '사생활의 역사'라기보다 가장 은밀한 공공의 역사라고 볼 수 있다. 화장실은 이렇게 각자의 사적 순간이 충돌하는 공공의 장소이며, 성별 이분법과 성차별의 역사가 진행 중인 공간이다.

4

여성의
노동은
없다

사랑은
노동

●

여자에게 소중한 것… 그것은 아이와 남자와 콜라겐이야.

_아베 야로, 《심야식당》 중에서

중·고등학교에서 특별활동으로 문화 비평을 가르친 적이 있다. 처음에
나는 아이들 개개인을 가능한 짧은 시간에 효과적으로 파악하기 위
해 팔생도를 그리게 했다. 자신이 생각하는 인생을 8개의 과정으로 나
눠서 그려 보는 시간이었다. 그런데 여러 학생들의 과제를 보면서 흥미
로운 점을 발견했다. 남학생과 달리 여학생들은 '결혼하고 엄마가 되는'
과정을 반드시 그렸다는 점이다. 남자와의 사랑, 가족과의 관계 속에서
'여자로서의 진정한 행복'이 존재한다고 생각하는 관념이 10대 학생들
에게서 벌써 보였다.

신인 시절 최진실을 특히 유명하게 만든 한 광고 대사가 있다. "남
자는 여자 하기 나름이에요." 이 말이 허구임을 최진실도 알았을 것이
다. 여자 하기 나름? 이는 두 사람의 관계에 대한 책임을 주로 여성에게
지우기 위해 만들어진 말이다. 흔히 '남자는 애'라고 하거나 '남자는 여
자보다 정신연령이 낮다'는 통념을 쉽게 받아들인다. 남자는 애니까 더
어른인 여자가 참으라는 말은 여자에게 부담되는 감정 노동을 포장하
는 것에 불과하다. "그렇지만 어쩌겠는가. 꾸욱 참아 줘야지. 어른하고

아이하고 함께 사는 집에서 늘 참는 쪽이 어른이듯이, 남자와 여자가 함께 사는 집에서도 참는 쪽이 여자일 수밖에 더 있겠는가."[27]

애인과 화해하고 싶어 꽃다발을 들고 온 남자가 잠시 후 꽃을 들었던 손으로 일가족을 차례로 살해했다. 2014년 9월에 일어난 '광주 일가족 살인 사건'이다. 살해 동기는 '무시해서 홧김에'였다. 익숙한 동기다. 아내나 애인을 살해하는 남자들의 살해 동기는 툭하면 '무시해서, 자존심이 상해서, 순간적으로, 홧김에…'라고 한다.

예전에 가정 폭력에 관한 한 언론의 글을 읽다가 이런 마무리를 보았다. "[여자들도] 남편의 자존심을 짓밟는 말이나 행동은 하지 않는지 진지하게 생각해 볼 문제이다."[28] 참으로 무시무시하다. 죽기 싫으면 남자의 자존심을 건드리지 말라는 조용한 협박이 통한다. 우리 사회는 인간의 자존심이 아니라 유독 남자의 자존심이 중요하다. "남자의 한눈팔기에는 앙앙대는 아내가 있음으로 있는 것이다. 어리석은 아내는 남편을 그렇게밖에 길들이지 못한 것이다."[29]

가부장제와 이성애 관계 속에서 여성은 거의 일방적인 감정 노동을 한다. 가족을 위해, 남자를 위해 행해지는 그 노동은 모성애나 애교로 불리며 마치 자연스러운 여성성으로 왜곡되었다. "여성들은 다른 자원이 없고 재정적으로 남성에게 의존해야 하기 때문에 항상 감정을 남성에게 주고 이에 대한 보답으로 자신들에게 없는 물질적 자원을 받는 방식으로 감정을 자산으로 활용해 왔다."[30] 감정이 자산인 여성들에게 눈물은 무기가 되고, 감정으로 상대방의 마음을 움직여야 하기에 그 감정은 남성에게 종속되기 쉽다. 프러포즈는 남성이 여성에게 하는 게 관례다. 여성은 관계에서 남성보다 많은 감정 노동을 하지만 그 관계를 '결정'하는 입장은 남성이 된다. 그래서 여성들 중에는 감정을 표현하되 결정적인 말은 하지 않는[못하는] 이중 언어를 사용하는 경우가 있다. 예를 들면 '나 갈거야'라고 하지만 잡아 주길 바란다. 이러한 여성의 이중 언어에 대한 남성의 해석은 때로 오해와 왜곡을 낳아 No가 No로 전달되지 않기도 한다. 언어의 남성화와 감정 노동의 여성화는 '사소한' 의사소통의 어려움을 낳고, 그것이 때로는 극단적인 상황으로 몰기도 한다.

'여우하고는 살아도 곰하고는 못 산다'는 말이 있다. 여성은 '여우'가 되기를 강요당한다. 여성이 이 노동을 멈출 때 주로 '곰'이 되고, 그 곰이 화를 내기 시작하면 '무시했다'와 같은 말이 돌아온다. 그리고 이는 '맞을 짓'이 된다. '기 센 여자'는 부정적 표현이지만 남자의 기는 살려야 한다. 이를 합리화하는 말이 "여자 하기 나름"이다. 여성은 감정 노동의 주체지만 늘 가만히 있는 대상이다. 그래서 집 [사람], [어머니] 대지, 항구, 꽃에 비유된다. 진부하고 지겨운 비유. 여성은 안식처이거나 아름다운 볼거리다.

서비스직에서 여성 노동자를 선호하는 이유 중 하나는 감정 노동의 주체를 여성으로 보는 우리의 관념 때문이다. 그 관념 때문에 여성은 실제로 감정 노동에 훨씬 숙련된 노동자로 성장한다. 이는 여성의 타고난 천성이 아니라 사회의 요구에 의해 부단히 훈련된 결과다. '천생 여자'는 주로 만들어지는 성격과 태도이다. 어떤 작가는 "여자들 초유의 관심사는 사랑뿐"이라고 말하기도 했다.• 여성들이 '일보다 사랑'에 관심을 가져야 '여성다움'을 지키는 것으로 규정한다.

나는 신문에 실리는 연애와 가족에 대한 글을 꼬박꼬박 읽는다. 뭘

• 2015년 8월 16일 작가 이외수는 "여자들로부터 '사랑이 식었어'라는 소리를 들었을 때, 남자들은 화들짝 놀래야 합니다. 극단적으로 표현하자면, 여자들 초유의 관심사는 오로지 사랑뿐입니다. 그것을 등한시했을 때, 남자들은 절대로 맛있는 식사를 기대할 수가 없습니다"라고 트위터에 남겨 논란을 빚었다.

그런 것까지 열심히 읽느냐는 식의 반응을 보이는 사람이 주변에 있다. '그런 것'은 사소한 이야기라고 치부한다. '교양'을 주제로 한 어떤 책에서는 여성들이 읽는 로맨스 소설은 몰라도 될 교양, 알아도 아는 척하지 말아야 교양 있는 사람이 되는 지식으로 분류된다.

중요한 교양은 뭘까. 세상의 중요한 문제와 나의 중요한 문제가 꼭 일치하지는 않는다. 인간관계는 언어와 함께 우리 일상의 고통과 가장 밀접한 문제다. 하지만 가장 등한시되는 문제이기도 하다. 관계와 언어를 고민할 필요가 없는 사람에게 이는 하찮은 문제지만 감정 노동의 고통이 일상인 사람에게 인간관계는 늘 중요한 화두다. 그 노동의 헛헛함을 달래려 여성들은 때로 로맨스 소설이나 드라마 속의 비현실적 인물로 눈을 돌리거나, 내 말을 들어 줄 하느님이나 부처님을 찾는다. 이보다 더 간절한 대상이 필요하면 점이라도 보는 수밖에. 박완서는 "무당집 단골 중에도 광신자 중에도 여자가 단연 많은 게 좀 속상하다"[31]라고 했지만 그게 다 이유가 있는 법이다.

여성의 전유물로 여겨지는 공감 능력은 감수성의 영역만이 아니라 치밀한 이성과 부단한 노동으로 얻을 수 있다. '애처가'나 '공처가'라는 말의 존재가 이미 남성의 감정 노동이 얼마나 특별한지 알려 준다. 남편이 아내를 사랑하는 것이 '애처가'라고 분류될 정도로 일반적인 상황이 아니라는 얘기다. 또한 남성은 '현부'이기를 강요받지 않고 '가장'으로 산다. 남성이 생물학적으로 감정 노동을 못하는 동물이라는 근거는 없다. 오히려 그들이 윗사람의 비위를 잘 맞추고 아부라는 것도 할 수 있다는 점을 생각하자. 여자들은 이벤트를 좋아한다? 이벤트를 좋아한다기보다 옆구리 찔러서라도 감정 노동하는 모습을 보고 싶은 것이다. 일반적으로 남성들의 감정 표현은 여성에 비해 협소하다. 사회적으로 여

사랑은 노동

성이 감정 노동을 강요받는다면, 남성의 눈물은 흘리지 말아야 할 것으로 취급되는 등 남성은 감정을 억제할 줄 알아야 남성답게 여겨지기 때문이다. 감정은 통하고 흘러야 한다. 사랑은 노동이다. 관계를 생성, 유지, 나아가 말소시키는 순간까지도 상당한 육체적·감정적 노동이 요구된다. 타인은 나의 쉼터가 아니다.

왜 아직도
'여류'라고 부르는가

•

1866년 이래 영국에는 여성을 위한 대학이 적어도 2곳 존재해 왔으며,
1880년 이후에는 기혼 여성이 자신의 재산을 소유하도록 법적으로
허용되었고, 1919년-꼭 9년 전의 일인데-에 여성은 투표권을 얻게
되었다는 것을 말입니다. 또한 대부분의 전문직이 여러분에게 개방된 지
대략 10년 정도 되었다는 사실을 상기시켜 드릴까요?

_버지니아 울프, 《자기만의 방》 중에서

〈해리가 샐리를 만났을 때〉, 〈시애틀의 잠 못 이루는 밤〉 등 인기 있는
로맨틱 코미디를 연출했던 미국의 영화감독 노라 에프론Nora Ephron이
지난 2012년 세상을 떠났다. 이 소식을 전하며 언론이 '여류 감독'이라
는 표현을 쓰는 모습에 몹시 당혹스러웠다. 왜 아직도 '여류女流'라는 이
성차별적 언어가 쓰이고 있단 말인가.

여성 바둑 기사들을 위한 기전棋戰의 이름은 아예 '여류 명인전'이
다. 여성을 대상으로 한 문학상인 '동서문학상'은 "수많은 여류 작가들
의 등용문이 되어 온"이라는 문구로 홍보를 하고 있다. 개화기 당시에
탄생한 신조어 '신여성'처럼 구시대적 언어인 '여류'라는 표현이 아직도
통용되는 사회임을 발견할 때마다 깜짝깜짝 놀란다. 성별을 표현하고
싶다면 '여성'이라고 하면 될 텐데 굳이 '여류'라는 말을 습관적으로 사

용하는 모습은 심지어 언론에서도 볼 수 있다. 이는 이 언어에 대한 문제의식이 없어서 그렇다.

근대화가 진행되면서 주로 글을 쓰거나 그림을 그리며 사회적으로 이름을 알린 여성 작가들을 향해 '여류 작가'라고 칭해 왔다. '여성'이나 '남성'이라는 객관적 표현이 아닌 '여류'는 여성의 전문적인 사회 활동을 지극히 남성의 시각으로 바라본 말이다. '남류'라는 말은 없지 않은가. 남성들의 시각으로 '여성군'을 별도로 묶은 여류나 신여성이라는 언어는 이미 여성들을 '지적인 창작 활동'에서 밀어내는 태도다. '여류'라 부르는 관념에 대해 오래전부터 많은 비판이 있어 왔음에도 이미 굳어 버린 언어 습관은 쉽게 바뀌지 못하고 있다. 세상의 언어는 대부분 '남자=인간'의 공식을 따라 만들어졌다. 그래서 우리말 명칭의 경우 여성에게 해당될 때 앞에 '여'자를 붙여서 사용한다. 여학교, 여선생, 여배우, 여직원, 여신도, 나아가 여류 작가까지. 그렇게 뭐든지 남자를 주체에 놓고 언어는 만들어졌는데, 예외적으로 '여자=인간'이라는 공식이 적용되는 언어가 있다. 바로 '미인美人'. 우리가 '미인'이라고 말할 때 그것은 곧 '미녀美女'를 뜻하는 말이다. 보통 잘생긴 남자에게 '미인'이라고 하지는 않는다. 대신 '미남美男'이라는 표현을 쓴다. 수많은 단어에 '여'자를 추가하는데, 아름다움 앞에서 만큼은 '여미인'이라는 말을 쓰지 않다니. 여성의 정체성에서 '미'를 최우선으로 하는 의식이 고스란히 반영된다고 볼 수 있다. 이렇게 남성은 '미'에 있어서만 인간의 주체적 자리를 양보(?)하고 '남男'을 붙여 주는 대신, 그 외의 다른 모든 것에서 뿌리 깊은 주체가 되어 있다.

몇몇 한자가 만들어진 과정을 살펴보자. 계집 '녀女' 3개가 모이면

간사할 '간姦', 망령될 '망妄'은 예법과 도리를 잃은 여자, 방해할 '방紡'은 여자가 모나게 의견을 제시하면 일에 방해가 됨을 뜻하며, 맡길 '위委'는 고개 숙인 벼이삭처럼 여자는 모든 일에서 남자에게 순종한다는 뜻이다. '계집'이 들어가는 한자만 찾아보아도 여성은 언어의 주체가 아니었음을 알 수 있다.

성별이 구별되는 언어를 가진 서구에서도 페미니스트들이 지속적으로 '여성의 언어'를 가지기 위해 애쓰는데, 그중 대표적인 예가 여성의 '직업 명칭'을 만들어 내는 작업이다. 명사와 형용사에서 성별 구별을 열심히 하는 프랑스어에도 글 쓰는 작가를 뜻하는 'écrivain'이나 교수를 뜻하는 'professeur'는 성별에 상관없이 하나의 단어를 사용한다. 작가와 교수를 성별 구별 없이 그냥 하나의 단어로 쓴 이유는, 특별히 그 영역에서 성 평등의 개념이 있어서가 아니라 전통적으로 작가와 교수만큼은 '남성의 영역'이라는 관념 때문에 여성을 이르는 단어가 애초에 탄생하지를 않았던 까닭이다.

14세기 이후부터 글 쓰는 여성들을 지칭하는 언어가 생겨났는데, 이런 저런 변화를 거치다가 écrivaine로 자리 잡았다. 줄곧 여성 작가를 의미하는 femme écrivain라고 쓰이다 프랑스어 사전에 이 écrivaine가 공식적으로 등장한 건 불과 2009년부터다. 변호사avocat나 박사docteur도 마찬가지다. 1900년에 프랑스에서 최초의 여성 변호사가 탄생하고 1902년에 최초의 여성 박사가 탄생한 이후 'avocate'와 'docteuse' 혹은 'doctoresse'의 사용이 지속적으로 제안되었지만 이 여성명사는 남성들 사이에서 조롱을 위한 언어로 소비되고는 했다. 현재는 avocate나 doctoresse가 통용되며 변호사의 경우 femme avocate도 함께 쓰인다.

어느 언어에나 이처럼 성차별적 의식이 관습적으로 내재되어 있기

왜 아직도 '여류'라고 부르는가

에 꾸준히 싸우지 않으면 절대 바뀌지 않는다. 여성을 순결한 미적 대상으로 여기며 '꽃'에 비유하는 습관은 비단 우리만의 문화는 아니다. 원래는 '꽃을 딴다'는 뜻에서 시작된 defloration이라는 언어는 영어나 프랑스어[défloration]에서 '처녀성을 뺏기'라는 개념으로 쓰인다. '처녀성을 뺏는다'는 개념도 웃기지만 그것이 곧 꽃을 꺾거나 꽃이 지는 것에 비유될 성질이라는 관념은 더욱 기가 막힌다. 물론 첫 성관계 연령이 남녀 모두 평균 17.5세 즈음인 오늘날 프랑스에서 이런 개념은 거의 무의미해졌다. 그러나 언어 속에는 여전히 그 관념의 흔적이 남아 있다.

지금까지 수도 없이 많은 이들이 지적을 하고 또 지적을 해 왔지만 사회는 지속적으로 들은 척 만 척 쓰던 말을 묵묵히 써 오고 있다. '뭐어때 여태 쓰던 말인데', '별 걸 다 따진다'라며 거북해할 것이 아니라 이 언어의 불균형적 감수성을 인식하고 반성해야 할 필요를 느꼈으면 한다. 물론 이런 언어의 사용자들이 비하의 '의도'를 가지고 있는 건 아니다. 사회가 주입시킨 의식이 드러난 것이며, 입에 붙은 습관이다. 그래서 자신도 모르게 무심결에 쓰는 말이지만 바로 그 '무심결'에 뱉는 언어 습관이야말로 더욱 심각하게 여겨야 한다. 성차별적 언어에 집단적으로 무감각하다 보니 '아직 남편을 따라 죽지 않았다'는 뜻을 가진 '미망인未亡人'이라는 그 엽기적인 언어도 언론에 버젓이 등장하는 것 아닌가. 영조의 딸인 화순옹주는 그의 남편 김한신이 죽자 열흘을 굶어 남편을 '따라갔다'. 조선왕조의 유일한 '열녀'로서 화순옹주를 기리는 열녀문이 충남 예산에 세워져 있다. 왕실의 여성도 자식이 없이 남편을 먼저 '보내면' 그 뒤를 따르는 선택을 했다. '미망인'은 이러한 여성 학대의 흔적이다.

여성에게 언어는 맞지 않는 옷에 억지로 몸을 맞추는 것과 비슷하다. 대다수가 여성을 혐오하고 비하하는 언어를 '보편적'인 인간의 언어로 이해하고 산다. 그리고 여성을 '타자'로 만드는 언어를 여성이 스스로 사용하며 살아야 한다. '사소해' 보이지만 이 언어에 대한 투쟁은, 생각하고 느끼는 인간으로서 아주 구체적인 인식 투쟁이다.

여성을
연기하기

●

여성이 공포 영화를 만들지 않는 이유는 '여성' 무의식이
두려움이 없고 괴물성을 가지지 않기 때문이 아니라, 여전히 모든
중요한 자리가 남성 중심적으로 유지되고 있는 시스템 안에서
여성이 제작 수단에 접근할 방법이 부족하기 때문이다.

_바바라 크리드, 《여성괴물, 억압과 위반 사이》 중에서

박찬욱 감독의 권유로 〈성실한 나라의 앨리스〉 시나리오를 읽고 1시간 만에 출연을 결정했다는 배우 이정현은, 무보수로 출연했을 뿐 아니라 심지어 제작비를 보태기까지 했다. "의미 있게 퍼 주었다고 생각해요. 여자 영화를 정말 하고 싶었는데 할 수가 없었어요. 여자는 남자 배우 들러리나 서는 의미 없는 캐릭터 천지였죠. 이 영화를 놓치면 또 언제 여자가 임팩트를 주는 역을 해 볼까 싶었어요."[32] 여성이 제작하고, 감독하고, 여성에 대한 주제로 가득한 영화는 흔치 않다. 그래서 굳이 '여성 영화제'라는 특별 행사가 필요하기도 하다. 2015년 제9회 여성인권영화제 개막작인 커비 딕Kirby Dick 감독의 〈더 헌팅 그라운드〉를 보면 미국의 여대생 5명 중 1명은 성폭력을 경험한다. 영화는 이를 은폐하려는 대학 사회의 충격적 현실을 고발한다. 여성 영화제를 보면서 왜 '남성 영화제'는 없는지 궁금할 수도 있다. 여성부는 있는데 남성부는 없으

니 역차별이라고 주장하는 사람들이 있으니까. 여학생회, 여직원 휴게실, 여성 할당제처럼 '여성'의 이름으로 호출되는 자리가 많다는 건 '특혜'가 아니라 그만큼 일상에서 여성의 자리가 협소하다는 뜻이다. "할리우드에서 여자로 사는 건 힘들다"라는 리즈 위더스푼Reese Witherspoon의 말대로 영화계에서도 여성의 위치는 제한적이다.

미국 샌디에이고대의 '텔레비전과 영화에서의 여성 연구소Center for the Study of Women in Television and Film'에서 해마다 흥행 수익 순으로 250편의 영화를 대상으로 여성의 참여 정도를 조사하고 있다. 2012년에는 이 중 9퍼센트가 여성 감독의 영화였으며 2013년에는 6퍼센트였다.[33] 여성 감독은 드물고 '영화감독'의 이미지는 주로 남성을 떠올리게 한다. 2011년 8월 미국의 영화 주간지《할리우드 리포터The Hollywood Reporter》는 앤젤리나 졸리Angelina Jolie와 제니퍼 여 넬슨Jennifer Yuh Nelson 감독을 "The (Female) Directors"로 표지에 소개했다. 실제로 여성은 괄호 속에 있다. 2010년 미국 아카데미 시상식에서 캐스린 비글로Kathryn Bigelow가 감독상을 수상한 것이 82년 만에 처음으로 여성 감독이 상을 탄 것이었다.

이는 단지 여성이 감독에 덜 지원하기 때문만은 아니다. 여성이 큰 예산을 감당할 능력이 없다는 편견이 팽배하여 여성 제작자와 여성 감독이 '되기' 어려운 현실의 반영이다. 할리우드의 성차별과 인종차별은 이미 여러 번 논쟁거리가 되었고, 2015년 아카데미 시상식에서는 여우조연상을 수상한 퍼트리샤 아켓이 수상 소감에서 '동일 노동 동일 임금'을 주장해 화제가 되기도 했다. 이는 할리우드만의 문제도 아니고 영화계만의 문제도 아니다. 예를 들면 한국에서는 중년의 여성 앵커가 진행하는 뉴스를 찾기 힘들다. 신뢰와 전문성은 주로 중년 남성이 움켜쥔 이미지다. 여성에게는 전문성보다 '젊고 예쁜 외모'가 더 중요하다. 중년 여성은 '아줌마'라는 이름으로 어떤 정형화된 이미지에 갇혀 있다. 배우 김희애는 드라마 〈미세스 캅〉 제작 발표회에서 "중년 여배우는 남편을 뺏기거나 엄마 역할 등으로 한정적일 수밖에 없다"라며 중년 여성 연기자로서 배역의 한계를 꼬집었다.

스크린 속의 세계도 이미 '남성 연대'로 가득하다. 오죽하면 벡델 테스트Bechdel test가 있을까. 영화 속에서 '이름을 가진' 여성이 2명 이상 등장하는가, 그들이 대화를 하는가, 그들의 대화 내용이 남자 주인공과 관련되지 않은 다른 주제인가. 이것은 미국의 만화가 앨리슨 벡델Alison Bechdel이 1983년부터 쓴 작품《주목해야 할 여성 동성애자들Dykes to Watch Out for》에서 〈규칙The rule〉이라는 에피소드의 한 부분이다. 이 장면에서 비롯되어 그 후에 벡델 테스트라는 것이 생겼다. 영화 속에서 '단지' 여성의 비중이 어느 정도 되는지 파악할 수 있는 '단순한' 기준이다. 여성에 대한 대단한 주제를 제시해야 한다는 것도 아니다. 그런데 이 단순한 규칙을 들이대면 생각보다 탈락하는 영화들이 많다는 것에 아마 놀랄 것이다. 당연히 영화 속의 남성 주요 인물은 대부분 둘 이상이고, 그들은 자기들끼리 주야장천 대화하며, 대화의 주제도 다양하다. 당연히, 당연히 그렇다. 그런데 그 당연한 것을 여성 인물에게 대입시켜보면 많은 영화들이 우르르 걸러진다. 흥행하는 영화일수록, 블록버스터일수록 더욱 그렇다. 물론 이 테스트는 영화의 작품성과는 무관하다.

많은 여성 인물이 남자 주인공의 엄마이거나 애인[아내]으로 등장한다. 〈레지던트 이블〉과 〈아바타〉에 출연했던 미셸 로드리게즈Michelle Rodriguez는 "나는 누군가의 애인이 아니다"라며 여배우 역할의 한계를 지적하기도 했다. 2011년 소르본느대에서 주최한 '줄리 델피와의 만남' 자리에서 줄리 델피는 할리우드가 여배우에게 요구하는 온갖 '섹시' 타

영화 〈카트〉, 2014의 한 장면
제 삶을 위해 투쟁하는 여성들이 대거 등장하는 영화는 얼마나 귀한가. "반찬 값이나 벌려 나온 여사 님"이 아니라 "저 생활비 벌려 나와요"라고 분명하게 들려주는 그 여성의 목소리.

©명필름

여성을 연기하기

령에 넌덜머리를 냈다. 사람[남자]의 애인, 사람[남자]의 엄마가 아니라 제 삶을 사는 한 사람의 역할을 갈망하는 여배우의 목소리는 곳곳에 있다.

문소리의 감독 데뷔작이라 할 수 있는 단편 영화 〈여배우〉가 있다. 이 영화는 '여배우는 연기력보다는 매력'이 중요하다며 여배우의 외모에 집중하는 분위기를 꼬집는다. 게다가 더 이상 젊지 않은 여배우에게 주어지는 역할은 누가 해도 별 차이 없는 엄마 역할이다 보니 "애가 대학생만 아니면 돼요"라고 사정하기도 한다. 하지만 극 중 문소리에게 주어진 역할은 결국 애가 대학생인 엄마였다. 이제 갓 40세를 넘긴 여배우가 애가 대학생인 역할을 마다하면 일할 수 있는 기회가 없을 정도로 여배우의 역할 빈곤을 보여 준다.

실제 여성의 삶은 [아주 당연하게도] 얼마나 입체적인가. 하지만 스크린 속에서 재현되는 여성의 모습은 상당히 평면적이다. 대부분 인형 같은 외모로 매력을 뿜어내며 남성 주인공의 보조 역할을 한다. 여배우에 대한 평가는 외모 품평이 주류다. 〈여배우〉에서 문소리와 함께 술을 마시는 남자들은 계속 문소리의 외모만 뜯어본다. 고쳤냐 안 고쳤냐, 실물이 더 예쁘다, 자기 부인이 더 예쁘다, 자기 관리 너무 안 하는 거 아니냐… "이야, 여배우랑 술을 다 마셔 보고!"라며 흥분하는 이들에게 여배우는 예쁜 인형이고 함께 술 마시면 술 맛 돋는 유흥의 보조자다. 화면 뒤쪽에는 아름다운 여배우가 주류 광고를 하는 포스터가 붙어 있다.

심재명이 제작하고 부지영이 감독한 〈카트〉처럼 제 삶을 위해 투쟁하는 여성들이 대거 등장하는 영화는 얼마나 귀한가. "반찬 값이나 벌려 나온 여사님"이 아니라 "저 생활비 벌려 나와요"라고 분명하게 들려주는 그 여성의 목소리. 여배우는 이렇게 인격이 있는 인간의 삶을 연기하기보다 수동적이고 비참한 피해자이거나 몸을 보여 주는 장식물로 등장하는 비중이 훨씬 크다. 이를 문제 제기하면 오히려 '영화는 그냥 영화로 보면 되지 뭐 그런 것까지 따지냐'는 핀잔을 들을 정도로 그것이 우리에게 너무 자연스러운 세계가 되어 버렸다. 그러니 여배우가 직접 묘사한 여배우에 대한 영화는 두 손 들고 환영할 만하다. 안 예쁘면 안 예쁘다고, 고쳤으면 고쳤다고 비난받는 외모 품평의 이중성에 대해, 여성의 '스펙'이 외모에 머무르는 이 지긋지긋한 세계에 대해, 통념적 여성성이 극대화된 모습을 보여 주는 여배우들이 그 통념적인 모습에 반발하는 목소리를 더 많이 들려주었으면 한다.

우렁각시
노동자

●

자본주의는 여성의 어깨에 무거운 짐을 내려놓고 있다: 어머니 또는
주부로서 보살핌을 감소시키지 않은 채 그녀를 임금노동자로 만들고 있다.

_알렉산드라 콜론타이, 〈공산주의와 가족〉 중에서

술 얘기를 좋아해서 고나무 기자의 책 《인생, 이 맛이다》를 읽다 보니
유시민 씨가 예전에 어느 인터뷰에서 이런 말을 했단다. "집안일이라는
것이 요리를 빼면 모두 원위치시키는 노동"이라며 집안일 중에서도 다
림질을 제일 싫어한다고 한다. 집안일의 경험이 묻어나는 말이었다. 정
말 집안일은 치워도 치워도 계속 치워야 하며, 닦아도 닦아도 내일이면
또 닦아야 한다. 다림질은 '대충 원위치'가 아니라 아주 섬세하게 원위
치시켜야 하는 노동이니 싫어할 만하다. 원위치시키는 노동을 소홀히
하는 식구들 뒤꽁무니를 쫓아다니며 "썼으면 제자리!"라고 외치던 엄마
생각도 났다.

　흔히 '레닌 정부의 유일한 여성'으로 소개하는 알렉산드라 콜론타
이Aleksandra Kollontai는 1918년 〈공산주의와 가족〉이라는 글에서 "여성
노동자가 천 년을 산다 할지라도, 그녀는 매일 처음부터 시작해야만 할
것이다"라고 가사 노동의 반복성을 꼬집었다. 게다가 이 '집-사람'은 '집
밖'에서 임금노동자 역할까지 해야 하는 이중의 부담을 안고 있다. 여성

마르탱 드롤링, 〈부엌 풍경〉, 1815.
'남자 혼자 벌어서는 살기 힘든' 세상이라고 말하면서 여성에게 가정의 중요성을 강요할 때, 여성은 결국
일터와 가정에 한 발씩 걸치고 집 안 노동과 집 밖 노동을 겸하는 '투 잡'의 삶을 감당한다.

우렁각시 노동자

은 여전히 일터와 가정에서의 양립을 주문받지만 남성은 '집 안'으로 진출하지 않는다.

반면 여성이 집 밖 일에 몰입하면 가정에 불충실한 나쁜 엄마가 된다. 일과 사랑[가정] 중에 선택을 강요당하는 사람은 거의 여성이며, 일보다 사랑을 선택하는 삶을 여자로서의 행복으로 주입시킨다. 하지만 이 주문은 현실에서 불가능하다. '남자 혼자 벌어서는 살기 힘든' 세상이라고 말하면서 여성에게 가정의 중요성을 강요할 때, 여성은 결국 일터와 가정에 한 발씩 걸치고 집 안 노동과 집 밖 노동을 겸하는 '투 잡'의 삶을 감당한다. 남성이 일하는 것은 아주 당연하고 사회에 대한 생산적 기여나 국가를 위한 헌신 등으로 묘사된다. 남성의 '밥줄'에 가족 구성원을 묶어 놓는 가부장제는, 남성이 그 밥줄을 빌미로 자기보다 약자인 사람을 존중하지 않도록 만든다.

물론 여성들의 가사 노동과 양육을 국가가 책임질 것이라는 콜론타이의 희망찬 목소리는 공산주의 국가에서도 허공에 흩어졌다. 레닌을 비롯하여 볼셰비키의 지도자들에게 콜론타이가 제시한 새로운 가족 관계는 공동체를 파괴하는 제도로 보였기 때문이다. 역사적으로 좌파들은 막연한 성 평등을 지지해 왔지만 구체적 안건으로 들어가면 아주 곤란한 입장을 취하고는 했다.《혁명과 교회의 정의에 관하여*De la Jusstice dans la Révolution et dans l'Eglise*》라는 책에서 여성 해방이 여성을 '창녀'로 만들 것이라고 주장한 프루동Pierre-Joseph Proudhon은 반여성주의자로 불리기보다 19세기의 걸출한 사회주의자이자 아나키스트로 남았으며, 그의 사상은 한 시절 프랑스 노동운동을 이끌기까지 했다. 프루동처럼 노골적으로 이중성을 드러내지 않더라도 여전히 많은 좌파들은 성 평등 운동을 '더 나중에 이뤄져야 할' 가치로 취급한다.

2015년 2월 국제통화기금IMF은 성차별적 법률이 경제성장을 저해한다는 보고서를 발표했다. 맞는 말이지만 한편으로 답답한 마음이 들었다. 성 평등을 말하기 위해 '경제에 도움이 된다'는 사실을 강조해야 하는 현실을 어떻게 이해해야 할까. 인권이 성장의 도구가 되어야만 설득력을 가진다는 점과 여성이 현재 하고 있는 노동은 여전히 경제활동으로 여겨지지 않는다는 점이 문제다.

한편 대부분 가정주부의 가사 노동에 의존하고 살지만 '가장'이 먹여 살린다고 착각하게 만드는 가부장제에서는 가족 구성원을 남성 어른의 사적 소유로 만든다. 그로 인해 가부장제와 자본주의의 동거는 더욱 굳건해진다. "남편이 아내와 아이들의 행복을 책임져야 했던 가족의 옛 형태가 투쟁에 있어서 자유에 대한 노동자계급의 욕구를 억누르고 여성 노동자와 남성 노동자의 혁명 정신을 약하게 하는 최고의 무기임을 자본가들은 잘 알고 있기 때문이다. 가족을 보살펴야 하는 것은 노동자를 압박하고, 따라서 어쩔 수 없이 노동자는 자본과 타협을 하게 된다."[34]

가장이 되어야 하는 남자들은 아내와 자식, 나아가 노부모까지 '지켜야' 하는 입장에 놓이고는 한다. 이들에게 가족은 자신을 내조하는 사랑하는 존재들임과 동시에 자신이 거두어야 하는 부담이 교차하는 존재가 된다. '골리앗 전사' 이갑용은 자신의 노동운동 이야기를 담은 《길은 복잡하지 않다》에서 파업을 할 때 회사에서 가족을 어떻게 이용하는지 알려 준다. "가족들의 지지가 노동자들의 사기를 높이자 회사는 가족들을 참여하지 못하도록 고소하고 협박도 한다. 실제 지원 활동을 하다 구속된 가족도 있다. 자본주의를 유지하기 위한 가장 좋은 방법이 '가족'이라는 단위이다. 가족이 있는 한 노동자들은 가족을 유지하기 위해 계속 노동을 해야 하기 때문이다."³⁵ 그렇다. 자신이 가족을 거둔다는 입장 때문에 임금노동자인 남성 가장은 자본에 얽매이면서 한편으로는 가족을 자신의 '소유'로 인식하게 된다. 밖에서는 멀쩡한 남자가 집 안에 들어오면 자신의 감정을 통제하는 것 따위는 전혀 하지 않거나 오히려 기다렸다는 듯 분노를 쏟아 내는 경우가 있는 것은 그 때문이다.

남성의 노동만이 공적으로 인정받고 여성의 노동은 사적 영역에 갇혀 있는 한, 가정주부의 노동은 '공식적으로는' 사회적 생산과 무관한 노동이 된다. 이렇게 가정이라는 '사적' 단위를 통해 국가는 여성의 노동을 자연스럽게 착취해 왔다. 공사 구분을 기반으로 성별 분업을 하고 여성의 노동을 사적 영역으로 밀어 버린 역사는 결국 전업주부를 '노는 여자'로 만든다. '전업주부 어린이집 이용 제한'이라는 발상도 전업주부 여성의 노동에 대한 인식이 '전혀' 없다는 뜻이다. 전업주부의 노동이 '비사회적' 노동이 될수록 '워킹맘'과 '전업맘'이라는 구별이 생기고 이는 여-여 갈등을 부추긴다.

이런 문제들을 방지하거나 해결하기 위해 여성의 경제활동 참여율을 '남성과 같은 수준으로 올리는' 것이 중요하다. 하지만 그 이전에 여성들이 이미 하고 있는 부불 노동을 사회적 노동으로 인식시키지 않는다면 여성의 짐은 더욱 늘어날 뿐이다. 남성들은 주로 가사 노동을 '돕는다'고 한다. 우렁각시가 매일 와서 장보고, 밥을 짓고, 청소하고, 양말과 속옷 세탁까지 해 놓지는 않는다. 가정주부의 노동이 돌아가는 방식을 이해하지 못한다면 불필요한 갈등과 어처구니없는 정책만 지속될 것이다.

이런 상황에서 해마다 돌아오는 '여성의 날'이 무슨 의미가 있나 싶다. 여성의 날, 가정의 달, 노동절, 모두 달력 속에서만 의미가 있다. 현실은 100년 전 주장을 계속해서 '처음부터 시작'하고 있으니 말이다. 편안할 '안安'은 집 안에 여자가 있는 모습이다. '편안함'의 개념이 여전히 '편안할 안'에 머물러 있어서는 결코 편하지 있다. 여성의 '사회 진출'만큼 요구되는 중요한 변화는 남성의 '부엌 진출'이다.

밥상 위의
정치

●

새것을 위해 가장 열심히 그리고 끈질기게 싸우는 사람들은 옛것
때문에 가장 고통받는 사람들입니다. 그리고 오늘날의 가족 상황에서
가장 고통받는 사람은 바로 여성, 즉 아내와 어머니입니다.

_레온 트로츠키, 〈가족의 일상생활을 변혁하자〉 중에서

밥상은 사적 영역이면서 정치적 영역이다. 《대통령의 맛집》이라는 책도
있고, 종편에서 〈대통령의 밥상〉이라는 방송도 만든 적이 있으니 '중요
한' 사람이 되면 그들의 밥도 중요해지는 법이다. 박정희 대통령은 소박
한 자연식을 즐겼다고 한다. 소박해 보이는 나물 무침도 실은 조리 과
정이 결코 소박하지 않기 때문에 나는 '소박한 밥상'이라는 말을 경계
한다. 대부분의 밥상은 상당한 노동과 숙련된 기술을 필요로 한다. 어
디 밥상뿐일까. 사 먹지 않는 한 보리차든 결명자차든 물도 누군가는
끓여야 한다.

　우리는 흔히 돈벌이를 '밥벌이'라고 하며 '먹고살자고 하는 짓'이라
는 표현을 쓴다. 밥상은 그 자체로 시대와 공간·계층의 상징이고, 과학
과 취향의 집합체이며, 내 몸이 만들어지는 과정이다. 밥상은 곧 정치
다. 학교 급식은 가장 정치화된 밥상이다. 급식의 보편화는 소득에 관
계없이 학교라는 공적 공간에 있는 동안 누구나 차별 없이 밥상을 받

을 수 있는 권리를 얻기 위한 싸움의 결과였다. 학생들의 밥상을 개개인의 '엄마의 노동'에 맡기느냐 공적 자본에 맡기느냐는 각 가정에 엄청난 생활의 변화를 가져 온다.

'예능'이라는 이름으로 연애, 결혼, 육아, 요리 등의 일상이 텔레비전 속에 스며들었다. '먹방'(먹는 방송), '쿡방'(요리하는 방송)이 급격하게 늘어나고 있다. 특히 대부분의 여성들에게 일상의 노동인 육아와 요리가 방송에서는 주로 남성들이 체험하는 예능이 되어 버린 현상이 흥미롭다. 남성 연예인들의 '체험 삶의 현장'이 될 정도로 한국 사회에서 육아와 가사는 지독히 성별 분업화되어 있다. '셰프'라고 불리는 이들은 대부분 남성이다. 남성이 나서면 전문화, 직업화된다. 남성이 주류인 직종에 여성이 많아지면 남자의 자리가 위협받는 듯 여기지만, 여성이 많은 직종에 남성이 진입하면 그들이 주류가 된다. 부엌일을 하는 여성은 '부엌데기'나 '솥뚜껑 운전수' 등으로 비하하지만 승부를 겨루는 세계에서 요리하는 남성은 섹시함의 대상이 되었다. 이들을 아빠로만 보지 않기 때문에 이들의 요리는 '아빠 밥'으로 불리지도 않는다. 반면 여성들은 엄마 밥을 지어 내지 않으면 자식들에게 미안해한다.

그렇듯 밥하는 주체가 여자라는 대전제는 변할 줄을 모른다. 미디어는 이러한 성별 분업화를 계속 부추긴다. 한 항공사 광고의 '일하는 아내' 편을 보고 있자면 어느새 나는 구시렁거리게 된다. 퇴근 후 집으로 '또 출근'한 슈퍼우먼 아내에게 아름답다 말해 주라니. 어떤 방송에서는 급기야 엄마 밥과 아내 밥을 대결시키는 구도를 만들었다. 겉으로 보기에 여-여 갈등으로 보이는 고부 갈등이 실은 어떤 구조 속에서 발생하는지 볼 수 있는 한 단면이다. 급기야 딸네 집에 왔다가 다음날 새벽 5시에 장인의 밥을 위해 집을 나서는 장모가 '아름답다'고 말하는 개그맨을 보고 있자면 폭발하지 않을 수 없다.[36] 그 모습이 그렇게 아름답다면 함께 아름다워지면 안 될까.

밥하기 노동에 대한 몰인식은 절대다수가 여성인 식당 노동자가 최저임금도 못 받고 일하는 현실에서도 드러난다. 식당 노동자나 보육 교사처럼 여성들의 집 안 노동에서 연장된 노동은 대부분 저임금이다. "밤늦게 찾아 온 남편의 친구들 앞에 남은 과일 몇 점으로 여신 소리 듣는 데 필요한 시간은 단 5초. Cheers, 당신이 꿈꾸던 스파클링 라이프 코웨이." 이 광고를 보면 민폐를 포장하는 방식도 가지가지라는 생각이 든다. 여신은 필요 없다. 젖은 손이 애처로우면 고무장갑을 사 줄 것이 아니라 직접 설거지를 하고, 고급 냉장고와 여자의 행복은 별개라는 인식이 필요하며, 퇴근 후 밥 차리는 아내에게는 아름답다고 말하기보다 함께 밥을 차리면 된다.

보통 가정에서 가족들의 식사를 책임지며 '엄마'나 '아내'라는 역할을 하는 여성들은 비단 요리뿐 아니라 식사 중에 다른 가족들의 식사를 돕는다. 국을 더 가져오고, 반찬을 채우고, 식사 후에 물을 가져오고, 과일을 깎는 등 여성들은 식탁에서 계속 서비스를 제공한다. 이렇듯 대부분의 여성은 요리와 식사 내내 서비스를 제공하지만 밥상의 주인은 '집안의 어른'인 남성 가장이 되고는 한다. 아버지가 수저를 들어야 식구들이 수저를 들게 하는 가부장적 '예절'이 있고, 과거에 남자는 여자와 겸상을 하지 않았다. 이러한 사례는 어느 정도 '과거'가 되기는 했으나 화가 나면 밥상을 엎는 남자들은 여전히 있다. 심지어 드라마에서 이런 행동을 하는 아버지를 별로 나쁘게 그리지도 않는다.

한편 맞벌이 가정과 1인 가구의 증가로 집 밖에서 식사하는 경우가 늘어나면서 '엄마가 차려 주는 집밥'은 더욱 귀한 영역이 되었다. 아니, 정확히 말하면 집밥의 개념이 바뀌는 중이다. 이제 '집밥'은 밥상의 상표가 되었다. 식당 앞에 '어머니의 손맛'이나 '집밥'이라는 광고 패널을 세워 놓고 집밥을 '판다'. 밥상의 질서가 흔들리고 있다. 이 흔들리는 질서가 두려운 듯, '엄마 밥'에 대한 가치를 설파하는 목소리가 점점 높아지고 있다. 그리고 그 높아지는 목소리는 밥하기 노동을 여성의 영역으로 몰아넣는다.

영부인은
누구인가

●

"영부인이 장래 희망이시라면서요?"

"예… 그런데 그게 왜!"

"대개 그런 꿈은 열 살 이하의 어린 소녀가 꾸는 꿈이지요.

그런데 성인이 된 여자가 그런 꿈을 꿀 때는 본인도 그 정도의 마인드와

베이스가 되어 있다는 것이라고 생각해서입니다.

제가 잘못 생각한 겁니까?"

_설우, 《날라리 9급 공무원과 킹카 동장》 중에서

영부인은 '직업'일까. 장래 희망이 영부인이라는 사람도 있으니 그럴지도 모르겠다. 그렇다면 영부인은 정치인일까. 분명히 정치 활동을 하며 중요한 사람임에 틀림없다. 충북 옥천에는 '국모'라 불리는 전 영부인, 육영수의 생가가 으리으리하게 복원되기도 했으니까. 그럼 영부인은 무엇을 하는 사람일까. 대통령 관저의 안주인? 국모? 김윤옥처럼 자국 음식 세계화를 위해 세금[무려 769억!] 쓰는 사람?

공식적으로 2014년 1월 25일을 기점으로 대통령과 동거 관계가 끝난 프랑스 대통령의 '전' 동거인인 발레리 트리에르바일레르Valerie Trierweiler가 엘리제궁을 떠나면서 프랑스에는 영부인이 없는 상태가 되었다. 법적으로 결혼하지 않았으나 트리에르바일레르는 대통령의 동거

인으로 그동안 영부인 '역할'을 해 왔다. 법적 부인이 아닌 대통령 '여자친구'의 공식적[실제와 상관없이] 부재는 영부인의 개념과 역할에 대한 논쟁을 낳고 있으며, 프랑수아 올랑드François Hollande 대통령은 영부인의 개념을 거부하고 있다.

프랑수아 올랑드가 2012년 당선될 때부터 '결혼하지 않은 대통령'의 사실상 배우자가 공식적으로 어떤 예우를 받고 외교에서 어떤 역할을 할지 심심찮게 말이 나왔다. 미국 언론은 차마 영부인First Lady이라는 말을 쓰기가 꺼려졌는지, 프랑스 언론에서 자국의 대통령 동거인을 종종 '영부인Première Dame'이라고 지칭해도 '여자 친구First Girlfriend'라고 부르기도 했다. 부인이든 여자 친구든 세습 왕조 국가가 아닌 공화국에서 이 '우두머리 영슈'의 위상과 역할은 무엇인가. 평소 그 존재에 대해 의구심 가득하던 직업(?) 혹은 역할이 바로 영부인이었다. 페르난도 보테로Fernando Botero의 작품 〈영부인〉에는 대통령인 남편과 마찬가지로 채찍을 든 여성이 몸에 띠를 두른 채 말을 타고 있다. 남편과 함께 권력을 나눈 사람처럼 보인다. 영부인은 사모님 중의 사모님, 여사님 중의 여사님으로 '남편이 있는 여자'로서 최고의 자리에 있는 여성이다.

하버드대 출신의 엘리트 변호사이며 현재는 내조에 충실한 전방위 슈퍼우먼 미국의 미셸 오바마Michelle Obama를 '새로운 퍼스트레이디상'이라고 한다. 처음에는 대통령의 아내로 알려졌지만 상원 의원에서 국무장관, 대통령 후보로 거듭나고 있는 힐러리 클린턴Hillary Clinton과는 다른 행보를 보여 준다. 미셸 오바마는 정치적 야심이 없어 보인다는 면에서 '안전한' 퍼스트레이디다. 비만 퇴치를 위한 뮤직비디오에 출연하고 고교생들의 자퇴를 막기 위한 캠페인 차원에서 백악관에서 랩을 하는 미셸 오바마는 젊고 건강한 이미지로 대중적 인기도 높다. 또한

영부인은 누구인가

계속 디자이너로서의 제 일을 이어 가는 영국의 총리 부인 서맨사 캐머런Samantha Cameron을 두고는 '이제는 전문직 퍼스트레이디 시대'라고도 한다. 오늘날 영부인들은 패션 경쟁도 해야 하고 내조의 여왕이면서 훌륭한 엄마인 데다 각자의 전문성까지 갖춘, 상류층 여성의 역할 모델을 충실히 수행해야 한다. 어떤 직업을 가졌든 남편이 대통령이 되면 내조의 여왕이 됨과 동시에 '멋진 전문직'을 유지하며 '일터와 가정에서의 양립'을 실행해야 한다. 하지만 '새로운' 영부인이나 '전문직' 영부인에 대한 관심 이전에 대체 영부인은 누구인지 묻고 싶다. 분명히 정치 활동을 하지만 정치인이 아닌 애매한 위치, 사적이면서도 공적이고 공적이면서도 사적인 그 위치에 대해 공론화하는 것이 필요하다.

많은 국가에서 남성 지도자의 여성 배우자가 '공적으로' 얼굴을 비치는 일은 보편적이다. 영부인의 존재는 결혼 제도, 성별 권력, 성 역할, 가부장제, 이성애 중심성 등 다양한 논의 거리를 함축하고 있다. 하지만 유권자는 대통령을 뽑기 위해 투표할 뿐 대통령의 배우자를 선택하지는 않는다. 영부인이란 개념은 군주정치의 잔재로, 청산해야 할 일종의 폐습이다.

여성이 공식적으로 정치에 참여할 수 없던 시절 '왕의 여자'는 여성이 현실적으로 권력을 행사할 수 있는 가장 높은 자리였다. 왕비가 아니더라도 애첩이나 후궁으로 불리는 여성들 중에 자신의 위치를 활용하여 나름 정치적 능력을 발휘한 경우가 있다. 선조와 광해군 시대의 상궁 김개시나 프랑스 앙리 2세의 애첩 디안 드 푸아티에Diane de Poitiers 가 대표적이다. 이들은 정치에 참여하고도 정치인이 아니라 주로 성적 스캔들이나 뒷방에서 음모를 짜는 가십의 대상으로 남는다.

이성애 남성 중심 사회에서 여성 배우자를 대동하고 공무를 처리하는 풍경은 자연스럽게 받아들여진다. 여성의 응원이라는 감정 노동과 외모라는 미적 자본은, 남성들의 공무에 언제나 필요했다. 남성 옆에는 곱고 정숙한 보조자가 있어야 그림이 완성된다. 이제는 드물지 않게 여성 지도자가 등장했지만 그들의 남편인 '영부군(?)'은 미디어의 관심을 덜 받는 편이다. 독일 총리 앙겔라 메르켈의 남편은 공식적인 자리에 나타난 적이 거의 없다. 이는 곧, 외교 관행상 필요한 것이 지도자의 '배우자'라기보다 구색을 맞출 '여성'임을 의미한다. 아내가 없으면 딸이라도! 그래서 박근혜는 엄마인 육영수를 대신하여 아버지 박정희 옆에서 영부인 대행을 했다. 이런 관습이 여성의 역할을 더욱 '내조자'에 가두는 시각을 강화한다.

박근혜라는 독신 여성이 한국의 대통령이 되었을 때, 누가 영부인 역할을 할지 궁금해하는 시선이 많았다. 결국 '총리 부인'이나 '여성부 장관'이 영부인 역할을 대행하지 않겠냐는 기막힌 관측이 나오기도 했다. '여성 파트너'에 대한 집착이다. 실제로 이런 일이 일어나지 않아서 다행이다. 하지만 그렇다고 해서 이 독신 여성 '덕분에' 가부장제의 국가적 상징인 영부인의 개념이 흔들리리라는 기대를 하기는 어렵다. '박근혜'라는 인물은 그 자신이 '영애-영부인-대통령'이라는 세 역할을 이미 한 몸에 담고 있기 때문이다.

대부분 여성은 주로 '누구의 여자[아내, 애인, 엄마, 딸]'로 위치가 정해지기에 그 '누구'를 통해 자신의 야망을 실현했다. 아버지, 남편, 아들이라는 남성의 존재를 통해 권력을 얻는 경우가 일반적이다. '대통령의 아내'인 영부인도 현실적으로 여성이 도달할 수 있는 가장 높은 권력에 위치하고 있다. 여성 대통령은 어쩌다 몇몇 나라에서 세기에 1번 나올까 말까 하지만 영부인은 대부분의 나라에서 대통령을 뽑을 때마다 함께 '당선'되는 인물이다. 여성에게 '허락된' 권력은 이렇게 남자와 사적으로 관계 맺은 권력이다. 이는 한편으로 여성의 권력을 '뒷방'에 한정하는 방식이기도 하다. 이 틀은 쉽게 깨지기 어렵다. 그래도 드물지만 조금씩 여성과 성소수자, 독신 남성 지도자의 등장으로 이 견고한 틀에 자연스럽게 균열을 일으킬 수 있다는 가능성을 본다.

박근혜와
이자스민

●

거의 모든 나라에서 우리 여성의 정치적 권리가 제한돼 온 것이
사실이다. 그렇다고 해서 사회적 힘조차 없는 것은 아니다.
이 힘을 최대한 활용하자. 가족과 친구로부터 광범한
대중에 이르기까지 말과 행동으로 영향을 미치려 노력하자.
글이든 말이든 모든 수단을 다 이용하자. 다른 나라에서도
활용할 수 있게 개인과 단체를 모두 끌어들이자. 우리는 전쟁으로
폭리를 취하는 애국주의자들, 권력에 굶주린 제국주의 정치인들,
파렴치한 선동 정치가들이 부추기는 떠들썩한
애국주의 물결에 현혹되거나 겁먹지 않을 것이다.
_클라라 체트킨, 〈모든 나라의 여성 사회주의자들에게〉 중에서

의도와 출발이 어찌되었든, 새누리당이라는 '보수' 정당에서 '최초의' 여
성 대통령과 이주 여성 출신 국회의원이 배출되었다는 사실은 간과하
기 어려운 정치적 사건이다. 여성이 과소 대표되는 정치 현장에서 "대
한민국 남자"라는 슬로건을 내놓은 2012년 대선 당시의 문재인 캠프
가 가부장적 의식을 숨기지 못했다면, 새누리당은 훨씬 영리하게 행동
했다. 박근혜를 통해 여성 지도자를, 이자스민을 통해 이주 여성이라는
주제를 선점했다. 이 글에서 주목하고자 하는 것은 새누리당에 진정성

이 있느냐의 여부가 아니다. 그보다는 여성 대통령과 이주 여성 국회의원을 통해 한국 사회가 드러내는 차별과 혐오의 얼굴이다.

'박근혜가 여성인가'에 대한 구체적 논쟁은 2002년부터 시작되었다. 1997년에 본격적으로 정계에 들어온 박근혜는 보수층을 결집시키며 정치적 입지를 다졌다. 2002년 당시 월간《프리미어》편집장이었던 페미니스트 최보은이 시사 월간지《말》3월호 인터뷰에서 "박근혜 후보를 찍는 게 진보다. 나는 그를 찍겠다"라고 공개적으로 박근혜를 지지하면서 박근혜와 여성에 대한 논쟁은 촉발됐다. 박정희의 딸로만 보는 시각은 박근혜를 독립된 정치인으로 보지 않는 차별적 시선이라는 주장, 혹은 박근혜는 아버지를 등에 업고 정치에 입문했기 때문에 독립된 인물로 볼 수 없다는 주장이 있다. 나아가 태생부터 권력을 가졌기에 공주인 그는 여성이 될 수 없다고도 한다.

박근혜는 특별히 여성을 위한 정책을 내놓은 적이 없지만 대선을 앞두고는 '여성 대통령'을 내세웠다. 그는 2012년 11월 여성유권자연맹 주최로 열린 대선 후보 정책 토론회에서 "최초의 여성 대통령이 탄생한다면 그 자체가 쇄신이고, 그것보다 더 큰 변화는 없을 것"이라고 했다. 그가 생각하는 '여성 대통령'의 의미는 단지 여자가 대통령이 되는 것에서 크게 나아가지 못했다. 그러나 우리는 박근혜가 아니라 박근혜를 둘러싼 시선에서 여성 대통령의 의미를 발견할 수 있다.

외형적으로는 어머니 '육영수'를 재현하고 정치적으로는 아버지 '박정희'의 명예 회복을 꿈꾸는 박근혜는, 명백히 아버지의 후광으로 대통령이 되었다. 그런데 박근혜라는 인물의 복합성은 그가 '결혼 안 한 처녀'로 공격받을 때 드러난다. 2015년 12월 당시 새정치민주연합 최고위원 이용득은 박근혜 대통령의 저출산 정책을 비판하기 위해 "결혼 안해 보고, 출산 안 해 보고, 애 안 키워 보고"라고 말했다. 이처럼 독신 여성이 최고 지도자가 되자 공개적으로 활발히 드러난 혐오의 얼굴이 있다. 어쩌면 그 혐오의 얼굴을 보이게 만들었다는 점이 박근혜의 유일한 업적일지도 모른다. 박근혜를 조롱하기 위해 동원되는 '닭근혜'나 '댓통년'이라는 욕은 그의 성별을 명확하게 알려 줬다. '닭'은 여성의 활동을 비하하는 '암탉이 울면 집안이 망한다'라는 관용적 표현을 연상시킨다. 박정희의 화신인 이 '공주'도 그렇기에 여성이다. 그가 공주이기 때문에 여성이 아니라고 한다면 그에게 가해지는 성차별적 공격은 설명이 안 된다.● 높은 사회적 지위를 가지고 있더라도 여성이라는 생물학적 성별만으로 공격의 대상이 될 수 있음을 보여 준 인물이다. '댓통년'이라는 속어부터 홍성담의 '출산 그림'에 이르기까지 그는 끊임없이 여성으로서 공격받았다. 이런 공격은 신라 시대 선덕여왕에게도 예외가 아니었다.

> "당나라 태종이 모란 그림과 그 씨 석 되를 보내온 일이 있었다. 왕은 그림의 꽃을 보고 "이 꽃은 향기가 없을 것이다"라고 하였다. 씨를 심어 꽃이 피자, 과연 향기가 없었다. (…) 왕이 죽기 전에 여러 신하들이 왕에게 어떻게 해서 모란꽃에 향기가 없고, 개구리가 우는 것으로 변이 있을 것을 알았는지를 물었다. 왕이 대답했다. "꽃을 그렸는데 나비가 없으매 그 향기가 없는 것을 알 수 있었다. 이것은 당나라 임금이 내게 배우자가 없

● 정희진은 2012년 9월 28일자 《경향신문》에 〈공주는 여성일까〉라는 칼럼을 썼다. 이 글에서 "그녀는 진짜 여성인가?"라는 질문을 던지며 "박근혜 후보는 여성이 아니다. 주민등록번호 뒷자리 첫 숫자가 '2'라는 사실 외에는, 여성과 가장 거리가 먼 여성이다"라고 했다. "만에 하나 그녀가 당선되더라도, '최초의 여성 대통령' 운운하지 않았으면 한다. 그녀의 정체성은 공주이지, 여성도 시민도 아니다"라며 박근혜를 '여성 일반'과 완전히 분리시켰다.

는 것을 희롱한 것이다.""[37]

박근혜를 둘러싼 연민과 혐오는 모두 여성이라는 그의 성별과 관련 있다. 부모를 모두 흉탄에 보낸 '소녀 가장' 같은 비극적인 이미지로 보수층의 동정을 받고, 결혼 제도에서 비껴난 여성으로 '애를 안 낳아 봐서' 뭘 모른다는 비난을 듣는다. 이러한 목소리를 의식한 듯 박근혜는 2012년 선거운동 기간 중 '여성' 대통령을 강조하고, 텔레비전 토론 때나 유세 연설 중 종종 "어머니의 마음으로 국민의 삶을 돌보겠다"라고 말했다.

그가 말하는 '여성' 대통령이나 '어머니'의 마음이 구체적으로 무엇이며 그가 어떤 정책을 만들어 내는가와는 별개로 '여성'과 '어머니'라는 개념이 정치의 중앙에 등장한 자체가 담론을 만들었다. 심상정은 박근혜의 '여성 대통령'이라는 슬로건이 무시할 게 아니었다고 말한다. "3040세대의 여성들에게, 그 세대의 여성들을 딸이나 며느리로 둔 어머니 세대에게는 나름의 설득력이 있었다고"[38] 본다.

박근혜는 한국에서 나고 자란 여성이지만 외국인 여성의 경우에는 또 다른 상황이 펼쳐진다. 외국 여성은 이중의 타자성 때문에 극단의 환상과 혐오 사이를 오간다. 이들은 자국 여성보다 성적 판타지의 대상이 되기 쉽다. 같은 민족이지만 다른 나라 여성인 '북한 미녀 응원단'은 남한의 '남심男心'을 잘 파악한 북한의 정치다. 이런 정서 속에서 정치인으로 활동하는 '동남아 여성' 이자스민의 위치는 박근혜보다 훨씬 더 복잡하다. 그는 진보와 보수 양 진영에서 모두 혐오받는다.

'이자스민법'으로 불렸던 정청래 의원의 아동복지법이 화제가 된 적이 있다. 이자스민법이 통과되면 불법체류자 자녀가 납세의 의무도 지지 않고, 군대도 가지 않아도 되며, 대학 입학에서도 외국인 전형으로 특혜를 받는다는 주장이 제기되었다. 정청래 의원의 아동복지법에는 불법체류자 자녀 때문에 부모를 추방 면제한다는 조항은 없다. 어디까지나 아동의 교육권을 보장하기 위함이다. 불법체류자의 자녀도 아동복지법이 통과되면 의무교육과 의료 급여 등의 혜택을 받게 된다. 세금이나 병역을 면제한다는 조항은 어디에도 없지만 말은 왜곡되어 퍼져나갔다. 일반적으로 한국 사회에서 '동남아 여성'은 결혼 이주 여성인 경우가 많다. "베트남 신부와 결혼하세요." 한때 자주 볼 수 있던 국제결혼 광고 현수막의 내용이다. 불법체류자, 혹은 가난한 나라에서 온 못 배운 여성이라는 이미지가 가득한 동남아 여성이 한국의 국회에서 정책을 만든다는 사실에 많은 이들이 거부감을 표했다.

프랑스에서 플뢰르 펠르랭Fleur Pellerin이 '한국인 입양아 출신의 젊은 여성'으로 정부 각료가 되자 한 기자가 '무례하게도' 다짜고짜 이렇게 질문했다. "왜 당신이 선택되었는지 아세요? 다문화 출신의 아름다운 여성이라서? 거의 보이지 않는 소수 계층에 속해 있기 때문에? 성공한 입양인의 모습을 보여 줄 수 있기 때문에? 아시아 시장에 강력한 인상을 줄 수 있기 때문에? 어쩌면 능력도 있을 수 있으니까?"[39] 플뢰르 펠르랭은 "대통령과 총리가 내게 그럴 만한 능력이 있어서 임명했다고 말하고 싶군요"라고 답했다. 이주 여성이 권력의 자리에 오를 때 벌어지는 양상이 비슷하다.

이자스민 아들의 편의점 담배 절도 의혹 사건은 무혐의로 끝났으나 혐의가 밝혀지기도 전에 그와 그의 아들은 수도 없이 욕을 먹어야 했다. '혼혈'이라는 말에도 순혈주의가 담겨 있는데 한국 사회에는 여기서 한발 더 나아가 '튀기'라는 말로 '혼혈인'들을 비하하는 습관이 있다.

이런 사회에서 동남아 여성의 자녀들은 '백인과의 혼혈'보다 더한 차별을 받는다. 인종주의와 순혈주의, GNP 인종주의까지 결합한 차별과 혐오의 얼굴이 고개를 번쩍 들고 있다. 이렇게 이자스민으로 대변되는 결혼을 통한 이주 여성과 박근혜와 같은 결혼 밖의 여성 모두 차별의 대상이며, 동시에 남성 중심의 진보와 보수라는 틀의 한계를 보여 주는 인물이다.

술 마시는
여자

●

미인주라고 들어 봤어? 어여쁜 색시들이 쌀을 조근조근 씹어

당화시켜 만든 술인데 그 단맛이 이만저만 아니야.

설탕 단맛이 수학 공식이라면 미인주 단맛은 시의 운율처럼

변화무쌍하고 아름답다 할 수 있지.

_허영만, 《식객》 중에서

술이 들어간 노래를 여성가족부에서 심의 대상으로 삼은 적이 있다. 심의 기준대로 하자면 한 잔의 술을 마시며 시작되는 박인환의 〈목마와 숙녀〉는 청소년에게 가르치면 안 되는 19금 시가 되어야 적합하다. 주택가에서도 술 마시는 어른들을 보기가 전혀 어렵지 않은데 노랫말 속의 술타령이 문제가 된다. 술을 마셔도 안전한 사람은 성인 남성뿐이다. 박완서의 한 수필을 보자.

"길에나 차중에서 몹시 취한 남자는 그래도 참고 봐주겠는데 몹시 취한 여자는 한 번 볼 거 두 번 보게 된다. 그리고 가려 주고 싶어진다. 이건 내 편견인지 몰라도 여자가 주정하는 건 남자가 그러는 것보다 더 허물어져 보이기 때문이다. 여자의 주정의 모습에는 남자의 그것엔 없는 특이한 추태가 있으니 제발 조심할지어이다."[40]

피터르 더 호흐, 〈술 마시는 여자〉, 1658.
술 먹고 제 몸을 못 가누는 여자에게는 자기 몸 관리 못한다고 탓하지만, 술 먹고 남의 몸을 침범하는 남
자에게는 그저 '술 탓'이라며 관용을 베푼다. 도덕의 적용이 공평하지 않다.

주정하는 술꾼의 추태도 성별에 따라 다른 취급을 받는다. 17세기 네덜란드 작가 피터르 더 호흐Pieter de Hooch의 〈술 마시는 여자〉는 순간을 즐기며 희희낙락하는 인간을 묘사했다. 아무런 긴장감 없이 늘어뜨린 왼팔, 편하게 죽 뻗은 다리, 발그레한 볼에 미소를 띤 여자의 얼굴을 보면 벌써 여러 잔 걸친 듯하다. 다음 잔을 위해 옆에서 남자가 술을 따르고 있고 옆에는 나이 든 하녀가 가슴에 손을 얹은 채 걱정스러운 눈길을 보낸다. 창밖이 훤하다. 여자는 애미 애비도 못 알아보게 한다는 그 무서운 낮술을 마시는 중이다. 바닥에 잠들어 있는 강아지에게도 어쩌면 술을 줬을지 모른다는 의구심이 든다. 종교적 규율을 깨고 인생, 곧 현생을 즐기는 모습을 보여 준다. 대낮에 한가하게 술 마시는 여자의 모습은 이를 표현하기에 적당한 소재다.

여성은 주로 술을 따르는 유흥의 보조자로 여겨지지만 실은 예부터 술을 만드는 사람이었다. 서양에서는 술집이 생기기 전부터 각 가정에서 여성들이 맥주를 담가 팔았으며, 한국에서 전통주를 담그는 일도 여성들 몫이었다. 남성적인 이미지를 떠올리게 하는 맥주지만 그것을 만드는 일은 여성들이 담당했다. 각 가정마다 여성들이 맥주를 담가서 팔았고, 14세기 초 영국에서는 12명 당 1곳 정도의 비율로 펍pub이 있었다고 한다.[41] 여성이 술을 만듦에도 불구하고 술 마시는 여자에 대한 시선은 곱지 않다. "왜 남자들은 포도주를 마시고 여자들은 물을 마시는가?"[42]라는 의문을 던진 버지니아 울프의 글을 통해서도 여자들의 술 마시기에는 부당한 차별이 있었음을 알 수 있다. 제사 음식을 만들기는 하지만 제는 남자들 중심으로 돌아가며 음복은 당연히 남자 어른이 먼저 하는 '전통'과 같은 맥락이다.

1998년 배우 이미연이 산사춘 광고에 등장할 때만 해도 여배우의 술 광고는 신선했다. 그래서 그 현상이 여성의 인권과 상관이 있었나? 아니다. 단지 술 소비 시장을 여성에게까지 확대하는 방향으로 '개척'하기 위해 여성 모델을 발탁했을 뿐이다. 사모님과 '된장녀'의 간극처럼 소비 시장에서 여성의 위치와 일상생활에서 여성의 위치는 다르다. 1924년에 처음 등장한 진천양조상회 '진로'의 도수는 무려 35도였다. 35도 독한 소주가 90여 년의 세월 속에서 지금의 13도까지 낮아질 정도로 순해졌다. 음주 시장의 새로운 목표 대상인 20~30대 젊은 여성층을 위해 소주는 점차 순해지고 있다.

여성들의 사회 진출이 늘면서 회식 문화도 변하고 있다. '여자 끼고' 마시는 술자리가 아니라 여성이 동료로서 함께 술자리에 참여할 때가 많다. 그러나 '술 따르기 강요'와 같은 직장 내 성희롱은 여전히 빈번하다. '술과 여자'는 유흥의 세트 메뉴이기 때문에 여자는 술 마시는 '사람'이 아니라 술상을 완성하는 중요한 '메뉴'다. 회식 자리에서 여성 직원에게 술시중을 들게 하는 까닭이다. 커피를 마실 때도 '여자 끼고' 마시던 시절에는 직장에서 여성 직원들에게 커피 타는 심부름을 당연하게 시켰다.

'글래머 미녀'들이 일하는 곳으로 알려진 '후터스'는 이렇게 여자의 접대를 필요로 하는 남성 고객들의 마음을 활용한 '패밀리 레스토랑'이다. 미국에 본사를 두고 있는 후터스가 한국에 매장을 만들 때 한국여성민우회는 "일반 음식점의 여 종업원을 야한 의상으로 근무를 시킨다는 것은 여성 고객에게 수치심을 줄 수 있는 전형적인 성의 상품화 현상"이라고 비판했다. 하지만 후터스는 오히려 '투명'하다. 나는 외국에서 몇 차례 후터스를 갔었지만 내게 수치심은 일어나지 않았다. 수치심은 야한 의상으로 근무하는 '후터스 걸'이나 그 여성을 보는 여성 고객의 몫이 아니다. 여종업원의 야한 의상과 무관하게 '2차'라는 절차를 갖거나 여성을 희롱하며 술 마시는 버릇이 있는 남성들에게 수치심을 요구해야 한다.

게다가 회식 자리에서 은근슬쩍 남자에게는 술 마시기를 권하고 여자에게는 술 따르기를 권하는 경우가 있다. 술자리는 업무의 연장이고 술로 인연을 맺으며 술로 접대한다. 그래서 이 업무를 전문적으로 하는 '술 상무'가 있고 술을 접대하며 여성도 함께 접대물이 된다. 정치인과 군 장성들의 회식 자리에서 툭하면 일어나는 '폭탄주 사건'도 결코 우발적이지 않다. 술로 연대하고 술로 남성성을 과시하고 술과 함께 여성을 소비하는 '문화' 속에서 필연적으로 발생하는 폭력 사건이다.

술맛과 커피 맛을 돋게하는 여자는 필요로 하지만 묘하게도 술자리 바깥에서 그들은 도덕의 심판을 받는다. '다방 여자'나 '술집 여자'는 비하와 멸시의 대상이다. 또 술을 남자처럼 마시는 여자도 기존의 도덕에 어긋난다. 술에 취해 몰래카메라 촬영을 당하거나 물리적 성폭력을 겪었을 때 피해 여성을 향한 비난은 여전히 큰 목소리를 낸다. 술 먹고 제 몸을 못 가누는 여자에게는 자기 몸 관리 못한다고 탓하지만, 술 먹고 남의 몸을 침범하는 남자에게는 그저 '술 탓'이라며 관용을 베푼다. 그래서 많은 가해자들이 여성을 성폭행해도, 살인을 해도, '술김에'라는 변명을 하고는 한다. 실제로 친절한 판사들은 이 '술 탓'에 어느 정도 동조해 주고 있다. 술, 도박, 그리고 여자는 남자가 '빠지지' 말아야 하는 대표적인 위험물이기에 남자들이 '조심'해야 할 대상으로 여겨진다. 내 탓이 아니라 술과 여자 탓이기 때문에 '소라넷'이라는 사이트에서 술 취한 여성을 대상으로 공개적으로 강간 모의를 벌이기도 한다. 술에 취한 여성은 일종의 '공공재'다.

많이 마시면 누구에게나 좋지 않은 술을 똑같이 마셔야 평등하고 정의로운 사회는 아니다. 도덕의 적용이 모두에게 공평하지 않다는 점이 문제다. 술에 대한 성별의 인식이 다른 이유는 단지 신체적 차이 때문은 아니다. 여성에게는 흐트러지고 긴장이 풀릴 권리가 상대적으로 적은 편이다. 여성은 '사회생활'로 지친 남성의 긴장을 '풀어 주는' 역할을 해야 여성답게 여겨진다. 술을 마시고 노상 방뇨를 하거나 고성을 지르는 등의 추태는 남성에게만 허락된 일종의 권력이다. 망가질 권리, 추함과 더러움은 통념적으로 전혀 여성스럽지 않다. 도덕이나 타인에 대한 배려, 자기 관리 등의 기준은 여성에게 훨씬 엄격하다. '술 문화' 속에도 성차별은 예외 없이 자리를 잡고 있다.

5

폭력이
살아남는
방식

성폭력의
진부함

●

빌 화이트: 당신은 망상에 빠진 또라이nuts가 되거나

창녀slut가 될 거예요. 그리고 그건 당신이 초래한 일이에요.

_영화 〈노스 컨츄리〉 중에서

마음에 와 닿지 않아서 잘 쓰지 않는 말이 있다. 인면수심人面獸心. 인간의 얼굴을 하고 짐승의 마음을 가졌다는 이 표현은 주로 끔찍한 범죄를 저지른 사람에게 붙여진다. 특히 친족 성폭행을 다루는 기사에서 이 '인면수심'이라는 말을 자주 볼 수 있다. 그런데 인면수심의 가해자들에게 피해자에 대한 '경제적 지원과 양육'이라는 '인간적' 이유로 허술한 판결을 내리는 판사의 마음은 어떠한가. 우리 사회는 '가장'이라는 이유로, '사회생활'을 해야 한다는 명목으로 여성을 향한 남성의 폭력을 사적 관계로 축소시키며 암암리에 용인하고 있다. 피해자 입장에서는 인간적인 판사의 판결이 짐승 같은 가해자의 마음보다 나을 게 없다.

인간이 저지르는 잔혹한 행위를 인간의 바깥 영역인 짐승에게, 곧 외집단의 영역으로 밀어내는 습관에 늘 동의하지 않는다. 인간이라는 존재에 대한 관념적 우월감을 경계한다. 인면수심이란 말도 본래는 '오랑캐'인 흉노족을 한족이 비하하는 말에서 비롯되었듯이, 인간에게는 외집단에 대한 멸시와 배척의 버릇이 있다. 익숙한 '정상' 울타리를 벗

어난 외국인·장애인·성소수자 등에 대한 편견도 이와 맞닿아 있다.

2013년 5월 박근혜 대통령의 방미 기간 중에 현지 인턴에게 성추행을 저지른 윤창중 전 대변인은 기자회견에서 "저는 그런 인간이 아니다"라고 했다. 성폭력에 대한 인식은 없지만 성폭력범이 되고 싶은 사람은 아무도 없다. 그래서 성폭력을 행하는 사람을 평범한 인간과 분리시키고 '그런 인간'과 '그렇지 않은 인간'을 구별하려 애쓴다. 안타깝지만 여성을 성적 대상으로 대하는 습관이 우리에게 배어 있기 때문에 '그런 인간'과 '그렇지 않은 인간'은 현실적으로 구별하기 어렵다.

한 시골 동네의 터미널 주변에서 '비서실'이라는 간판이 걸린 단란주점을 보았다. 아주 흥미로운 간판이다. 직장에서 '미스 김'이 커피를 타는 일이 당연한 '업무'였던 시절이 있었듯이, 여성은 주로 남성을 접대하며 분위기를 살리는 화사한 꽃이다. 대학에서는 남자 선배들이 여자 후배들과 '블루스'를 추려하고, 직장에서는 상사들이 젊은 여성 직원에게 '블루스' 추기를 강권한다. 여성에게는 본래의 학업이나 업무와 무관하게 어디를 가나 이렇게 성적 파트너 노릇을 요구한다. 만약 이런 제안을 거절하면 그때부터 까다로운 사람으로 '찍혀' 조직에서 왕따를 당하고 직장이라면 인사상 피해를 볼 수도 있다.《삼성을 살다》의 저자인 이은의는 술자리에서 팀장의 블루스 제안을 거절했다가 "여사원으로서 해 줘야 하는 의전이 부족"[43]하다는 소리를 들었다. 은행은 '미모의 신입' 여직원을 VIP 고객의 자녀와 맞선을 보도록 주선하기도 했다.[*] 여성은 남성의 성적 파트너로서 서비스를 제공하는 감정 노동과 성애화된

---

[*] 2014년 10월 기업은행에서 자사의 여직원을 고객의 자녀에게 소개한 사실이 언론을 통해 알려졌지만 은행 측은 이를 부인했다.

성폭력의 진부함

노동을 수행하도록 강요받는다. 대접하다, 사귀다를 뜻하는 접接은 계집종이 손님을 맞이한다는 뜻이다. 여성은 접대하는 사람이지 접대받는 입장이 아니다. 그렇게 '술과 여자'가 지친 남성에게 제공되는 세트 메뉴처럼 여겨지는 사회에서 희롱과 추행은 그저 인간의 사업이고, 여가 활동이며, 위안이다. 진부한 일상이다. 이 진부한 일상이 모여서 폭력이라는 하나의 거대한 '수심獸心'을 길러낸다.

성추행을 저지른 윤창중 전 대변인은 '문화적 차이'를 운운하며 마치 한국에서는 되는데 미국에서는 안 되는 줄 몰랐다는 식의 변명을 했다. 수년 전 기자를 성추행한 한 국회의원은 "식당 여주인인 줄 알았다"라고 둘러댔다.** 이렇게 혹 떼려다 혹 붙이는 어리석은 변명을 하는 이유는 바로 그들이 평소에도 '하던 짓'을 하다가 걸렸을 뿐이기 때문이다. 한국에서라면, 식당 여주인에게라면 별문제 없는 일이 한국이 아니고 식당 여주인이 아니라서 걸렸다고 생각하는 그들의 무의식이 드러난다. 성추행이라는 행위를 성찰하기보다 추행해도 '되는 사람'과 '안 되는 사람'을 구별하려는 지독한 버릇이 있다. 이런 버릇의 또 다른 문제는 '술집 여자'의 성폭행 피해를 공론화시키기 어렵게 만든다는 점이다. 문화가 아닌 악습이다.

또 하나 짚고 넘어가고 싶은 것은, '한국' 남자가 '미국 땅'에서 대통령의 방미 기간이라는 중차대한 시기에 사고를 친 것이 '나라 망신'이라는 이유로 국민이 분노했다는 점이다. 청와대는 국민과 대통령에게 사과했다. "국민과 나라에 중대한 과오를 범한 일로" 여겨져 대통령도 사과했다. 성폭력 사건을 두고 이토록 '국민의 이름으로' 사과를 받

** 2006년 2월, 최연희 당시 한나라당(새누리당의 전신) 사무총장이 동아일보 여기자를 성추행한 사건을 말한다.

아 본 기억이 없어 황송할 지경이다. 국가의 이름을 더럽혀야만 성폭력은 심각성을 띤다. 이 사건이 "국격을 추행"했다고 사설을 쓰는 언론도 있다. '딸 같은' 여성을 추행했다고 가해자를 비난하기도 한다. 가족주의와 국가주의 틀 안에서 성폭력을 읽을 뿐, 여성 개인에 대한 인권 의식은 없다. 그래서 '집안'에서 벌어지는 온갖 흉측한 가족 성폭력에 대해 판사들은 관용(?)을 베풀고, 나라 망신과 상관없는 '나라 안'에서 벌어지는 일상적 성범죄는 툭하면 여자들이 처신을 잘못한 탓이 된다.

"애국심을 갖고" 살아가겠다는 윤창중 씨의 기자회견 마무리를 보며 그에게 국가란 무엇일까 새삼스레 궁금해지기도 했다. 성추행 후에 조직적 은폐 속에서 제 나라로 도망 올 수 있었다는 것을 생각하면 그의 애국심 타령이 그리 엉뚱해 보이지는 않는다. 피해자와 피해자의 신고를 도운 문화원 직원은 미국 경찰의 보호를 받았다. 이럴 때 버지니아 울프의 말이 딱 제격이리라. "여성인 내게는 조국이 없다. 여성으로서 나는 조국을 원하지도 않는다."

사랑과 폭력의
관계

●

사나이는 모름지기 사나운 새나 굳센 도적의 기상이 있어야 하나니,

그 기상을 바로잡아 법도에 맞게 하면 유용한 인재가 된다.

양순하기만 한 자는 고작 자기 한 몸만을 선하게 하는 데 그칠 뿐이다.

_정약용, 《여유당전서》 중에서

영화 〈마운틴 로드〉는 예쁜 여성 앞에 [남성] 괴물이 등장했을 때 흔히 상상할 법한 상황을 뒤집는다. 남성/가해자-여성/피해자의 구도를 전복시킨 흥미로운 공포 영화다. 연인에서 부부가 되었으나 가정 폭력의 피해자가 된 주인공은, 스스로 남편을 아주 멋지게 무찌르고 위기에서 탈출한다. 곧이어 팬티까지 활용하며 길에서 맞닥뜨린 괴물과 싸우는 모습은 집 안에서나 집 밖에서나 폭력에서 자유롭지 못한 여성들에게 묘한 쾌감을 준다.

　　여자 연예인들이 남편에게 심하게 구타를 당한 모습을 공개하는 일이 간혹 있었다. 그렇게 유명인이 처참한 모습을 드러내며 가정 폭력의 실상을 공개하면 잠시 반짝 사회적 문제로 떠오른다. 그러다 몇 주 지나면 다시 잊힌다. 날마다 사건·사고 속에서 살아가는 우리들의 일상이니 물론 일일이 기억하며 살 수도 없을 것이다. 그러나 최소한 소 잃고 외양간이라도 제대로 고치면 다음에 일어날 일은 웬만큼 막을 수

있을 텐데 그마저도 제대로 안 되니 답답한 노릇이다. 경찰의 안이한 대응으로 국민의 공분을 샀던 '수원 20대 여성 살인 사건'이 일어난 지 불과 3달도 되지 않아 폭행 피해 여성의 신고 전화를 경찰이 또 대수롭지 않게 여기는 일이 발생했다. 2012년 4월 수원에서 발생한 살인 사건의 경우, 피해 여성이 퇴근길에 납치되면서 살해되기 전에 경찰과 7분이 넘게 통화를 했지만 끝내 경찰이 오지 않았다. 이 사건으로 경찰의 늑장 대응이 여론의 뭇매를 맞았지만 역시 같은 일이 또 벌어졌다.

하루 종일 동거남에게 맞던 여성은 남자 몰래 경찰에 신고하는 데 성공했지만 경찰은 오지 않았다. 가해자가 전화를 받을 확률이 높은 피해 현장에 경찰이 전화를 걸어 "여자분이 맞고 있다고 신고해 확인차 연락했다"라고 했다. 전화를 받은 남성은 "신고한 적 없다"라고 답했고, 여자의 신고는 수포로 돌아갔다. 그렇다면 감금이나 폭행을 당하고 있는 상황에서 신고를 하는 게 정말 안전한 일인지 의구심이 들 정도다. 더구나 여성의 피해 신고였음에도 엉뚱하게 남성의 말만 믿고 현장에 출동하지 않은 경찰의 모습을 보며 수원 20대 여성 살인 사건과 겹치는 문제를 발견한다.

당시 경찰은 전화기를 통해 흘러나오는 피해자의 비명과 함께 남자 목소리도 들리자 "부부 싸움 같은데"라고 하거나 "아는 사람인 거 같은데"라는 반응을 보였다. 즉 아는 사람과의 관계에서 벌어지는 폭력을 사소하게 여긴다는 얘기다. 그러나 너무도 잘 아는 동거인에게 심각하게 구타를 당하는 일이 있다. 더구나 제3자의 개입이 어려운 '집 안'이라는 공간과 '부부' 혹은 '연인'이라는 밀접한 관계 속에서 폭력은 더마음 놓고 벌어질 위험이 있으며, 나아가 은폐도 쉽다. 이렇듯 일상에서 가장 친밀한 사람에 의해 벌어지는 폭력이야말로 얼마나 큰 공포인가.

한국여성의전화에 의하면 단지 언론 보도에 근거한 자료만으로도 2010년 한 해 남편이나 애인에게 살해당한 여성이 74명이었다. 5일에 1명꼴로 희생된다고 볼 수 있다.* 반대로 아내에게 살해당하는 남성의 경우 그들 대부분이 평소에 아내를 구타해 왔다는 사실에 주목해야 한다. 즉, 남성의 폭력을 오랜 세월 견디던 여성이 법조차 자신의 피해 상황을 들어 줄 것이란 기대를 상실했을 때 그 폭력의 고리를 끊기 위해 스스로 남편을 살해하는 경우가 많다는 것이다. 이렇게 '아는 사이'에서 벌어지는 사건의 심각성에 대한 우리의 불감증을 우선 인식하지 않는다면 아무리 '살인마'의 이름을 팔고 특정 경찰을 열심히 징계해도 반복, 또 반복이 일어날 수밖에 없다.

'부부 싸움은 칼로 물 베기'라는 우리의 관용적 표현은 더욱 문제를 안에서 탱탱 곪게 만든다. 게다가 피해 여성에게서 원인을 찾으려는 사회의 관념도 역시 문제다. '여자가 뭘 잘못했겠지', '여자가 폭력을 유발한다'는 태도를 여전히 발견할 수 있다. 이렇게 여성들을 '성폭력당하지 않게', '맞을 짓 하지 않게' 억누르는 사회 분위기에서 피해 여성들은 자신이 피해자임에도 문제를 밖으로 표출하는 데 어려움을 겪게 된다. 아직도 '여자와 북어는 사흘에 1번씩 패야 한다'는 끔찍한 말을 뱉으며 낄낄거리는 사회를 반성하고 인식의 전환을 요구하는 것이 우선이다.

연인이나 부부라는 이름을 들이대면 주위의 감시를 피할 수 있고 폭력에 대한 죄가 감해지다보니 가해자들이 피해자와 자신을 '사랑하는 사이'라고 주장하는 일이 벌어진다. 중학교 1학년인 지인의 손녀를

---

* 이는 꾸준히 증가하는 추세이며, 국회 안전행정위원회 소속 정용기 새누리당 의원이 경찰청에서 받은 〈연인 관계 범죄 현황〉 자료에 따르면 2015년에는 108명이 살해당했다. 그런데 외부에 노출되기를 꺼려하는 가정 폭력의 특성을 고려하면 실제 피해 현황은 훨씬 더 광범위하고 심각할 것으로 추정된다.

성폭행하고 '사랑하는 사이였다'고 주장한 70대 남성이 있었다. 그는 결국 징역 5년을 선고받았다. '사랑'이라며 무죄가 선고되었던 한 성폭력 사건의 10대 여성 피해자는 법정에서 "여자라서 이런 피해를 당했다. 여자가 싫다. 남자로 살고 싶다"라고 말했다. 반면 이슬람국가[이하 IS]로 간 10대 남성은 "페미니스트가 싫다. 그래서 IS가 좋다"라는 말을 남겼다. 두 10대의 말은 우리 사회가 찬찬히 들여다봐야 하는 거울이지만 엉뚱하게도 'IS보다 무서운 페미니스트'[44]만 남았다. 'IS보다 무서운 페미니스트'는 망상이지만 남성에게 구타와 성폭행을 당하는 여성은 실재다. 실재하는 폭력을 고발할 용기보다 망상에 기초한 떳떳한 혐오와 폭력이 더 기세를 부린다.

　가정 폭력과 함께 데이트 폭력도 갈수록 심각한 문제로 떠오른다. 물론 데이트 폭력이 새롭게 발생한 폭력은 아니다. '데이트 폭력'으로 명명되며 그 폭력의 실체가 공론화되기 시작했을 뿐이다. 스웨덴 작가 오사 게렌발Åsa Grennvall의 그래픽 노블《7층》은 작가의 실제 경험에 기반한 데이트 폭력의 기승전결을 명료하게 보여 주는 작품이다. 낭만적인 연애, 조금씩 드러나는 그의 이상한 태도, 그 태도들을 '날 사랑하기 때문'이라고 스스로 세뇌하기, 다리미로 피해자를 구타한 후에도 '널 사랑하기 때문'에 떠나지 않는다는 가해자, 점점 자기가 누구였는지 잊어 가며 고립되는 피해자, 결국 살점이 뜯기는 폭력이 발생한 후에야 피해 여성은 그 굴레를 박차고 나온다. 이 과정들을 지켜보노라면 그림 속에서 여자 주인공을 얼른 끄집어내고픈 충동이 인다. 자신이 누구였는지 잊었던 피해자에게는 '재건의 고된 작업'이 필요했다. 피해자만큼 '재건'이 필요한 인물은 가해자지만, 가해자를 변호하는 이들은 그의 '인간 되기'를 방해한다.

오사 게렌발, 《7층》, 2014의 표지
《7층》은 작가가 실제 겪은 데이트 폭력의 기승전결을 다뤘다. 읽다 보면 그림 속에서 여자 주인공을 얼른 끄집어내고 싶다. 개인적인 것은 저절로 정치적인 것이 되지 않는다. 더 많은 개인들의 사회적 고발을 지지한다.

세상을 어떻게 해석하느냐, 무엇을 할 것인가, 다 좋다. 다만 그 이전에 필요한 질문은 도대체 자신이 누구이며 무엇을 하는 생명체인가, 그것이다. 바뀌지 않는 '나'들이 바꾸려는 대상과 세상은 무엇이며 어디에 있나. 자신이 누구인지도 모르면서 타인을 품평하고 세상을 논하는 자들이 주변을 피폐하게 만든다. 이들은 제 주변의 약자를 자기 자신이 누군지 모르는 상태로 이끈다. 오사의 애인은 끊임없이 오사에게 바뀔 것을 요구했다. 날 미치게 만들지 마, 넌 바뀌어야 해, 왜 넌 변하지 못하는 거야. 구타 그 자체가 아니라 '구타유발자들'을 교정시키려는 습관이 있다. 여성은 '악의 유발자'이며 동시에 '악의 배출구'다. '맞아야 할 이유' 혹은 '때릴 수밖에 없는 상황'은 얼마든지 만들 수 있다.

슬프게도 사람은 잘 바뀌지 않고, 스스로를 바꾸는 일은 영구적 고행이 없으면 불가능하다. 오사가 당하던 폭력에 '결[결말]'이 가능했던 이유는 가해자가 바뀌었기 때문이 아니다. 피해자 오사를 도와줄 수 있는 학교 교수, 말을 제대로 알아듣는 의사와 경찰 등이 있었기 때문이다. 가해자를 바꿀 수는 없어도 가해자의 폭력을 격리시키거나 약화시킬 수는 있다.

개인적인 것은 저절로 정치적인 것이 되지 않는다. 더 많은 개인들의 사회적 고발을 지지한다. '안전 이별', '이별 살인'이라는 신조어가 생길 정도로 여성은 연인에게 이별을 고하는 순간부터 위험에 처할 수 있다. 여성이 이런 폭력에 노출되는 이유가 데이트 비용을 공평하게 분담하지 않기 때문이라는 교육부의 자료가 있었다. "데이트 비용을 많이 사용하게 되는 남성 입장에서는 여성에게 그에 상응하는 보답을 원하기 마련이다. 이 과정에서 원치 않는 데이트 성폭력이 발생할 수 있다"라는 생각을 학생들에게 교육시키도록 허용하는 사회다. 우리 사회가 여성 폭력을 바라보는 '공식적' 입장이 어떠한지 알 수 있는 지점이다.

여성에 대한 폭력의 이유를 남자의 경제적 부담에서 찾으려고 하면 여성에게 경제적으로 의지하는 남성의 폭력이나 길거리에서 낯선 이에게 가하는 폭력은 설명되지 않는다. '맞을 수밖에 없는 이유'를 찾기보다 여성을 비롯하여 어린이, 장애인, 노인과 같은 약자들이 어떻게 수시로 폭력의 배출구가 되는지 그 맥락을 살필 필요가 있다. 폭력은 권력과 동떨어져 있지 않다. 자신의 자존감을 위해 약자를 분노의 배출구로 삼거나 타인과 관계 맺는 방식이 간섭, 통제, 강요처럼 권력 남용으로 이어질 때 필연적으로 폭력이 되어 버린다. 관계를 이끌어야 남자답게 여겨지는 남성의 성 역할 공식이 실은 여성을 동등한 인간이 아니라 수동적 객체에 머물게 한다는 사실을 보여 준다. 이렇게 차별을 기반으로 한 성 역할 구별은 사랑과 폭력이 서로 뒤엉키게 만든다.

폭력이 살아남는
방식

•

우리의 부르주아지는 공식적인 매춘은 말할 것도 없거니와,

프롤레타리아트의 부인과 딸들을 마음대로 농락하는

것으로도 만족하지 못하여 자기 부인들을

서로 유혹하는 것을 주된 쾌락으로 삼고 있다.

_카를 마르크스·프리드리히 엥겔스, 《공산당 선언》 중에서

중학교에 입학해서 성교육을 받았다. 학교에서는 성교육용으로 제작된 비디오를 틀어 줬는데 그 내용을 요약하면 이렇다. 남녀 청소년들이 캠핑을 갔다, 모닥불 피우고 밥해 먹으면서 잘 놀았다, 늦은 밤 각자 텐트에 들어가 잠을 잔다, 갑자기 남학생들은 여학생들이 자는 텐트를 침범한다, 텐트에 비친 그림자를 통해 성폭행을 암시한다, 여학생들의 비명소리…. 결론은 남학생들과 놀러 가면 '큰일' 나니까 같이 다니지 말라는 얘기다. 한심한 교육이었다. 늘 여성을 단속한다. 간혹 치한과 맞닥뜨렸을 때 써먹을 수 있는 호신술을 알려 주기도 한다. 어설프게 호신술 쓰다가 더 두드려 맞을까봐 무섭다.

교육부가 2015년 제시한 〈학교 성교육 표준안〉을 보면 내가 성교육을 받던 시절보다 더 나아지기는커녕 오히려 더 위험해 보인다. "[남성의] 성에 대한 욕망은 때와 장소에 관계없이 충동적으로 급격하게 나타난

다"라는 내용이 초등학교 1·2학년을 대상으로 한 교육안에 들어 있다. 남성의 성욕[이라는 이름의 폭력]을 보호하기 위해 여성이 알아서 조심하게 만든다.

여성이 조심하도록 강조한다는 것은, 바꿔 말하면 남성의 폭력을 불가피한 본능으로 '인정'한다는 뜻이다. 진짜 폭력은 바로 이 관념에 있다. 한쪽은 폭력을 피하도록 길러지고 다른 한쪽은 폭력이 폭력인 줄 모르게 길러진다. 남성의 폭력성을 통제 불능의 본능처럼 여기기에 상대적으로 그들의 행위는 법 앞에서도 고의성이 적은 폭력으로 인정받는다. 남성의 폭력은 늘 '우발적'으로 규정된다. '위威'는 창으로 여자를 위협하는 것으로 '위엄'을 뜻한다. '남자다움'의 밑바탕에는 약자를 향한 힘의 과시가 깔려 있다.

어릴 때 남자아이들이 여자아이 치마를 덜렁 들쳐 올리며 낄낄거리는 행동은 아주 흔한 일이었다. 그건 일종의 '놀이'다. 놀이지만 여자아이는 운다. 추행과 놀이의 개념은 이렇게 혼선을 빚는다. 가해자는 자신이 도대체 어떤 '가해'를 했는지 인식하기 어렵다. 사소한 농담, 장난, 친근감 표시일 뿐이다. 피해자가 폭력 피해 사실을 '인정'받으려면 누구나 명명백백 인식할 수 있을 정도로 처참한 몰골로 죽기 직전까지 되거나 죽어야만 한다. 목숨을 걸고 저항의 흔적을 남겨야 폭행 피해자로 인정받을 수 있는 해괴한 상황이다.

한국의 성폭력은 '신고된' 피해만 해마다 2만여 건에 달한다. 폭력을 피해 가면 오히려 운이 좋다고 볼 수 있다. 다른 나라 사정도 크게 다르지 않다. 유럽연합 기본권청FRA이 유럽의 28개 국가 여성을 대상으로 조사한 보고서에 따르면, 15세 이상의 여성 3명 중 1명은 일생 동안 최소 1번의 성폭력을 경험한다고 한다. 구타가 없는 '자잘한' 성추행까지 치자면 피해 현황을 파악하는 것이 의미 없을 정도로 성폭력은 일상적이다.

박근혜 정부가 '4대악' 중 하나로 성폭력을 내세웠지만 성폭력은 지금까지 국가가 참여 혹은 방관했던 범죄이다. 여성은 늘 국가의 안녕을 위해 거래된 후 버림받았다. 고려 시대에는 '공녀'로 원나라에 바쳐지는 '인간 조공'이 되었고, 조선 시대에 청나라에 끌려갔다 돌아온 '환향녀'는 정조를 잃은 여성으로 취급받았으며, 일제강점기에는 '위안부'로 희생되어 피해자임에도 수치심을 느껴야 했고, 박정희 정권 시절에는 미군을 대상으로 성매매를 하도록 정부 차원에서 적극적으로 관리되었으나 '양공주'라는 멸시를 당해야 했다. 국가의 보상은 없다. 90년대 이후 위안부 피해자에 대한 분노가 공론화되었지만 그 이유가 '여성'을 향한 국가 폭력이었기 때문만은 아니다. 한국 남성의 '소유물'인 한국 여성을 일제에 빼앗겼다는 사실에 분노하는 측면이 있다. 여성 개개인의 인권 문제로 접근하지 않은 채 민족과 국가의 수치로 바라본다.

여성들에게 밤길 조심하라고 하지만 밤길에 낯선 사람에게 피해를 입기보다 일상의 공간에서 아는 사람에게 성폭력을 겪는 경우가 더 많다. 더구나 폐쇄적인 군대에서 여성이나 성소수자에게는 전시의 적군보다 평화 시의 아군이 더 위험하다. 적군과의 교전은 일상이 아니지만 아군은 늘 보는 동료다. 폭력은 주변에서 '평화롭게' 펼쳐지고 국가와 공권력, 사법부까지 총 단결하여 폭력 행위를 옹호한다. '의사가 될 사람이라', '가장이라', '취직을 앞두고 있어서' 등의 이유를 들어 가해자의 물리적 구타와 성폭력, 몰래카메라 촬영 등의 '범죄'가 보호받고 있다. 성폭력 피해자들이 어렵게 신고를 한다 해도 대부분 '얼마나 저항했는가'에 초점이 맞춰져 있기 때문에 죽을 만큼 저항하지 않으면 '화간和姦'

폭력이 살아남는 방식

이 되어 가해자가 무죄 판결을 받기 일쑤다. 오죽하면 "성폭력 판결은 '무죄'가 트렌드"[45]라는 우스갯소리가 나올 정도다.

2013년 10월 한 여군이 직속상관에게 지속적으로 성추행을 당하고 성관계 요구를 받다 자살한 사건이 있었다. 여군에게 성관계를 요구하는 등 성폭력을 저지르고 언어폭력으로 자살에 이르게 한 가해 군인은 육군의 보호 아래 제대로 벌을 받지 않으니 자신이 폭력을 저질렀다는 사실을 여전히 모를 것이다. 그렇게 폭력은 이어진다. 여성을 향한 폭력은 대부분 도덕적으로, 제도적으로 잘 '이해받는' 편이다. 그렇다 보니 가해자들은 '걸리면' 재수가 없을 뿐이고, 어쩌다 법적 처벌을 받으면 어마어마한 피해자 행세를 한다.

정확하게 보이는 문제를 보지 않고 알려하지 않는 힘, 그러니까 보지 않고 듣지 않고 알지 않아도 말할 수 있는 힘을 가진 이들이 사회를 지배하고 있다. 이것이 바로 조심하지 않아도 되는 권력이다. 대신 말할 수 없는 이들은 조심하거나 그 조심에 스스로 억눌려 목숨을 끊기도 한다. 성의 역사에 집중했던 미셸 푸코는 철학의 역할이 "숨겨진 것을 발견하는 일이 아니라, 정확히 보이는 것을 보이도록 하는 일"이라고 했다. 이 말의 의미를 다시 한 번 깨닫는다.

성매매는
개인적인가

●

어디에서도 여성은 일하는 능력에 따라 대접받지 못한다.

단지 성적 대상일 뿐이다. 따라서 여성은 거의 불가피하게 몸을

허락해야만 생존권을 보장받고 어느 분야에서든 지위를 유지할 수 있다.

그리하여 여성이 결혼을 하든 안 하든 한 남자나 여러 남자에게

몸을 파는 것은 당연한 일이고 그 정도만 다를 뿐이다.

_엠마 골드만, 《여성의 매매》 중에서

'프란추차[프랑스 여성] 5페소, 폴라크[폴란드 출신 유대 여성] 2페소, 크레올
[유럽계 백인과 현지인 사이에 태어난 여성] 1페소!' 1927년 부에노스아이레스
에서의 성매매 '가격'이다. 양차 대전 사이에 프랑스의 일부 젊은 여성
들은 아르헨티나로 팔려가 성매매를 했다. 그중에는 특히 유럽에서 더
욱 약자가 되어 가던 폴란드 출신 유대 여성이 다수 포함되어 있었다.
국가를 넘나들며 조직적으로 여성들을 알선하고 모집하는 일이 벌어지
고 있었던 것이다. 여성에게 매겨지는 '가격'은 인종에 따라 다시 차등
을 둔다.

　이 사실은 당시 기자인 알베르 롱드르Albert Londres의 르포르타주
를 통해 알려지며 사회에 충격을 안겼다. 롱드르는 성매매가 결국 경제
적 약자인 여성에 대한 착취이며, 성매매를 통해 여성을 과거의 노예처

럼 매매하는 일이 발생한다고 고발했다. 그리고 이에 대한 책임은 전적으로 사회에 있다고 주장했다. 이성애자 남성의 지배 체제 속에서 여성의 성性은 이처럼 꾸준히 거래의 대상이 되었다. 그래서 성매매를 단지 '개인 간의 성관계'라고 보기 어렵다. 옛날 얘기라고? 요즘은 어떨까.

유엔은 2015년 6월 8일 '어떻게 IS 전투원들이 10대 소녀들을 납치한 뒤 성노예로 매매하는가'에 대한 보고서를 발표했다. 분쟁 지역 성범죄 담당 유엔 사무총장 특별대표인 자이나브 반구라Zainab Bangura는 AFP통신에서, 납치당한 소녀들은 좁고 답답한 장소에 갇혀 전투원들로부터 학대를 받고 가격이 붙여 경매된다고 했다. 전쟁에서 여성을 향한 폭력은 전쟁 수행 방식의 일부이며, 이렇게 여성을 사고파는 범죄는 전쟁과 학살 중이 아닌 평화 시에도 벌어진다.

학술지 《세계개발World Development》의 2013년 1월호에 〈합법화된 성매매가 인신매매를 증가시키는가Legalized Prostitution Increases Human Trafficking〉라는 논문이 실렸다. 영국과 독일 및 스위스의 연구진에 의해 이루어진 이 논문은 150여 개 국가를 조사 대상으로 삼았고, 그중에서 특히 3개 국에 대해 사례 연구를 했다. 스웨덴, 덴마크, 그리고 독일이다. 이 3개 국을 대표 사례로 선정한 이유는 각각의 나라가 다른 유형을 대표하고 있기 때문이다. 스웨덴은 모든 상업적 성 거래가 불법이며 성 판매자는 비범죄화하고 성 구매자만 처벌한다. 덴마크는 개인 간의 성매매만 허용한다. 그리고 독일은 제3자가 개입되는 성매매도 합법인 국가로, 업주에 의한 고용·알선이 모두 허용되어 유럽에서 가장 큰 성매매 시장을 형성하고 있다. 결론을 말하자면 스웨덴이 덴마크보다 인구가 40퍼센트 더 많음에도 인신매매 피해자는 덴마크가 스웨덴의 4배를 넘었다. 또한 스웨덴보다 인구가 10배 조금 안 되는 독일의 인신매매 피해자는 스웨덴의 62배나 되었다. 즉, 성매매의 합법화 정도에 따라 인신매매의 발생도 함께 늘어난다는 사실을 알 수 있다.

2013년 한국에서 성매매특별법 위헌 법률 심판 제청이 이루어졌고, 담당 판사는 결정문에서 "성인 간의 성행위는 개인의 자기결정권에 맡겨야" 한다고 했다. 그러나 성매매가 과연 '개인 간의 성행위'로 축소될 수 있을까. 구조적 불평등 속에서 성매매가 발생하므로 성 판매자에 대한 처벌은 부당하며 그 부분은 분명히 바뀌어야 한다. 그런 측면에서 2015년 8월 국제앰네스티Amnesty International가 내놓았던 성매매 비범죄화 입장에는 일부 동의할 지점이 있다. 판매자를 처벌할 경우 그들을 범죄자로 만들고 그들의 생활고만 가중시킬 뿐 달라지는 것은 없다. 그런 면에서 성 구매자와 판매자를 모두 처벌하는 '불법화'라는 강경 대응은 옳지도 않을뿐더러 효과적이지도 않다. 한국 남성들이 동남아에서 벌이는 성매매 상황은 익히 잘 알려져 있다. '섹스 관광'이라 불리는 해외 성매매는 잘사는 나라의 남성이 저개발 국가의 여성을 착취하는 형태나 다름없다. 곧 성매매는 공급보다는 수요가 문제이기에 비범죄화하되 구매자를 처벌하는 스웨덴 모델이 현재로서는 가장 합리적이라는 의견이 있다. 물론 성 구매자만 처벌하는 스웨덴 모델이 모든 구조적 문제를 해결하지는 못한다. 하지만 성매매와 인신매매의 상관관계를 연구한 연구자들은 그와 같은 제도적 장치가 적어도 스웨덴에서 성매매에 대한 의식의 변화를 이끌었다는 평가를 하고 있다.

앞서 언급한 논문에서 분석된 사례처럼, 현실적으로 성매매의 합법화는 인신매매를 수반하는 불법 시장도 함께 늘리게 된다. 그러므로 성매매 여성이 자발적이냐 비자발적이냐를 따지기보다 성매매를 합법화했을 때 나타나는 현상을 냉정하게 직시할 필요가 있다. 성매매 합법

성매매는 개인적인가

화로 세계적으로 유명한 암스테르담의 성매매 집결지에서도 성 노동자는 해마다 살해되고 있으며, 합법적인 성매매임에도 그들의 노동 실태를 정확히 파악하기는 어렵다. 모든 성매매 여성이 '업소'에 소속되어 있지 않기 때문이다. '합법화'는 생각처럼 투명하게 진행되지 않는다. 암스테르담의 성매매 박물관Red Light Secrets에는 해마다 살해당한 여성들을 추모하는 공간이 마련되어 있다. 여전히 '위험한' 직업이다. 물론 합법화로 인해 성판매 여성들이 '성 노동자'로서 연대하며 목소리를 낼 수 있는 구조적 장점은 간과할 수 없다. 성매매 박물관에서 주기적으로 상영되고 있는 영상 중에는 인신매매에 저항하는 성매매 여성들의 퍼포먼스를 담은 것이 있다. 다른 사람의 목소리가 아닌 성 노동자가 직접 자신들의 인권을 주장하는 목소리는 반드시 필요하다.

'성매매 문제'가 가진 어려움은, 이렇게 성 판매자의 인권 보호와 성매매가 존재하는 구조적 모순에 대한 비판이 함께 이루어져야 한다는 점이다. 문제는 '성'도 '매매'도 아니다. 절대다수의 구매자가 이성애자 남성이며 절대다수의 판매자는 여성이다. 성매매는 '성관계'를 사고파는 것이라기보다 돈을 매개로 한 '일방적 권력 남용'에 가깝다. 개인의 자유라는 이름 뒤에 숨어서 이 기울어진 권력의 장에 침묵한다면 이는 인권에서 더욱 멀어지는 길이다.

암스테르담 성매매 박물관에 마련된, 살해당한 성 노동자들을 위한 추모 공간
성매매 합법화로 세계적으로 유명한 암스테르담의 성매매 집결지에서도 성 노동자는 해마다 살해되고 있으며, 합법적인 성매매임에도 그들의 노동 실태를 정확히 파악하기는 어렵다.

성매매는 개인적인가

성매매는
언제나 정치적이다

●

우리는 불을 지펴 함께 커피를 준비하면서 많은 문제들에 대해 이야기를

나눴다. 남편은 여전히 잠들어 있었다. 그녀가 떠날 채비를 했을 때

나는 물어보았다. "내 남편이 당신에게 화대를 줬어요?"

_알렉산드라 콜론타이, 〈자매들〉 중에서

중국인들이 운영하는 파리의 마사지 가게는 가끔 대대적인 단속을 받는다. 종종 중국 여성들이 성매매 알선 행위로 체포된다. 프랑스에서 '마사지 가게Salon de masssage'는 성매매의 주요 알선 장소로 알려져 있다. 호객 행위와 성매매 알선은 현재도 불법이지만 성매매 자체는 불법이 아니다. '개인 간의' 성매매는 허용한다. 암암리에 묵인해 오다 갈수록 단속이 심해진 이유는, 성매매에 대한 올랑드 사회당 정부의 강경한 입장 때문이었다. 2013년 12월 4일 성매매를 비범죄화하되 성 구매자를 처벌하는 새로운 성매매법이 과반 이상의 찬성으로 의회를 통과했다. 그러나 2015년 상원에서 이 법안은 부결되었다. 앞으로도 성매매 관련 법안에 대한 논쟁은 지속될 전망이다. 유럽 각국의 성매매 관련법은 나라 수만큼이나 법이 있다고 말할 정도로 제각각이다. 완전히 합법화된 독일부터 성 구매자를 가장 강경하게 처벌하는 스웨덴에 이르기까지 다양하다.

니콜라 사르코지가 2003년 내무부장관이었던 시절 호객 행위를 불법화했다. 이후 알선과 호객 행위에 대해 2년의 징역과 3,750유로의 벌금이 부과되었다. 그로 인해 성매매는 법의 눈을 피해 주로 이민자들이 운영하는 마사지 가게와 인터넷을 통해 음성적으로 이루어졌다. 독일이나 네덜란드처럼 합법도 아니고 북유럽처럼 불법도 아닌 '개인 간의' 성매매만 허락하는 모호한 제도는, 성 판매자들을 보호하기도 어렵고 성매매에 대한 인식 전환에도 영향을 끼치지 못한다.

프랑수아 올랑드 대통령은 2012년 선거 당시부터 이 법을 삭제하겠다는 공약을 했으며, 여성부장관 나자트 발로벨카셈Najat Vallaud-Belkacem의 주도로 새로운 법안이 발의되었다. 해당 법안에서는 성매매를 만들어 내는 핵심은 수요, 곧 '구매자'라는 판단에 따라 구매자를 처벌하는 방식을 채택했다. 반면 성 판매자들은 처벌하지 않는다는 방침이다. 이들에게는 경제적 지원을 제공하고, 외국인일 경우 합법적 체류 연장을 통해 탈성매매를 지원한다. 구매자는 초범의 경우 1,500유로, 재범 이상은 3,750유로의 벌금을 내야 한다. 법안 지지자들은 성 구매자 처벌이 성구매 행위를 위축시킬 수 있으며 궁극적으로 성매매를 줄여갈 것으로 예상한다. 또한 인신매매를 통해 유입되는 외국인 불법체류를 막을 수 있다고도 한다.

반면 성매매 불법화 혹은 구매자만 처벌하는 비범죄화에 반대하는 입장에서는 성 판매자들이 법의 보호를 받지 못하기 때문에 훨씬 더 위험천만한 상황으로 몰릴 수 있다고 주장한다. 예를 들면 스웨덴에서는 법 시행 이후 전체적인 성매매는 줄어들었으나 단속을 피하기 위해 선상에서 성매매가 이뤄지기도 한다. 또한 자국이 아니라 외국으로 성 구매에 나서는 이들이 증가한다는 주장도 있다. 그러나 독일처럼 성매매가 합법화된 국가에서조차 '에로스 센터Eros Center'라 불리는 업소에서 여성들이 감금당한 채 성 판매를 강요받거나 가혹한 노동 착취로 인해 탈출을 시도하는 사례가 발생한다. 과연 합법화가 성 판매자들의 인권을 보호하는지에 대해서는 막연한 가정이 아니라 현실적인 실태 파악이 중요하다.

　프랑스의 성 노동자 노조 스트라스STRASS는 이 법안에 꾸준히 반대하고 있다. 2015년 기준으로 프랑스에는 경찰에 따르면 2만 명, 스트라스에 따르면 40만 명의 '성 노동자'가 있다. 2만 명과 40만 명 사이의 간극만큼 성매매의 현실을 바라보는 입장도 차이가 있다. 노조는 성 판매자를 구조적 피해자로 보는 시각에 동의하지 않는다. 중도 정치인인 민주운동당MoDem 대표 프랑수아 바이루Francois Bayrou는 이 법안을 두고 '위선적'이라고 비판했다. 그의 주장처럼 과연 성매매는 '불가피한' 현상일까. 질문을 바꿔 보자. '불가피한' 현상은 법적인 규제를 할 수 없는가. 지구상에 폭력이 사라지리라 예상하는 사람은 없지만 그렇다고 폭력을 합법화하자는 주장은 아무도 하지 않는다. 결국 성매매에 대한 인식의 차이다.

　프랑스혁명 직후인 1800년 즈음, 도덕적 억압에서의 해방(?) 차원에서 본격적 성매매 집결지가 생겨났다. 성매매는 경찰의 관리하에 유지되었고 성판매 여성들은 담당 경찰의 감시에서 벗어날 수 없었다. 경찰의 감시는 판매자들을 보호하기 위한 것이 아니라 '정숙한 여성'과 '창녀'를 구별하기 위해서였다. 성매매에 대한 시선의 이중성은, 성매매 그 자체는 '필요악'이라는 이유로 허용하되 성매매 여성은 철저히 사회와 분리시키려 했다는 점에 있다. 부르주아 '남성 연대'로 이뤄진 사회는 성매매를 '남자라면 누구나' 하는 행위로 여기지만 위선적 침묵 속에 이 사실을 감춰 왔다. 그래서 성매매 여성을 사회에서 격리시키려 한다. '창녀'는 어느 사회에서나 욕이다. '매춘'이 좋은 비유로 사용되는 예는 없다. 많은 남성 지식인들은 여전히 '창녀'와 '매춘'이라는 단어를 비하의 목적으로 사용한다. 위선은 바로 여기에 있다. 이 위선을 들춰낸 작품이 에두아르 마네Édouard Manet의 〈올랭피아〉다. 단정치 않게 발끝에 신발을 걸치고 머리에는 꽃을 꽂은 채 나체로 누워 있는 그림 속의 여성은 관객을 정면으로 바라본다. 이미 유명하게 알려진 것처럼 〈올랭피아〉는 흑인 하녀를 둔 '고급 매춘부'를 그리고 있다.* 하녀는 이 '고급 매춘부'에게 방금 도착한 꽃다발을 전해 주는 중이다. 당시 파리의 많은 교양 있는 남성들이 뒤에서는 성매매를 하고 자신들이 비하하는 '창녀'에게 꽃을 보내며 구애하는 모습을 까발린 작품이다.

성매매 폐지 운동은 3공화국 시절인 1870년대부터 시작되었다. 'French System'이라는 이름으로 영국에도 항구를 중심으로 성매매 업소가 늘어나게 되면서 영국의 여성운동가들이 성매매 폐지에 앞장섰다. 영국의 페미니스트 조세핀 버틀러Josephine Butler는 1877년 파리에서 에밀리 드 모르지에Emilie de Morsier와 같은 프랑스 페미니스트들과 연대하여 성매매 폐지 운동을 주도했다. 성매매 폐지를 주장하는 여성주의자들과 좌파들의 연대가 유럽에 형성되면서 1880년에 성매매 폐지론자들의 유럽대회Grands Comgrès Européens Abolitionistes가 열리기도 했다.

19세기 말부터 시작된 성매매 폐지 운동은 크게 두 갈래로 나뉜다.

● 　실제 모델은 빅토린 뫼랑Victorine Meuren이라는 화가이며, 마네의 많은 작품에 등장하는 모델이기도 하다. 〈풀밭 위의 식사〉에서 왼쪽에 앉아 있는 여자도 뫼랑을 모델로 한 인물이다.

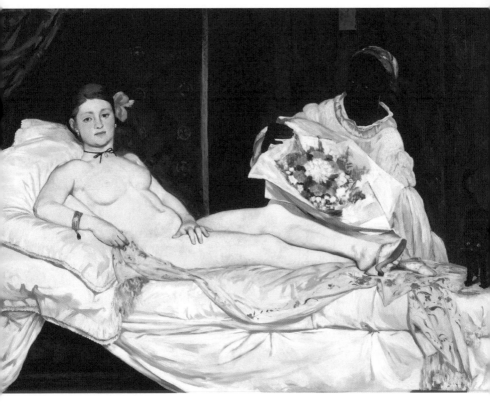

에두아르 마네, 〈올랭피아〉, 1863.
많은 남성 지식인들은 여전히 '창녀'와 '매춘'이라는 단어를 비하의 목적으로 사용한다. 위선은 바로 여기에 있다. 〈올랭피아〉는 파리의 많은 교양 있는 남성들이 성매매를 하고 '창녀'에게 구애하는 모습을 까발린 작품이다.

마들렌 펠레티에Madeleine Pelletier처럼 성매매 자체는 금지하지 않되 조직화된 성매매를 불법화하는 입장과, 조세핀 버틀러처럼 모든 성매매를 불법화하는 입장이 있다. 과거 프랑수아 미테랑Francois Mitterrand 대통령 시절 여성부장관이었던 이베트 루디Yvette Roudy의 경우는 전자에 속하며, 올랑드 정부의 여성부장관인 나자트 발로벨카셈은 바로 후자의 입장인 성매매의 완전 불법화를 지향한다. 성 구매자 처벌은 궁극적으로 성매매 불법화를 위한 과정이다.

성매매 합법화를 지지하는 입장 중에는 성매매를 '필요악'으로 보는 시각이 있다. 또한 성매매를 '개인적 성관계'로 보기에 정부가 개인의 성생활에 간섭하는 것은 바람직하지 못하다고 주장한다. 합법과 불법 이전에 우리가 생각해 볼 문제는, 성매매가 과연 '필요악'이며 '개인적'일 수 있는가 하는 점이다. '매매'는 근본적으로 개인적일 수 없다. 판매자와 구매자가 있으며 그로 인해 시장이 만들어지고 가격이 형성되는 이 모든 행위는 결코 개인적 차원에 머물지 않는다. 근본적으로 성매매와 성관계의 개념 혼동이 소통을 어렵게 만든다.

성매매의 현실을 보면 프랑스에서 성매매 여성의 80퍼센트는 아프리카·동유럽 그리고 중국 출신의 외국인이며, 이들은 '개인적'으로 일하지 않고 성매매 알선 단체를 통해 일한다. 프랑스에서 납치된 딸을 구하기 위해 물불 안 가리는 아버지가 등장하는 할리우드 영화 〈테이큰〉에서는 인신매매 집단이 알바니아 출신 이민자로 설정되어 있다. 실제 성매매 여성의 다수를 차지하는 이민자들이 바로 발칸반도 출신이기 때문이다. 프랑스에서 성매매의 현실을 요약하는 두 단어는 '여성'과 '외국인'이라고 할 정도로 특정 성별과 특정 국가에 집중되어 있다. 이

성매매는 언제나 정치적이다

들은 대부분 경제적 약자다. 사회주의 페미니스트 알렉산드라 콜론타이가 단편소설 〈자매들〉에서 노동 계층 여성과 성 노동자 여성 간의 연대를 그린 까닭은, 결국 성매매 증가가 경제적 빈곤에서 기인한다는 사실을 파악했기 때문이다. 현실이 이러한데 과연 성매매가 개인의 선택일 수 있을까.

성매매가 필요악이라는 주장은 이러한 사회경제적 조건에 대한 분석보다는, 남성의 성욕은 반드시 배출되어야 하고 이를 위해 성욕을 '받아 주는' 여성이 필요하다는 가부장적 관념에 바탕을 두고 있다. 아울러 성매매에 '유연한' 사회에서도 남성 판매자와 동성애 성매매에 대해서는 이중적 시선이 존재한다는 사실에 주목할 필요가 있다. 남성을 대상으로 하는 '여성' 성 판매자가 아닌, 남성을 대상으로 하는 남성 성 판매자나 여성을 대상으로 하는 남성 성 판매자는 성매매의 비주류다. 이들은 더욱 음지 속에 있다. 성매매가 합법화된 국가에서도 자연스럽게 성 판매자는 여성에 국한된다. 성 판매자가 특정 성별에 집중되어 있듯, 성 구매자 역시 특정 성별과 성적 지향성에 편중되어 있다면 이는 불가피한 성욕의 문제라고 보기 어렵다. 성매매라는 제도는 언제나 정치적이었다.

* 참고자료

ス웨덴 1999년 유럽에서 최초로 성매매 금지법 시행. 성 판매자는 피해자로 여겨 처벌하지
않으나 성 구매자를 처벌함. 1년의 징역과 벌금.

노르웨이 2009년 이후 성 구매자를 처벌함. 6개월의 징역과 벌금. 성 판매자에게 폭력을 행사
했거나 미성년자의 성을 구매했을 경우 1년의 징역.

영국 개인 간의 성매매 허용. 호객 행위와 알선 금지. 일부 지역은 2010년 이후 모든 강제
적 성 구매는 처벌. 스코틀랜드의 경우 공공장소나 길에서 성 구매를 시도할 경우 범
죄로 취급함. 최대 1,500유로까지 벌금이 부과될 수 있음.

독일 2002년 이후 성매매 전면 합법화. '성 노동자'는 세금을 내고 건강보험의 혜택과 실업
급여도 받을 수 있음. 성 판매 여성은 40만 명 이상으로 추정.

벨기에 개인 간의 성매매 허용. 호객 행위와 알선 금지.

스페인 법이 모호함. 불법은 아니지만 허용되어 있지도 않음. 2002년 이후 특정 유흥 시설
안에서는 합법이지만 거리에서 매매 행위는 불법이라는 애매한 조항이 생김. 그 때
문에 성매매 현황을 파악하기 어려움.

이탈리아 개인 간의 성매매는 허용. 알선 금지. 미성년자 성매매 알선은 6년에서 12년의 징역과
1,500~1만 5,000유로의 벌금 부과.

포르투갈 1983년 이후 불법은 아니지만 성 판매자를 보호하는 법이 전혀 없어 스페인처럼 모
호한 상황. 알선과 인신매매에 한해 처벌.

그리스 성매매 합법화. 경제 위기 이후 불법 성매매와 동유럽에서 인신매매를 통해 유입된
성 판매자가 증가하고 있음.

성매매는 언제나 정치적이다

낙태,
법적 처벌을 넘어

●

베베: 태아를 변기에 버리면 변기가 막혀. 잘라서 버려도 안 돼.

개들이 파낼 곳에 묻어도 안 돼. 천으로 잘 싸서 쓰레기통에 버려.

_영화 〈4개월, 3주… 그리고 2일〉 중에서

보건복지부가 제작한 출산 장려 홍보 포스터가 논란이 된 적이 있다. 해당 포스터는 보건복지부의 후원과 한국생산성본부 주최로 열린 '출산 장려 포스터 공모전'에서 금상을 수상한 작품이다. 포스터에는 "하나는 부족합니다. 외동아에게는 형제가 없기 때문에 사회성이나 인간적 발달이 느리고 가정에서는 무엇이든지 마음대로 이루어 보았으므로 자기중심적이 되기 쉽습니다"라는 문구와 함께 누렇게 시든 외떡잎이 보인다. 아들딸 구별 말고 하나만 낳아 잘 기르자고 하다가 이제 외동은 부족하다고 한다. 인구 감소와 고령화가 사회문제로 대두했기 때문이다. 정부가 나서서 낙태와 피임을 장려할 때는 언제고 이제는 출산을 장려한다.

근대국가는 이렇게 인구사회학적 관점에서 규제와 완화를 통해 재생산의 문제에 개입하는 경향이 있다. 산아제한이 필요할 때는 피임과 낙태에 대한 접근을 쉽게 만들지만 출생률이 낮아지면 다시 규제를 강화한다. 생명권은 국가의 필요에 따라 유연하게 적용되며, 정작 자신의 몸으로 임신과 출산을 감내하는 여성의 삶은 부차적 안건으로 밀려난다.

2012년 8월 23일 헌법재판소는 낙태를 시술한 조산사를 처벌한 형법 조항에 대해 합헌 결정을 내리며 "태아에게도 생명권이 인정된다. 낙태를 처벌하지 않거나 가벼운 제재를 가하면 낙태가 훨씬 더 만연할 것"이라는 이유를 들었다. 태아의 생명권을 여성의 자기결정권보다 우선시했음을 알 수 있다. 물론 생명권은 소중하다. 그러나 재생산의 주체인 여성의 자기결정권도 존중받아야 한다. 그렇기에 생명권과 자기결정권이라는 두 기본권의 충돌 속에서 어느 한쪽을 절대적 우위에 둘 수는 없다. 그보다는 '왜 낙태를 하는가'라는 질문을 던져야 한다. 우리가 궁극적으로 지향해야 하는 사회는, 낙태가 불법이라서 못하는 사회가 아니라 낙태를 군이 선택할 필요가 없는 사회여야 하기 때문이다.

비혼 여성들의 경우 낙태를 하는 가장 큰 이유는 부도덕하다는 사회적 낙인과 경제적 어려움이다. 비혼부[사용하지 않는 말이지만]에게는 상대적으로 책임을 덜 전가하는 사회에서 비혼모들은 사회의 손가락질을 감당하기 어려워 결국 자식을 없는 존재로 만든다. 낙태를 하거나 입양을 보내거나. 이렇듯 임신과 출산이 결혼이라는 제도 속에서만 펼쳐져야 '정상적으로' 받아들여지는 사회이기에 그 제도 바깥에서 태어난 생명이 용인되지 못하고 있다는 현실에 솔직해질 필요가 있다.

한편 실제로 비혼자보다 더 높은 수치를 보이는 기혼자 낙태의 주요 이유도 불안한 경제적 조건이다. 유급 육아휴직이 보장되지 않을 때 '둘째를 가질 것인가, 내 책상을 뺄 것인가'를 놓고 고민하는 여성들이 한둘이 아니다. 2010년부터 2015년 6월까지, 5년 반 동안 2만 6,755명의 여성이 6개월간의 육아휴직과 출산 전후 휴가 중 고용보험 자격을 상

낙태, 법적 처벌을 넘어

실해 실업자가 되었다.[46] '다산은 부의 상징'이라는 웃지 못할 우스갯소리는 양육비에 대한 부담으로 출산을 주저하게 되는 안타까운 현실을 반영한다.

그럼에도 우리 법은 낙태를 한 여성과 수술을 한 의사만 처벌하도록 되어 있으며, 그것을 악용하는 남성들이 존재한다. 현재 형법 제269조는 낙태를 한 여성은 1년 이하의 징역이나 200만 원의 벌금형을 받도록 규정하고 있다. 하지만 남성들은 처벌 대상이 아니다. 한국여성민우회에 따르면 "남성들에게는 인공유산이 관계 유지를 위한, 또는 금전적 요구를 위한 협박과 보복의 도구가 되고 있다"라고 한다. 낙태가 불법이며 처벌 대상이 여성이기에, 남성들은 여성이 낙태한 후 이별을 고했을 때 낙태 사실을 신고하겠다는 협박을 하고는 한다. 여성들은 처벌이 두려워 협박을 받고도 이에 잘 대처하지 못한다.

예외적으로 낙태를 허용하는 모자보건법의 '배우자 동의' 조항에도 모순이 있다. 이 법에 따르면 산모의 건강을 해치는 경우는 물론, 강간이나 인척에 의한 임신 등의 경우에도 배우자의 동의를 얻어야만 낙태가 가능하다. 현행 모자보건법에서의 배우자[남성]는 임신한 여성이 낙태를 했을 때 처벌할 수 있도록 하는 주체는 되지만, 임신이나 출산·양육 등의 문제는 책임을 지지 않아도 되는 것이다. 보건복지부가 '인공임신중절 예방 캠페인'의 일환으로 지난 2014년 제작·배포한 포스터는 "피임은 셀프입니다. 다 맡기더라도 피임까지 맡기진 마세요"라는 문구와 함께 여성의 가방과 쇼핑백을 남성이 양손 가득 들고 걸어가는 연인의 뒷모습을 게시했다. 피임은 여성 혼자 책임지고 다른 건 남성에게 다 의존해도 되는 것처럼 보인다. 피임의 책임은 여성이 지면서 낙태에는 남성의 동의가 필요하다.

제2차 세계대전 당시 프랑스의 비시정부 시절 마리 루이즈 지로 Marie-Louise Giraud라는 여성은 27건의 낙태를 도운 죄로 단두대에서 처형되었다. 그는 프랑스에서 단두대에 오른 마지막 여성들 중 하나다. 원치 않는 임신에서 여성이 보호받을 수 있는 장치는 미약하고, 여성의 몸은 아주 쉽게 제도적 처벌의 대상이 된다. 1975년 1월 17일 프랑스 의회에서 보건부장관 시몬 베유Simone Veil가 발의한 낙태법이 합법화되었다. 그보다 앞서 1971년 〈343 선언〉이 있었다. 시몬느 드 보부아르Simone de Beauvoir를 중심으로 343명의 여성들이 '나는 낙태했다'라는 선언에 참여했고 당시 《누벨 옵제르바퇴르Le Nouvel Observateur》에 이들의 명단이 실렸다. 이 선언에 참여한 이들 중에는 배우 카트린 드뉘브Catherine Deneuve, 잔 모로Jeanne Moreau, 프랑수아즈 파비안Françoise Fabian, 감독 아녜스 바르다Agnès Varda, 페미니즘 저술가 모니크 위티그Monique Wittig, 소설가 마르그리트 뒤라스Marguerite Duras와 프랑수아즈 사강Françoise Sagan, 후에 여성부장관이 되는 정치인 이베트 루디, 정신분석학자 앙투아네트 푸크Antoinette Fouque 등이 있다. 낙태에 반대하는 측에서는 이들을 '343명의 창녀들343 salauds'이라고 비난했다.

'생명 존중'을 이유로 낙태 합법화 반대를 주장하는 측에서 우려하는 것처럼, 합법화가 과연 낙태를 더 늘릴까. 보건복지부의 자료를 보면 한국에서는 적어도 한 해에 100만여 건의 낙태가 발생하는 것으로 추정된다. 이는 낙태가 합법인 프랑스에서의 연간 22만 건보다 무려 5배나 높은 수치이다. 프랑스가 한국보다 인구가 더 많은 것을 감안하면 인구 대비 낙태율의 차이는 훨씬 더 크게 벌어진다. 낙태 합법화 여부가 낙태를 결정하는 데 영향을 끼친다고 보기는 어렵다.

낙태는 합법화한다고 증가하고 불법화한다고 감소하지 않는다. 불

낙태, 법적 처벌을 넘어

법화 속에서 오히려 여성의 몸은 더욱 위험에 처한다. 크리스티안 문쥬 Cristian Mungiu의 영화 〈4개월, 3주… 그리고 2일〉은 루마니아에서 차우 체스크Nicolae Ceausecu 독재 정권 당시 벌어진 불법 낙태 문제를 다뤘다. 영화에서는 여성의 몸이 사회제도와 남성들의 폭력에 어떻게 노출되는 지 고스란히 드러난다. 임신은 오직 여성의 몫이고 불법 수술을 맡은 남자는 이들의 약점을 이용하여 성관계[성폭행] 요구도 서슴지 않는다. 생명 존중? 사람이 '살아가는' 세상이 사람을 존중하고 살아갈 수 있는 환경이 되면 낙태는 자연스럽게 줄어들고 출산율은 자연스럽게 올라간 다.• 지금 이 순간에도 양성반응이 나온 임신 테스트기를 손에 쥐고 낙 태 외에는 다른 선택을 할 수 없는 절박한 상황에 놓인 이들이 있을 것 이다. 가장 확실하게 낙태를 줄일 수 있는 방법은 법적 처벌이 아니다. 피임에 대한 교육과 지원을 강화하여 원치 않는 임신을 최소화하고, 혹 여 아이가 생기더라도 사회적·경제적 불안감으로 인해 불가피하게 낙 태를 택하지 않아도 되는 육아 환경을 만드는 노력이다.

• 재생산에 대한 국가의 지나친 간섭에 비하면 육아는 개인과 가정의 영역에만 맡겨진다. 출산은 했지만 사 회적·경제적 이유로 양육이 어려운 이들은 결국 막다른 선택을 한다. OECD 가입 국가 중에 유일하게 해외 에 대규모 입양을 보내는 국가가 한국임을 상기해 보자. 그토록 주장하는 생명권이 '출생 이후의 생명'에는 무심한 채 '출생'에만 한정된다는 모순을 발견한다. 전쟁고아가 탄생하는 시기도 아니건만 국민소득 2만 불 시대에 태어난 아이도 지키지 못하는 입양 강국 대한민국에서의 생명권, 어딘가 이상하다. 게다가 '딸 이라서' 해외 입양을 보내는 경우도 있다.

사라지는
여자들

●

> 장손을 낳아 준 맏며느리가 아닌가. 아들을 낳음으로써
> 나는 내가 남자가 된 것처럼 당당해졌다. 정말이지 나는 그들 앞에서
> 더는 여자 노릇을 할 필요가 없었다. 아들 생각만 하면 나는 겁날 게
> 없었다. 아들은 나에게 있어서 후천적인 남성 성기였다.
> _박완서, 〈꿈꾸는 인큐베이터〉 중에서

경제학자 아마티아 센Amartya Sen은 1992년 《영국의학저널British Medical Journal》에 〈사라지는 여성들Missing Women〉이라는 글을 기고했다. 여성은 어디로 사라질까. 인도 출신의 학자인 그는 인도의 심각한 여아 낙태를 무심히 넘기지 않았다. 유럽과 북미에 비하면 아시아와 북아프리카의 성비는 불균형적이었다. 유럽과 북미에서는 남성을 기준으로 여성의 비율이 1.05였다면 아시아와 북아프리카에서는 0.95[이집트], 0.93[방글라데시, 중국, 서아시아], 0.93[인도] 그리고 0.90[파키스탄]의 비율이 나타났다.[47] 이렇게 지역에 따른 성비 불균형이 뚜렷하게 보이는 이유는 인구가 많은 저개발 국가들이 국가의 발전을 위해 개인의 출생에 인위적으로 개입했기 때문이다. 폭발적으로 늘어나는 인구를 줄여야 했고 누군가 사라져야 한다면 그것은 바로 여아가 되었다. 여아 낙태는 사회에서 덜 선호되는 여성이라는 성을 없애는 행위이면서 "잠재적인 어머니의 수를 줄이

는 추가적인 장점"[48]을 가지고 있었다. 이렇게 아시아와 아프리카의 많은 나라에서 태아는 성별에 따라서 다른 대접을 받는다. 인도에서만 지난 몇십 년 동안 성 감별로 사라진 여아가 1억 6,300만 명이 넘는다. 여성은 그렇게 엄마의 자궁에서조차 '비범죄적으로' 학살당하고 있다.

인도의 남아 선호는 그 정도가 심각하여 현재에도 매일 2,000여 명의 여아가 낙태당하고 있다. 2015년 6월 나렌드라 모디Narendra Modi 인도 총리는 "딸을 지키자, 딸을 교육하자"라는 캠페인을 벌이기도 했다. 누구나 딸과 셀카를 찍어 SNS에 올리면 직접 리트윗을 하겠다고 라디오 국정 연설에서 말했다. 2011년 3월 발표된 인구조사에 따르면 인도는 6세 미만 남아 1,000명당 여아가 914명으로 나타나 여전히 극심한 성비 불균형을 보였다.

《남성 과잉 사회》의 저자 마라 비슨달Mara Hvistendahl은 이 책에서 '태아 성 감별'을 통해 사라져 버린 여아들과 성비 불균형의 문제를 제기한다. 1970년대의 양수 검사와 1980년대 초음파 검사를 통한 성 감별 낙태는 남아를 선호하는 아시아 지역에서 매우 효과적으로 활용되었다. 서구 기관에 의해 소개된 성 감별은, 남아 선호가 강한 지역에서 남자아이의 출생은 보장하면서 인구는 줄이는 두 가지 목적을 모두 실현할 수 있도록 해 주었다.

한국에서도 베이비붐 이후 1960~80년대에 인구를 줄이기 위해 정부가 자녀 수에 간섭했다. 1961년 국제가족계획연맹이 한국가족계획연맹을 설립하면서 인구 조절의 역사는 본격적으로 시작됐다. 박정희 정권은 시골 구석구석까지 의료진들이 찾아가 여성들의 자궁 내에 피임 기구를 삽입하고 불임수술을 할 수 있도록 정책적으로 장려했다. 군사 독재의 맥을 이은 1980년 전두환 정권은 세계은행WB에서 가족계획 사업 착수용으로 3,000만 달러의 차관과 수백만 달러를 제공받았다. 그때부터는 "2명도 많다"는 시대가 왔고, "아들딸 구별 말고 하나만 낳아 잘 기르자"라는 구호를 외쳤다. 내가 어릴 때인 1980년대 텔레비전에서 수시로 등장하던 '공익'광고다. "구별 말고"라고 했지만 실제로는 '그 1명'이 아들이기를 원하는 정서는 쉽게 사라지지 않았다. 정부의 인구정책과 남아 선호 '사상'이라는 전통(?)을 동시에 지킬 수 있는 '과학적' 방법으로 성 감별은 아주 유용했다. 1명만 낳아야 한다면 가능한 한 아들을 낳기 위해 여아 낙태는 공공연히 벌어졌다. 1980년대와 1990년대에 태어난 여성들은 젠더사이드genercide[●]의 '생존자'라고 볼 수 있다. 또한 첫째가 딸인데 다시 여아가 태어날 경우 낙태될 확률은 더 높았다. 선진 기술이 결합한 첨단의 살인 행위는 그렇게 벌어졌다. 학살은 전쟁이 일어나지 않아도 일상에서 태연하게 발생했다.

마라 비슨달은 《남성 과잉 사회》에서 한국의 사례도 꽤 구체적으로 소개한다. 1983년 금성초음파가 초음파 기기를 출시하면서 한국에서 성 감별 낙태가 본격적으로 이뤄졌다. 책에는 1980년대와 1990년대에 서울 근교에서 성 감별 낙태로 번창했던 병원의 한 산부인과 의사 이야기가 실려 있다. 이 의사는 병원을 찾은 산모들에게 성별을 알려 주었을 때의 반응을 이렇게 회상한다. "아들일 경우 기쁨에 넘쳐요. 딸이면 어떻게 할지 생각하기 시작하죠. 아이를 낳을 것인지, 낙태를 할 것인지에 대해서요."[49] 한때 2개의 병원을 운영하던 이 의사는 2004년 이후로 출생률이 감소하면서 병원을 하나로 줄였다고 한다. 한국은 인

● 특정 인종이나 민족의 말살을 의미하는 제노사이드genocide에 빗대어 만든 신조어로, 여성·성소수자·남성 등 특정 성별에 대한 조직적 살해 및 그 행위를 가리킨다. 특히 페미니스트들에 의해 주로 여성에 대한 조직적인 살해라는 의미로 사용되고는 한다.

구 증가를 막는 데 성공(?)한 셈이다. 덕분에 현재 젊은 남성들은 여성들보다 수가 훨씬 많다. 2010년 인구주택총조사에 따르면 당시 15~19세의 성비[여성 100명당 남성의 수]는 113.3, 20~24세는 113.7, 25~29세는 103.8로 집계됐다. 그리고 지금도 여아가 사라지는 역사는 종료되지 않았다.

> "A씨는 결혼 이듬해 첫 딸을 출산하고 2년 뒤 둘째 딸을 낳았다. 이후 다시 4년 뒤에 쌍둥이를 임신했는데, 성별 검사 결과 여아로 밝혀졌다. 남편과 시아버지는 A씨에게 임신중절 수술을 요구했고, A씨는 결국 이를 받아들여 낙태했다."[50]

시아버지의 아들 강요로 여아를 낙태한 여성은 이혼 소송을 제기했으나 그의 이혼 청구는 받아들여지지 않았다. 낙태 강요는 이혼 사유가 되지 않는다는 판결이 나왔다. 아들을 낳기 위해 딸을 엄마의 자궁 속에서 살해하는 일이 이혼 사유가 되지 않는다고 '법적으로' 인정받을 수 있을 정도로 아들 선호는 여전히 한국인의 의식에 깊이 배어 있다. 여성의 몸은 단지 '씨를 품은 밭'이기에 그 밭에서 마음에 들지 않는 씨를 골라내도 죄가 아니다.

중년 이상 여성의 이름 중에는 '남동생 보라고' 지어진 이름이 있다. '아들 못 낳는 죄'는 여성에게 무거운 죄였고 아들을 낳을 때까지 출산을 쉽게 멈출 수 없었다. 아들을 위해 시어머니가 나서서 아들에게 다른 여자를 소개하는 일이 있을 정도였다. 아들이 없이 '대'가 끊기고 제사를 지내 줄 사람이 없다는 두려움이 있다. 아들의 존재는 죽어서도 내 삶을 지속시킬 수 있는 '씨앗'이다.

2007년 이후로 한국의 출생 성비는 정상으로 되었고, 2015년 현재 한국은 적어도 출생 시만 놓고 보자면 심각한 성비 불균형에서 벗어난 나라가 되었다. 그러나 여아 낙태가 전보다 줄어들었다고 해서 안심하기는 아직 이르다. 엄마의 자궁에서 단지 성별 때문에 사라지는 여아가 줄어든 것은 호주제 폐지 등 성 평등에 대한 인식이 강해졌기 때문이다. 시아버지가 여아 낙태를 강요해도 이혼 사유로 인정받지 못하는 일이 버젓이 벌어지는 현실에서, 인식을 바꾸기 위한 꾸준한 저항은 여전히 유효하다.

펜 뒤에 있는 총

●

> 어떤 죄악이 매우 끔찍하다 할지라도 우리는 또한 그 뿌리를, 그것을 가능케 했던 맥락들을 이해하고자 노력해야 한다. 물불 가리지 못할 정도의 격한 미움, 종교적 광신-이슬람교든 기독교든 유대교든-, 복수에 목마른 살인적인 근본주의는 언제나 사회적 불평등, 경제적·정신적 곤궁, 정치적 절망과 실존에 대한 불안으로부터 꽃피게 되는 법이다.
>
> _장 지글러, 《왜 세계의 절반은 굶주리는가?》 중에서

장루張律 감독의 〈망종〉은 중국에서 조선족으로 살아가는 최순희라는 여성의 삶이 일상에서 어떻게 '테러'당하는지 건조하게 보여 준다. 영화는 그의 삶을 휩쓸고 지나가는 크고 작은 재난들을 전시한 뒤 마지막에 최순희의 '한 방'을 터뜨린다. 소외된 자의 분노가 어떻게 폭발하는지, 김치를 팔던 평범한 여성이 어떻게 '김치 테러리스트'가 되는지 보게 된다. 장루의 미덕은 극 중 어느 인물에게도 선악의 이분법을 적용하지 않는다는 점이다. 최순희의 삶을 담담히 지켜볼 뿐, 그를 옹호하지도 않는다. 다만 폭력을 사유하게 한다.

테러의 생성 배경을 분석하는 일이 테러를 정당화하는 태도는 아니다. 연쇄살인 앞에서 '범죄와의 전쟁'이나 '생명 존중'만 외칠 수 없듯이 '테러는 나쁘다'라는 말만 반복할 수는 없는 노릇이다.

2015년 1월 파리에서 있었던 《샤를리 에브도》 테러' 이후 순식간에 내 일상은 "나는 샤를리다Je suis Charlie"로 뒤덮였었다. 테러 직후 곧장 60명의 작가들이 모여 《나는 샤를리다Je suis Charlie》라는 책을 만들었다. 이 중에는 드니 디드로Denis Diderot, 빅토르 위고Victor Hugo, 볼테르Voltaire처럼 과거의 작가들도 포함되어 있다. 5유로의 가벼운 가격이며 수익금은 모두 《샤를리 에브도》에 전해진다고 했다. 나는 만화가들을 비롯하여 무고하게 죽은 많은 생명에 대해 애도하는 의미에서 그 책을 구입했었다. 표현의 자유를 위해 쓴 글이기에 이 책에 등장하는 글의 방향은 거의 동일하다. "살해당한 것은 자유"이며[127쪽], "눈물의 쓰나미가 볼테르의 나라 일부를 아수라장으로 만들었"으며[134쪽], "샤를리는 진정 참여적인 언론이었고, 환멸을 느끼는 세계에서 아마도 유일하게 급진적인 위치에 있었"고[139쪽], "샤를리 에브도에 대한 공격은 볼테르에 대한 공격"이며[87쪽], 샤를리는 "순교자"[17쪽]다. 희생자 개개인에 대한 애도와 별개로 자유와 표현에 대해 생각하지 않을 수 없었다.

'자유'는 그 이름처럼 자유롭지 못하다. 자유는 끊임없이 '힘'에 의해 그 영역이 확대와 축소를 반복하고 있으며, 역사상 자유를 누릴 자격이 '모두'에게 주어진 적은 없었다. 자유를 위한 투쟁에서 이긴 자가 자유를 정의한다. 자유에 대한 낭만적이고 무조건적인 지지는 흔히 '이미 자유로운 자'의 권력을 지지하는 방향으로 향한다. 예를 들어 무슬림 페미니스트 이르샤드 만지Irshad Manji는 테러 직후 희생자들에게 애도를 표하며 '나는 샤를리다'를 트위터 해시태그로 적었다. 이슬람 내부에서 투쟁하는 개혁주의자들이 있지만 우리가 미디어에서 쉽게 볼 수 있는 집단은 이런 개혁주의자가 아니라 IS 같은 극단적 집단이다. 개혁주의자이며 레즈비언 페미니스트인 만지 같은 무슬림이 이슬람을 조롱

펜 뒤에 있는 총

하다가 희생된다면 이는 표현의 자유에 맞서 싸우는 순교가 맞다. 하지만 프랑스에서 프랑스인이 이슬람교를 조롱한다면 이는 권력의 문제가 된다. 저항이나 표현이 아니라 혐오로 작용할 수 있다. 실제로 방송인 에릭 제무르Eric Zemmour는 텔레비전에서 무슬림 혐오 발언을 했다가 3,000유로의 벌금형에 처해지기도 했다.

이 현상이 시민들의 자유로운 애도 차원에만 머물렀다면 괜찮았겠지만 공공기관에 내걸린 '나는 샤를리다'는 내게 많은 생각을 안겨 주었다. 파리 시청에는 "우리는 샤를리다"라고 커다랗게 내걸렸고, 많은 국공립 기관의 인터넷 홈페이지와 건물에서 계속 이 상황을 맞닥뜨려야 했다. '나는 샤를리다'가 정부의 공식 입장이 되어 버리면 이 구호는 더 이상 애도와 테러 규탄의 의미만 가질 수는 없다. 사건의 배경을 바라보는 프랑스 정부의 시각과 앞으로의 정책 지향을 시사한다고 해석할 수 있다. 인종, 종교, 계층, 언론 자유 등의 주제가 복잡하게 교차하고 있는 이 '어려운' 사건의 중심에 아주 깔끔하게 '표현의 자유'가 공화국의 수호신처럼 내려앉았다. 그러나 '공화국의 가치'인 자유는 수많은 모순에 기대고 있다.

프랑스 공화국의 가치가 늘 표현의 자유를 수호했던 것처럼 그것을 당당하게 외치는 모습은 상당히 위선적이다. 1961년 파리시는 알제리인에게 야간 통행금지 조처를 내렸고, 이에 항의하는 비무장 시위대를 무자비하게 공격하여 사망자만 200여 명에 이르는 유혈 사태를 빚었다. 이 끔찍한 알제리인 학살을 담은 다큐멘터리 〈파리의 10월Octobre à Paris〉*은 1962년에 만들어졌으나 이내 상영이 금지되었다. 그러다 학살 이후 무려 50년이나 세월이 흐른 2011년 10월에 공식적으로 극장에서 개봉했다. 어떤 분노는 '지금 당장' 정치적 의제로 만들지만 어떤 분노는 오랜 세월 묵살당한 뒤 아무도 책임질 필요 없는 시절이 오면 '과거의 역사'로만 소환된다. 그렇게 분노는 박제된다.

표현의 자유를 외치는 동안 국가가 무엇을 하는지 보아야 한다. 안타까운 만화가들의 희생은 프랑스라는 '국가'를 불러왔다. 《샤를리 에브도》 테러 당시 파리의 다른 곳에 있는 유대인 상점에서도 인질극이 있었다. 이때 상점에서 일하던 말리 출신 청년은 다른 인질들을 지하 저장실에 숨겨 목숨을 구하도록 했다. '아직' 프랑스 시민이 아니었던 라사나 바실리Lassana Bathily라는 이 청년은 '영웅'이 되어 테러 발생 후 2주 뒤인 1월 20일 프랑스 국민이 되었다. 그리고 의회에서는 애국법을 논했다. 모두가 수호해야 하는 것은 '프랑스적인 가치'가 되었다. 학교에서 희생자들을 위한 묵념에 참여하지 않은 학생은 테러 옹호자로 여겨져 불려 갔다. '다른 목소리'가 눈치를 보게 만드는 이 이상하고 모순된 표현의 자유는 결국 '누구의' 표현을 위한 자유일까.

표현의 자유를 외치면 표현이 사건의 원인이 된다. 이는 아주 좋은 구도다. 사건의 원인을 선명하고 평면적으로 만들 수 있다. 자유로운 표현을 보장하는 공화국과 이를 공격하는 야만. 하지만 실상은 그렇게 단순하지 않다. 《샤를리 에브도》는 극단주의자들에 의해 분노의 배출구가 되어 희생되었지만, 그들이 전적으로 분노를 유발했다고 보기는 어렵다. 프랑스라는 국가는 한 작은 언론사의 표현 뒤에 숨어 이를 종교

• 1961년 10월 17일 파리에서 있었던 알제리인 학살을 담은 자크 파니젤Jacques panijel의 다큐멘터리. 당시 파리의 경찰국장이었던 모리스 파퐁Maurice Papon이 1961년 10월 5일 북아프리카인들의 야간 통행금지 조치를 내렸다. 이 조치에 알제리인들은 10월 17일 밤 대규모 시위를 조직했고, 비무장으로 평화 시위를 하는 알제리인들에 대한 유혈 진압이 벌어졌다. 시위 당일과 그 다음날에 걸쳐 200여 명이 사망한 것으로 밝혀지고 있으며, 셀 수 없이 많은 부상자가 발생했고 2,500여 명이 체포되었다. 이 학살 사건을 프랑스에서 공식적으로 인정한 것은 2001년이다.

펜 뒤에 있는 총

와 인종 간에 일어난 정치적 갈등인 양 호도하면서 자국 내에 존재하는 사회적 불평등을 열심히 숨겼다.

'아파르트헤이트apartheid'. 프랑스 총리 마뉘엘 발스가 테러 이후 이 단어를 언급한 것은 다소 선동적인 감이 있긴 하지만 비로소 사회의 차별을 고백했다는 점에서 고무적이다. 54퍼센트의 프랑스인이 '프랑스에 아파르트헤이트가 존재한다'는 사실에 동의하기도 했다. 프랑스에는 '사회, 민족, 지역적' 아파르트헤이트뿐 아니라 표현의 소외도 명백히 존재한다. 겉으로는 표현의 자유와 다원주의를 외치지만 그 표현과 다양성의 기준을 꾸준히 국가가 간섭해 왔다. 예를 들면, 무함마드 Mohammed[마호메트]를 조롱할 자유는 존재하지만 정교분리 원칙이라는 명목하에 2004년부터 공립학교의 여학생들은 히잡 착용을 금지당했다. 종교의 자유는 제한적이면서 이 종교를 조롱할 자유는 있다면, 이미 이 자유를 향유하는 주체는 결코 '모두'가 아님을 알 수 있다.

표현도 일종의 자원이다. 더 정확히 말하자면 표현할 수 있는 자원은 계층과 성별, 나이에 따라 다르다. 목소리의 분배를 고민하지 않고 목소리의 자유를 외친다? 누구의 목소리? 이 테러는 펜과 총의 격돌이 아니었다. 펜 뒤는 더 많은 총이 지켜 주고 있다. 이 총들의 지지를 받아 펜은 우아하게 문명이 되어 있을 뿐이다. 펜의 자유는 총이 가진 힘에 따라 그 범위가 결정된다. '말'의 자유를 수호하고 싶다면 그 말 뒤에 있는 힘의 불균형을 모른 척하면 안 된다.

성희롱은
범죄다

●

유림: 조개 무진장 드시네.

홍: 드세요.

유림: 나는 다른 조개 먹고 싶은데.

_영화 〈연애의 목적〉 중에서

성희롱을 성희롱이라 하면 유연하지 못한 사람이 되거나 오히려 피해자가 가해자에게 원인을 제공했다는 타박을 받기 일쑤다. 관련 법이 있어도 성희롱에 대한 개념이 모호하고 고무줄처럼 제멋대로인 경우가 많다. 성희롱과 관련된 사안들의 특성상 증거나 목격자를 찾기 어려워 소송을 해도 피해자를 제대로 보호하기 어렵다. 게다가 갈수록 증가하는 직장 내 성희롱은 권력관계에서 자유롭지 못한 노동자들에게 이중의 고통을 안기고 있다. 국제노동기구ILO의 조사에 따르면 유럽연합 가입국의 여성 노동자 40~50퍼센트가 성희롱을 경험했다고 한다.

프랑스에서는 1992년 7월에 처음 제정되었던 성희롱 관련법이 그동안 제구실을 못하는 일이 빈번하여 꾸준히 비판을 받아 오다 결국 삭제되었다. 더 구체적으로 성희롱의 개념을 정의하고 처벌의 수위를 높이기 위해서였다. 게다가 노동법 내에 성희롱 금지 법안을 넣거나 성차별 금지 법안을 별도로 만드는 나라들의 사례가 늘어나면서, 프랑스의 모호한 성희롱 관련법도 시대에 맞게 재정비할 필요가 있었다. 2012년 5월 4일, 새로운 성희롱 관련법은 드물게 만장일치로 의회를 통과했다.

폐지된 이전 법에는 성희롱 가해자에게 1년의 징역과 1만 5,000유로의 벌금형이 주어졌었다. 그러나 새로운 법에서는 2년의 징역과 3만 유로의 벌금형을 명시했다. 처벌이 배로 늘어난 것이다. 또한 권력 남용에 의한 성희롱, 15세 이하에게 가해를 한 경우, 피해자가 정신적으로든 신체적으로든 장애가 있는 경우, 그리고 가해자가 여러 명일 경우 등에 대해서는 3년의 징역과 4만 5,000유로의 벌금형이라는 가중처벌이 이루어진다.

과거에 비하면 성희롱에 대한 처벌이 훨씬 무거워지긴 했지만 가중처벌 대상이 아닌 경우 여전히 절도에 비해[3년의 징역과 4만 5,000유로의 벌금형] 처벌 수위가 낮다는 점을 일부 여성 단체들은 지적하고 있다. 그러나 새로운 법안에서 '성 정체성'에 대한 차별을 금하고 있다는 점에서는 주목할 만하다. 성전환자에게 성적 모욕을 불러일으키는 행동을 하거나 차별이나 모욕을 해도 법적 처벌을 받게 된다. 이는 그동안 성소수자들의 외로운 투쟁이 얻어 낸 결과로, 관련 단체들은 크게 기뻐했다.

한편 갈수록 성전환자들의 수가 늘어나고 이들이 사회적으로 자신들의 존재를 숨기지 않게 되면서, 이들을 겨냥한 욕설과 경멸·성폭력 등도 역시 증가하는 추세다. 프랑스의 성전환자 수는 2010년 기준 1만 5,000여 명 정도로 파악되는데, 직장 내 동성애자와 성전환자들의 차별 현황에 대한 프랑스 노동총연맹CGT의 보고서[2010년 12월]를 보면 성전환자의 50퍼센트 이상이 성희롱 피해 경험이 있다고 한다.

더구나 성전환자들은 폭력의 피해자가 되는 것뿐만 아니라 직장을 잃을 확률도 다른 이들에 비해 3배나 높고, 이렇게 실업자가 된 이들의

40퍼센트는 노숙인이 되는 것으로 밝혀졌다. 결국 소수자에 대한 차별과 억압이 사회적 약자와 빈곤 계층을 지속적으로 생산하는 악순환을 만들어 낸다는 사실을 알 수 있다. 그렇기에 여성 단체나 성소수자 활동 단체 등에서는 전반적으로 재정비된 성희롱 관련법에 만족하면서도 세심한 용어 사용 등의 측면에서는 여전히 아쉬움을 표하고 있다.

예를 들면 '성 정체성'이라는 언어를 두고 생물학적 성 정체성identité sexuelle이 아닌 사회적 성 정체성identité de genre을 사용하기를 관련 단체들은 요구했었다. 그러나 '사회적 성'이라는 개념을 사법적으로 명확히 정의할 수 없다는 이유로 결국 'sexuelle'이라는 단어를 유지하게 되었다. 앞으로 '성 정체성'이라는 개념에 대해서는 아마도 문화적으로, 그리고 사법적으로 지속적인 논의가 필요해 보인다. 이처럼 아직 논란이 되는 개념들이 남아 있지만 대체로 성범죄의 사각지대에 있던 성소수자들의 인권을 반영했다는 면에서 진일보했다고 평가된다.

물론 이런 법이 마련되어도 한계는 있다. 길거리에서 무차별적으로 벌어지는 가벼운(?) 성희롱에 대해서는 딱히 대책이 없다. 드문 일이긴 하지만 예를 들어 길에서 짧은 치마를 입고 지나가는 여자에게 '엉덩이에 확 박아 줬으면 좋겠다!'라며 상스럽게 구는 무례한 사람들에게 일일이 대응할 수가 없다. 그런데 길에서 이런 무례를 범하는 사람들은 흔히 교육받지 못해서 그렇다고 '교양 있는' 이들은 말한다. 괜히 이민자들의 교육 수준을 운운한다거나 아랍인들의 종교를 들먹거리며, 길거리에서의 저속한 성희롱은 못 배운 아랍 이민자들의 마초성 때문인 양 치부하며 또 다른 차별을 낳기도 한다. 과연 그럴까. 상대적으로 교양 있고 우수한 교육을 받은 이들이 모여 있는 의회 내에서도 그런 어처구니없는 일이 발생하고는 하는 걸 보면 성희롱의 문제는 범사회적이다.

성희롱 관련법이 통과되기 바로 얼마 전, 당시 국토주택장관이었던 세실 뒤플로Cécile Duflot가 의회에서 업무 보고를 하기 위해 앞으로 나오자 이내 남성 의원들의 휘파람과 야유 소리가 들려 왔다. 대부분 대중운동연합UMP 소속 의원들인 것으로 밝혀졌다. 녹색당EELV 출신으로 당시 37세의 젊은 여성 장관이었던 뒤플로가 흰 바탕에 푸른 꽃무늬가 있는 원피스를 입고 등장하자 그동안 교양 속에 감춰져 있던 마초적 성질이 숨김없이 드러난 것이다. 이 장면은 언론을 통해 동영상으로 번져 나갔고 많은 비판이 쏟아졌다. 대중들은 트위터를 통해 대중운동연합이라는 이름의 약자인 UMP를 활용해 '대중마초연합Union des Machistes Populistes'이라고 바꿔 부르며 비꼬았다. 나아가 "그런데 최악의 상황은 바로 저런 인간들이 성희롱 관련법을 만든다는 거다"라며 그들의 자격을 지적했다.

이날의 '사건'에 대해 사회당의 올리비에 뒤소Olivier Dussault 의원은, 이제는 여성들에게 '주방으로 돌아가라!' 혹은 '살림이나 해!'라는 말이 나오는 시대는 아니지만 여전히 남성 의원들이 여성 의원을 '동료로' 덜 여긴다는 점을 꼬집었다. 그리고 여성 혐오자들이 아직도 의회를 차지하고 있다고 강하게 비판했다.

올랑드 정부에서 국회의 27퍼센트가 여성으로 이루어져 어느 때보다 많은 여성 정치인이 참여하고 있었음에도 성차별 및 성희롱 논쟁은 여전히 그칠 줄 몰랐다. 몇 년 전 강용석 전 의원이 여성 의원들을 두고 이리저리 외모 평가를 했던 일 역시 같은 맥락 위에 있다. '여성 의원'을 바라보는 시선의 방점이 '여성'에만 찍혀 있지, 그 여성이 자기와 함께 일하는 동료 '의원'이라는 사실은 망각한다. 그리고 바로 그렇게 성희롱과 성추행에 무감각한 사람들이 모여 성희롱 관련법을 만든다는 게 사회의 모순이다.

사실 처벌의 수위만 높인다고 해서 반드시 성희롱이 줄어든다고 볼 수는 없다. 예를 들어 성적 농담의 경우 대부분 '이성애자 비장애인 백인 남성'을 기준으로 만들어졌고, 주로 그들이 주체가 되어 내뱉는다. 이들의 성적 농담 속에서 여성이나 성소수자는 희화화되기 일쑤다. 그리고 이렇듯 '이성애자 비장애인 백인 남성' 기준의 욕망으로 점철된 농담을 표현의 자유라 주장하며 자신들의 차별적 행동을 지속하기도 한다.

가장 주류를 차지하는 그 '이성애자 비장애인 백인 남성' 중심의 욕망의 자유를 주장하기 전에 다른 쪽의 욕망은 어떻게 억압당하고 있는지 고찰하는 자세가 필요하다. 나에게는 자유이나 누구에게는 억압이고 차별이라는 양면성을 인식하지 못하면 희롱을 희롱이라 부르지 못하고 나아가 폭력을 폭력이라 말하지 못하는 상황은 지속될 것이다. 실제 사례들을 분석하여 직장 내 성폭력 문제를 다룬 장희선 감독의 옴니버스 영화 〈화기애애〉는 바로 이러한 관념을 제목에서부터 잘 살리고 있다. 성희롱 가해자들은 분위기를 띄우려고 한 농담이었다고 주장하는 경우가 많으며, 피해자들은 분위기 망칠까 봐 피해 사실을 표현하지 못하고는 한다. 화기애애한 분위기를 위해 희롱의 대상이 필요하다면 이는 권력 남용일 뿐이다.

그렇듯 성희롱은 대체로 권력관계에서 벌어지기에 여성과 성소수자의 노동환경을 더욱 악화시킴으로써 경제적 약자를 더욱 약자로 만든다는 점에도 주목해야 한다. 그런 측면을 감안한다면 성희롱은 개인 간의 분쟁이라기보다 '차별이 가능한 사회' 속에서 벌어지는 '사회적 범죄'로 인식할 필요가 있다. 타자에 대한 희롱은 그 존재에 대한 존중의 결핍, 즉 차별 의식에서 비롯된다. 그러한 차별을 바탕으로 이루어진 행

성희롱은 범죄다

동은 취향의 다양성이나 표현의 자유와는 무관하다. 파리의 길거리에서 우연히 본 포스터의 글귀다. "차별은 견해가 아니라 범죄다."

6

존재에 대한
반대를
반대한다

당신은
이성애자입니까

●

동성애와 동성애자에 대한 나의 견해는 이성애와
이성애자에 대한 생각과 정확히 일치한다: 모든 것은 개인과
환경에 달려 있다. 나는 관습으로부터 총체적 자유를 원한다.

_클로드 카엉

"너의 눈은 한없이 깊어 나는 거기서 기억을 상실할 정도다." 프랑스의
초현실주의 시인 루이 아라공Louis Aragon의 시 〈엘자의 눈〉의 한 구절이
다. 그 깊은 눈의 주인공은 바로 루이 아라공의 아내이자 작가였던 엘
자 트리올레Elsa Triolet다. 30년 이상 결혼 생활을 이어 갔던 이들은 죽어
서도 함께 묻혀 있다. 아라공에게 엘자는 삶의 동반자이며 영감의 근원
이기도 했다. 그는 아내를, 그리고 여자를 작품 속에서 '숭배'했다. 그의
또 다른 작품 〈미래의 시〉에서 이는 더욱 분명하게 드러난다.

"여자는 남자의 미래다

여자는 남자의 혼을 장식하는 채색이다

(…)

남자는 여자를 위해 태어나고 사랑을 위해 태어나는 것이라고."

홍상수 감독의 영화 제목이기도 했던 이 유명한 시구. 상당히 문제적인 이 구절은 아라공의 여성에 대한 관념을 보여 준다. 그런데 아라공은 1970년에 아내가 죽자 자신의 성 정체성을 고백했다. 커밍아웃. 그는 동성애자였다. 그렇다고 그가 남긴 이 찬미의 언어들이 거짓은 아니다. 그건 별개다. 그는 엘자와의 사랑을 간직한 채 인생의 말년을 '드디어' 자신의 성 정체성에 충실하게 보냈다. 사랑하는 아내가 있었기 때문이기도 하지만 프랑스 공산당의 상징적 인물이었던 아라공은 성 정체성을 숨겨 올 수밖에 없었다. 지금은 동성 결혼도 찬성하는 프랑스 공산당PCF이지만 당시에는 성에 대해 다분히 보수적이었기 때문이다.

이처럼 이성애자의 '역할'을 하며 살았지만 뒤늦게 정체성을 밝힌 인물들이 적지 않다. 예를 들어 영화배우 조디 포스터Jodie Foster가 골든글로브 시상식에서 자신이 동성애자임을 밝히기도 했다. 유명인이 커밍아웃을 할 때마다 지지를 보내면서도 한편으로는 개인의 성 정체성을 만인에게 밝혀야 하는 부담을 안기는 사회가 안타깝다. 이성애자라는 고백이 필요 없듯이, 동성애자라는 별도의 고백도 필요 없어야 한다. 하지만 혐오의 시선이 존재하는 한 용기 있는 고백의 행렬은 의미를 가지게 된다.

한편 경제학자 케인스John Maynard Keynes처럼 동성애자로 살다가 이성과 결혼하는 이도 있다. 억지로 '치료'를 받았기 때문이 아니다. 그냥 자연스럽게 사랑과 성적 취향의 방향이 이동했다. 한때는 이런 사람을 만났을 때 어리석게도 "어떻게 그렇게 바뀌었어요?"라는 질문을 던지기도 했다. 대답은 그저 "어떻게는 뭘 어떻게. 그냥 그렇게 되는 거지. 당신은 당신 미래의 성 정체성을 알아요?"

편의상 '분류'를 하긴 하지만 성적 지향은 반드시 이성애자, 동성애자, 양성애자로 반듯하게 나뉘지 않는다. 인간의 성별이 남녀 '양성'으로 나뉘지 않듯이. 누구나 자신의 미래는 모른다. 그저 두려움 없이 현재의 사랑에 충실한 인간만이 해방된 자라고 생각할 뿐이다. 스스로 해방되지 못한 자는 타인을 억압한다.

헌법에서 보장하는 평등 이념에 의해 개인이 종교, 지역, 인종, 외모, 정치관, 사상 등에 따라 차별받지 않도록 하기 위해 발의한 차별금지법과 관련하여 한국의 보수 개신교는 광적으로 반발했다. 이 법안에 참여한 정치인들에 대한 낙선 운동을 벌이고 정당 해체까지 요구했다. 공식적으로 차별에 '찬성'한다고 하지 않는 사람도 그 차별의 내용이 무엇인지에 따라 차별 '금지'에는 반대하는 경우가 있다. 한국의 보수 개신교 세력은 차별금지법에 '성적 지향'에 대한 차별을 금지하자는 내용이 있기 때문에 이를 두고 사회 혼란을 야기한다는 명목으로 강하게 반대했다. 사회 혼란이라는 가당찮은 이유를 들어 만만한 소수자를 억압하며 기독교의 존재감을 드러낸다. 이들에게 종교는 '억압의 도구'다. 동성애자를 《성경》으로 '치료'한다는 한 목사는, "동성애자가 군대에 가면 다 자기가 좋아하는 동성들이다"라며 걱정을 한다. 동성애자는 모든 동성들을 좋아하는 사람들인가. 그렇다면 이성애자들은 모든 이성을 좋아하고 아무 이성에게나 성적 접촉을 시도하는가. 영화나 드라마에서 가끔 동성애자를 동성 성추행범처럼 묘사할 때가 있다. 기존의 질서 속에서 의심 없이 쏟아 내는 편견은 아주 편한 정치적 선동이 되고 억압의 기제가 된다. 사회 안정이라는 이름으로 벌어지는 명백한 억압이다.

가끔 '백의 민족'이 서구 사회에서 유입된 지저분한 동성애에 감염당한 듯 주장하는 사람들이 있다. 하지만 동성애는 서구 사회에 의해

'수입'되지 않았다. 아프리카에도 이와 같은 논의가 있는데, 동성애 연구자인 카메룬 출신 사회학자 샤를 구에보구오Charles Gueboguo는 "동성애는 언제나 아프리카에 있었고 오히려 동성애에 대한 제도적 처벌이 서구 사회에 의해 강제되었다"라고 했다.[51] 아프리카 미술로 남아 있는 다양한 마스크 중에는 여성과 남성뿐 아니라 양성성androgyne을 지닌 마스크도 있다. 아시아나 아프리카에서 수입한 것은 동성애가 아니라 동성애와 동성애자라는 개념을 인식하면서 이를 징계하는 제도다. 예를 들어 세네갈에서 동성애를 처벌하는 법은 1942년 프랑스 비시정부의 수반이던 필리프 페탱Philippe Pétain에 의해 만들어졌다. 이러한 법은 나치 독일의 영향을 받았고, 그 나치 독일은 영국 빅토리아 시대의 도덕주의에서 영향을 받았다. 후대에 빅토리아 시대의 대표적 작가로 남은 오스카 와일드Oscar Wilde는 당시 동성애 행위로 재판을 받고 수감되었으며, 2년간의 노역 후 결국 추방되어 프랑스에서 사망했다.* 우간다에 온 미국 선교사들도 동성애를 처벌하는 법을 만드는 데 일조했다. 제국주의의 군인이든 선교를 위해 온 종교인이든 이들은 자국에서 쉽게 할 수 없는 권력 행사를 식민지 국가에서 했으며, 그들을 지배하는 방식으로 '규범'을 만들어 갔다. 동성애 처벌법은 그중 하나다.

사랑을 바라보는 인간 사회의 기준은 아주 편파적이다. 사랑을 사랑이라 말할 수 있는 범주도 한정적이며, 욕망이라는 상당히 협소한 개념에 갇혀 있다. 욕망은 이성애 어른의 전유물이다. 더불어 한국 사회에서 성적 욕망이란, 법적 기혼자만이 당당히 표출할 수 있는 권리다. 이

• 　1895년부터 재판이 시작된 퀸스베리 사건. 퀸스베리Queensberry 후작이 오스카 와일드에게 자신의 아들과 만나지 말라고 요구했고, 결국 와일드를 '동성애자somdomite'라고 공개적으로 비난하여 와일드가 명예훼손으로 1895년 고소했으나 패소했다.

성애자라 하더라도 '결혼하지 않은 여자'가 욕망을 드러내기란 어렵다. 국립국어원에서 '사랑'의 의미를 '남녀 간의 사랑'으로 한정했듯이, '강제적 이성애' 속에서 사랑·욕망·성관계 등의 언어가 가지는 의미는 제한적이다. 한 인간의 정체성은 대부분 자연적으로 발생하는 성질이 아니라 '자연스럽게 되는' 결과이다. 이 '되는' 과정은 법과 제도·관습 등에 대한 순응을 필요로 하며, 그 순응하는 '나'에게 우울이란 질병은 필연적으로 발생한다. 그러니 성소수자 청소년 집단에서 가장 높은 자살률을 보이는 것은 이 강제적 이성애 사회에서 지극히 논리적인 현상이다.

2013년에 프랑스는 동성 결혼을 합법화한 14번째 국가가 되었다. 같은 해 〈가장 따뜻한 색, 블루〉가 칸 영화제에서 황금종려상을 수상한다. 동성애를 소재로 한 영화가, 그것도 여성 동성애를 다룬 작품이 황금종려상을 받은 일은 처음이었다. 2015년 미국도 이 합법화 대열에 참여했다. 2013년 9월 7일, 한국에서 인상적인 결혼식에 참석했다. 영화감독 김조광수와 제작자 김승환이 청계천에서 했던 공개 결혼식이었다. 비록 합법적인 결혼으로 인정받지 못하더라도 이 공개적 행사는 한국 사회에 큰 자극을 주지 않았을까.

'양성兩性'은
불가능하다

●

사람들이 우리를 기억하게 되리라고 나는 확신해.

_사포

2013년 6월 5일 파리의 도심 한복판에서 동성 결혼을 반대하는 극우파에 의해 안티 파시스트 활동가인 18세 학생이 '맞아 죽는' 일이 발생했다. 2012년 사회당의 올랑드가 동성 결혼 합법화를 약속하며 대통령에 당선되었을 때, 프랑스 사회의 '오래된 악마'는 깨어났다. 여론조사의 '숫자'를 보면 분명히 과거에 비해 동성애에 대한 인식이 많이 열렸음에도 극단적 혐오 역시 함께 존재하는 복잡한 현상을 목격할 수 있었다.

1999년에 시민연대계약Pacte civil de solidarité을 통해 동성애자의 법적 동거가 인정된 이후 프랑스 사회에서는 동성애에 대한 상당한 수준의 인식의 전환이 있었다. 동성 결혼에 대해서는 1999년 이전에는 48퍼센트가 호의적이었지만 2011년에는 63퍼센트로, 동성 커플의 자녀 입양 찬성에 대해서는 33퍼센트에서 58퍼센트로 변했다. 그러나 SOS동성애 혐오증협회SOS-Homophobie의 2013년 5월 보고서를 보면 동성애 혐오자에 의해 피해를 입었다는 신고가 2012년 이후 오히려 증가했다. '이제는 지나갔으리라' 생각했던 동성애 혐오는 오히려 제도적 관용 속에서 더 부상하고 있다. '악'은 언제나 우리와 공생하기 때문에 치료되거나 벌할 수 있는 존재가 아니라 영원히 맞서 싸워야 하는 존재라는 사실을 새삼스레 확인하게 된다.

한국에서도 마찬가지다. 퀴어문화축제가 점점 대중에게 알려지고 유명인의 동성 결혼식이 공개적으로 진행되기도 했지만, 그와 동시에 혐오의 감정도 구체적으로 드러나고 있다.《한겨레》와《경향신문》에 동성애 혐오 광고가 실리기까지 했다.* 물론 광고가 언론사의 입장은 아니지만 특정 존재에 대한 배척과 혐오가 어떻게 돈만 내면 '광고'라는 틀 속에 안전하게 배치될 수 있는지는 의아하다. 광고 담당 관계자는 사과를 했지만 "동성애자의 생각을 이성애자에게 강요해서는 안 된다"라는 말을 굳이 덧붙였다. 차별을 의견이라고 착각하고 있다.

《주간경향》에는 이준석 새누리당 전 비상대책위원이 "역사의 필연은 동성애 개방으로 이어질 것"이라고 하면서 '막연한' 동성애 혐오를 표현하는 글을 쓰고,[52] 주간지《시사인》에는 남재희 전 노동부장관이 "동성애는 자연의 순리가 아니"라는 입장을 내세우면서 동성애 합법화가 해법이 아니라는 글을 쓰기도 했다[동성애는 지금도 불법이 아니랍니다].[53] 이렇게 기본 개념조차 혼동하며 게으르게 타인을 바라보는 이들이 자신들의 혐오감은 참 부지런히도 표출한다.

이 혼동과 혼란 속에서 세상은 어쨌든 변하고 있고, 동성애의 범죄화에서 점차 동성애 혐오를 벌하는 방향으로 흐르고 있다. 프랑스에서는 110시간 이상의 의회 토론을 거쳐 2013년 5월 17일 동성 결혼과 동성 부부의 자녀 입양이 법적 효력을 갖게 되었다. 미국 대법원은 2013년 6월 26일 결혼을 이성 간 결합으로 정의한 연방법이 위헌이라고 판결했다.

---

* 《한겨레》는 2013년 6월 7일,《경향신문》은 2013년 6월 18일에 각각 동성애를 '반대'하는 광고를 실었다.

제2차 세계대전 당시 나치에 의해 수천 명의 동성애자가 수용소에 잡혀갔다. 같은 시대에 소련에서도 동성애를 범죄로 만들었다. 인민을 억압하는 파시즘이나 인민을 해방한다는 사회주의 체제나 동성애자를 혐오하기는 마찬가지였다. 세계보건기구에서는 1993년이 되어서야 동성애가 정신병과 무관하다고 발표했다.

한편 동성애자들이 무기징역이나 사형에 처해지는 나라는 현재에도 있다. 아프가니스탄에서는 장기 징역이 선고되고, 인도네시아의 일부 지역에서는 100대의 태형에 처해진다. 사우디아라비아, 이란, 그리고 수단에서는 교수형이다. 우간다의 경우 이슬람교와 기독교가 동성애를 벌하기 위한 동맹을 맺고 사형까지 가능하도록 법을 개정하고자 한다.

2005년 이란에서 동성애 유포 혐의로 2명의 청소년이 사형을 당해 국제적 논란이 컸다. 그런데 이렇게 잔인한 처벌을 옹호하는 무슬림들은 "투석형이나 화형, 높은 곳에서 던지기 등의 가혹하고 비인간적 처벌은 인간성을 잃지 않는 사회로 정화시키기 위한 방법일 뿐"이라 말하고는 한다. '인간성'을 위해 '비인간적' 처벌을 한다는 이 모순된 사고방식이 어쩐지 낯설지 않다. 차별의 가해자들은 언제나 '좋은' 목적을 위한다는 미명으로 소수자와 약자를 사회에서 제거하려 하고, 이것이 그들 나름의 정의 구현이라고 생각한다.

이렇게 법적으로, 혹은 물리적으로 직접 폭력을 가하지 않아도 사회의 부정적인 시선 속에서 젊은 동성애자들은 이성애자보다 최대 5배나 자주 자살 충동을 느낀다. 최근 스위스 취리히대에서 조사한 자료에 의하면 3명 중 1명의 동성애자가 자살을 생각한다고 한다. 현실적으로 '커밍아웃'이 어마어마한 부담으로 다가오기에 분열된 정체성 속에서 극단적 선택을 할 확률이 높아질 수밖에 없다.

'양성兩性'은 불가능하다

이 모든 박해의 근거로 제시하는 핵심은 언제나 동성애가 반자연적이며 재생산과 무관하다는 점이다. 그런데 300종의 포유류를 포함해 450종 이상의 동물에게서 동성애가 발견된다. 그렇다면 인간이라는 동물 내에도 동성애자가 존재함은 자연의 섭리에 어긋나기는커녕 지극히 '자연스러운' 일에 가깝지 않은가. 현재 동성애자에게 사형까지 언도하며 범죄화하는 아프리카의 수단이 과거에는 어떤 모습이었을까.

제2차 세계대전 전에 영국의 인류학자 에드워드 E. 에반스-프리차드Edward E. Evans-Pritchard는 수단에서 아잔데Azandé 민족을 연구했다. 영국의 식민지가 되기 전에 수단의 아잔데 군인들에게는 성인 여성과 결혼할 수 있는 재산을 만들 때까지 소년과 결혼하는 관습이 있었다. 그 소년들을 '아내'라고 불렀고 이 소년들은 '남편'을 위해 일반적으로 부인이 하는 모든 일을 한다. 물론 성관계까지 포함해서. 그리고 이 '남편'이 이제 여자와 결혼하고 나면 성인이 된 소년, 곧 '과거의 아내'는 다시 소년과 결혼한다. 그리고 반복.

이 제도를 옹호하거나 비판하기 위해 언급하는 것이 아니다. 이성 간의 결합으로 이루어진 결혼 제도만을 정상으로 여기며 다른 형태의 사랑이나 가족 구성을 비정상으로 여기지만, 실은 상황에 따라 사회가 얼마든지 다른 형태를 용인하고 부추겨 왔다는 점을 강조하고 싶다. 우리가 '자연스러운 것', '인간의 보편적 진리' 혹은 '자연의 섭리'라고 받아들이는 것들 중에 많은 경우는 문화와 제도의 한 형태에 불과하다.

인간은 2개의 성으로 나뉘는 데 익숙해졌고, 그러한 이분법이 사고체계를 지배하고 있다. 개념과 언어는 그렇게 이분법적으로 굳어졌다. 이 양성이 마치 바늘과 실처럼, 볼트와 너트처럼 한 쌍이라는 관념 때문에 다른 성 혹은 다른 방식의 결합을 낯설어 한다. 기본적으로 이 2개의 성이라는 문법에서 벗어나야 다른 형태의 인간관계를 '이상하게' 바라보지 않을 수 있다.

루브르 박물관에 가면 〈잠자는 헤르마프로디테〉라는 2세기의 조각상을 볼 수 있다. 물론 루브르에서는 너무 많은 작품, 그리고 그에 뒤지지 않는 너무 많은 관람객 수로 인해 작품을 제대로 보기란 어렵지만, 어쩌다 이 조각상과 마주친다면 한 가지 이상한 점을 발견할 수 있을 것이다. 여자로 보이지만 남자 성기를 가지고 있다. 헤르메스와 아프로디테 사이에서 태어난 헤르마프로디테는 남성이기도 하고 여성이기도 하다. 단지 신화 속의 이야기일까.

1838년 11월 8일 프랑스에서 에르퀼랭 바르뱅Herculine Barbin이라는 '여자' 아이가 태어난다. 그러나 실제로는 여자가 아니었다. 정확히 말하면 그[녀]는 여자로 '신고'되었다. 작은 남자 성기를 가지고 있었으나 여성의 질도 있었다. 그의 부모는 여자에 가깝다고 생각해 여자로 신고했다. '양성'의 틀로 짜인 사회에서 그중 한 성인 여자로 살아가기에 그는 적절한 몸이 아니었다. 가슴도 없고 털이 많아서 계속 면도를 해 줘야 했다. 이상하고 추한 아이로 살아가다, 성인이 된 후 결국 의사에게 몸을 확인받고 아벨 바르뱅Abel Barbin이라는 남자로 법적 신고를 다시 했다. 그는 여자를 사랑했다. 질과 음경을 모두 가졌으며 여자를 사랑한 그는 과연 남자인가 여자인가. 남자나 여자가 '되어야' 하고 이성을 사랑해야만 하는 사회에서 그는 정착할 곳을 찾지 못하고 30세가 되었을 때 자살했다.

《조선왕조실록》에도 역시 남자의 성기를 가진 '여자'가 등장한다. 세조 시대에 사방지沙方知라는 인물은 수많은 여성들[노비, 비구니, 양반가의 과부 등]과 관계를 가진 여자이며 남자였다. 사방지를 소재로 다룬 1980년

'양성兩性'은 불가능하다

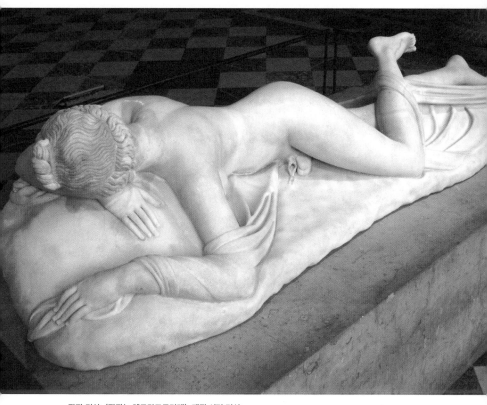

작자 미상, 〈잠자는 헤르마프로디테〉, 제작 시기 미상.
루브르에서 어쩌다 이 조각상과 마주친다면 한 가지 이상한 점을 발견할 수 있을 것이다. 여자로 보이지만 남자 성기를 가지고 있다. 남성이기도 하고 여성이기도 하다. 단지 신화 속의 이야기일까.

대의 에로 영화 〈사방지〉에는 개성 있는 배우 이혜영이 사방지로 출연한다. 사방지와 마님들 간의 애정 표현과 성관계, '특이한 몸'으로 인한 사방지의 비극적 최후를 다루고 있는 에로 영화 속에서 오히려 성에 대한 다양한 고민을 발견한다.

아직 학술적으로 정확하게 정리되지 않았으나 국제양성[간성]기구에[에] 의하면 바르뱅이나 사방지처럼 남성도 여성도 아닌 성이 최소 0.05퍼센트에서 최대 4퍼센트까지 추정된다. 이들은 대체 누구란 말인가. 신의 실수인가. 남성과 여성이라는 관념의 이분법에서 벗어나 눈을 씻고 현실의 성을 보자. 2015년 10월 프랑스에서는 처음으로 한 60대 '남성'이 법적으로 '중성'이 되었다. 2013년 5월 6일 이후 스웨덴의 스톡홀름에 위치한 한 중학교에서는 성전환자를 위한 탈의실도 마련했다. 성전환자뿐 아니라 자신의 정체성을 보호받고 싶은 사람이면 누구나 쓸 수 있다. 그리고 역시 스톡홀름의 한 탁아소에서는 그han와 그녀hon라는 대명사 대신 hen이라는 중성 대명사를 쓴다. 그와 그녀라는 언어에 인간의 성이 갇혀 있지 않다는 사실을 세계는 점점 인식하는 중이다. 그럼에도 우리 사회에서는 '양성'이라는 이분법 속에서 모두 여성이 '되고', 남성이 '된다'. 양성은 불가능한데도.

'양성兩性'은 불가능하다

잘못된
몸

●

브리: 내 몸은 잘못되었는지 모르겠지만,

내 영혼에는 아무 문제도 없어.

_영화 〈트랜스아메리카〉 중에서

공중화장실과 대중목욕탕은 성별 이분법이 가장 뚜렷하게 구별되는 일상적 공간이다. 자신이 남자인지 여자인지 명확하지 않으면 이 공간에 입장하기 어렵다. '적당히' 여자 같은 남자나 남자 같은 여자의 외모는 호기심을 자극하지만, 사람들은 그의 성별만은 어딘가에 분명히 소속되길 원한다. 특히 '성기' 중심으로 성을 구별하기 때문에 여자 같은 남자와 남자의 성기가 있는 여자는 전혀 다른 차원이다. 성별을 구별하는 절대적 기준은 '몸'에 있고, 이 몸이 어떻게 '제도화'되는지 볼 수 있는 대표적 경우가 외과 수술로 성을 전이한 이들, 곧 성전환자다.

2000년대 초반 한국에서 하리수의 등장은 문화적 충격 그 자체였다. 화장품 광고에 나온 예쁜 여자가 침을 꿀꺽 삼키는 순간 그의 목울대가 드러난다. 남자같이 목울대가 있는 여자가 대중문화에 전면적으로 나선 그 시점이 어쩌면 한국에서 성전환자라는 존재가 공개적으로 알려진 순간일 것이다. 성소수자 중에서도 또 다른 소수자인 이들은, 20세기 후반에 의학적으로 성전환이 가능해지면서 '동성애'라는 범주에서 구별되기 시작했다. 현재 한국은 법원의 허가를 통해 성별 정정이 가능하다. 하지만 아직도 성별 정정을 신청한 성전환자에게 '탈의한 상태의 전신사진'과 '외무 성기를 갖추고 있음을 소명하는 사진'을 제출하라고 요구하는 판사가 있을 정도로 성전환자의 몸은 인권에서 제외되어 있다. 이성호 국가인권위원장도 2013년 서울지방법원장 시절 성전환자에게 바뀐 성별을 입증할 수 있는 '성기 사진 제출'을 요구한 적이 있다. 성전환자는 '정상인'에게 검증받아야 하는 '잘못된 몸'이다.

영화 〈매트릭스〉 시리즈로 잘 알려진 워쇼스키 '형제' 감독이 언젠가부터 '남매' 감독이 되었다. '형'이었던 래리 워쇼스키Larry Wachowski의 성전환 수술이 소문으로만 떠돌던 중, 공식 석상에서 래리가 라나 워쇼스키Lana Wachowski라는 여자 이름으로 등장하면서 사실을 확인시켜 주었다.● 형제든 남매든 무슨 상관이랴. 그들이 영화를 만드는 영화감독이라는 건 변하지 않았다.

그런데 성전환자들이 방송에 출연하는 것을 두고 '성전환을 부추기는' 일이라고 걱정하는 이들이 있다. 이렇게 걱정을 과하게 하는 이들 때문에 KBS의 자회사인 KBS Joy의 성전환자 토크쇼 〈엑스와이 그녀〉라는 프로그램이 [2012년 9월 6일] 1회만 방송하고 결국 보류 상태가 된 적이 있다. 평소에 방송에서 성소수자가 과소 대표된다는 문제의식을 가졌던 터라 이렇게 관련 프로그램이 하나 생겼다니 참 반가운 일이라고 여겼었다. 그러나 아직도 '한국 정서상' 보편에서 벗어난 존재가 방송에 공개적으로 등장하기 위해서는 많은 걸림돌이 있음을 확인할 수 있었다. 소수자들을 지속적으로 퇴출시키는 사회다.

●　　2016년, 동생인 앤디 워쇼스키Andy Wachowski가 성전환 수술을 받으면서 워쇼스키 '남매'는 '자매'가 되었다.

성전환 수술은 1930년대 유럽에서 시작되었으며 공식적으로 알려진 최초의 성전환자는 1950년대 초에 유럽에서 성전환 수술을 받은 미국인 크리스틴 조겐슨Christine Jogensen이다. 성전환transsexual을 주로 트랜스젠더transgender와 혼용하고는 하지만 트랜스젠더는 더 넓은 개념이다. 반드시 외과 수술을 통해 몸을 바꾼 상태를 말하는 것이 아니라 이성의 옷을 즐겨 입는 복장 전환transvestism도 트랜스젠더에 포함된다. 트랜스젠더는 태어났을 때 사람들에게 인식된, 그리고 제도적으로 신고한 성별과 다른 정체성을 스스로 느끼거나 성장 과정에서 외형적으로 나타나는 신호[체모, 목소리, 복장 등]가 달라지는 경우를 말한다. 이들은 성별 이분법의 체계 바깥에 있는 사람들로, 굉장히 다양하여 하나의 유형으로 정리하기 어렵다.

'옳고 정상적인' 몸에 대한 이데올로기는 이들의 몸을 '틀린' 몸으로 규정하기 때문에 의학적 수술을 통해 정상적인 성으로 '고쳐야' 사회에서 올바른 성으로 인정받을 수 있다. '여성의 몸에 갇힌 남성'이나 '남성의 몸에 갇힌 여성'이라며 성전환자에게 보이는 '온정적' 시선도 이들의 몸이 옳지 못한 몸이라고 본다는 점에서는 마찬가지다. 특히 사회적으로 성별을 알리는 가장 확실한 증거는 성기에 집중되어 있다. 남성으로 살던 사람이 여성이 되려면 가슴과 질을 만들고, 여성으로 살던 사람이 남성이 되려면 남성기 축조술을 하고 가슴과 자궁을 적출해야 한다. 몸에 대한 제도적 규율 때문에 동성애와 달리 의학에 많이 의존해야 하며, 이렇게 '고쳐진 몸'이라는 이유로 동성애와는 다른 차원의 혐오가 존재한다. 가짜 성, 속이는 성으로 취급한다. 1993년 미국에서 있었던 '브랜든 티나Brandon Tina 사건'은 이러한 혐오가 드러난 대표적 경우이다. 티나 브랜든[여성]에서 브랜든 티나[남성]로 이름을 바꾸고 성전환 수술까지 앞두고 있던 이 남성/여성이 그 '정체'를 알게 된 남성들에 의해 잔혹하게 강간당하고 살해된 사건이다. 킴벌리 피어스Kimberly Peirce 감독의 〈소년은 울지 않는다〉는 이 실제 사건을 바탕으로 만든 고통스러운 영화다.

성전환자의 경우는 사회에서 성범죄의 피해자가 될 때 법의 보호도 제대로 받지 못한다. 한국에서 남성에서 여성으로 성전환한 피해자가 성폭행 피해자로 처음 인정된 것은 2009년이다. 성전환한 여성을 여성으로 쉽게 인정하지 않는 것이 물론 문제지만, 성범죄 피해자를 '부녀자'로 한정하는 인식의 틀도 총체적으로 바꿔야 한다. 그뿐 아니라 성소수자들은 병원에서 자신들의 '정체'를 온전히 밝히기 어려워 질병에 걸렸을 때에도 더욱 어려움을 겪는다. 사회의 굴절된 시선을 받으며 산부인과를 비롯한 의료 기관에서 속 시원히 상담받기조차 쉬운 일이 아니다. 이렇게 성소수자들이 일상적 차별에도 불구하고 제대로 목소리조차 내기 어려운 그 고충을 생각하기는커녕, 거꾸로 그들에 대한 혐오를 당당히 드러내는 게 우리 사회다. 2006년 성전환자의 가족관계등록부 정정 허용으로 그나마 성소수자의 기본권에 대한 인식이 조금 생겼다. 그러나 2011년 대법원은 "결혼했고 미성년 자녀가 있는 성전환자는 성별 정정을 할 수 없다"라고 판결한 적이 있다. 한 사람의 정체성을 가족주의 안에 가둬 두고 있음을 보여 주는 사례다.

가로지르다·통과하다는 뜻의 '트랜스'는 말 그대로 젠더 이분법을 가로질러 그 체계를 마구 뒤섞고, 나아가 엄마와 아빠라는 구성원을 필요로 하는 이성애 중심 가족주의도 뒤흔든다. 또한 성을 전환하면서 이들의 개인사도 전환된다. 남성[여성]으로 살던 개인의 이야기를 그대로 둔 채 여성[남성]이 된다. 기존의 언어로는 담을 수 없기 때문에 트랜스

　　　　　　　　　　　　　　　　　　　　　　잘못된 몸

젠더의 언어는 계속 만들어지고 변화하는 중이다. 하나의 몸을 통과하는 담론은 이렇게 다양하다. 다양한 경계를 넘나드는 트랜스젠더를 하나로 정리할 수 있는 획일적인 모델은 없다. 대중문화 속에서 동성애와 함께 트랜스젠더는 종종 옷차림, 화장, 걸음걸이와 같은 '이미지'로 등장하기는 하지만 정작 트랜스젠더의 실제 삶에 대한 '이야기'는 부재하다. 트랜스젠더 역시 노동으로 돈을 벌어 생계를 유지하며 살아가야 하는 똑같은 인간임에도, 사회의 시선은 '잘못된 몸'에만 고정되어 있다. 잘못된 것은 트랜스젠더의 몸이 아니라 경계를 넘어 이동하지 못하는 대다수의 의식이다.

존재에 대한 반대를
반대한다

●

나는 타인이다.

_아르튀르 랭보

차별의 역사가 한 인간의 삶보다 길다. 2012년 대선을 앞두고 당시 민주당 김진표 의원이 '종교특위 기독교위원회' 명의로 연 회견에서 "앞으로도 동성애·동성결혼을 허용하는 법률이 제정되지 않도록 모든 노력을 다할 것을 약속드린다"라고 말한 적이 있다. '동성'이 아니라 그냥 '인간'이라는 단어로 바꿔 보자. 그럼 인간과 인간 사이의 사랑과 결혼이 '허용'되는 법이 만들어지지 않기 위해 모든 노력을 다하겠다는 약속을 한 셈이다. 누구에게나 본능적으로 너무 끔찍하게 다가올 것이다. 하지만 '인간끼리'라기보다 '동성끼리'라는 성적 취향에 초점을 맞추면 갑자기 의견이 갈라진다.

　'정상적인' 사랑, 연애, 섹스, 그리고 결혼이라는 개념은 이성애자의 전유물로 굳어졌기에 동성애자를 비롯한 성소수자들에게는 '허용'하지 않는 걸 지당하게 여기는 이성애자들이 많다. 허용, 인정, 반대 등으로 타 존재에 대해 입장을 표명할 수 있다는 것만으로도 이성애자는 특권을 가지고 있으니 폭력이 따로 없다. 게다가 보수적인 종교인들이 존재를 반대하면서 신의 이름을 판다. 성적 지향이 다르다는 이유로 '존재'

를 허용하거나 반대할 권리는 누구에게도 없다. '동성애' 대신 다른 말을 넣어 보자. 장애인을 반대한다, 여자를 반대한다, 모두 이상한 말이다. 이성애자는 성소수자를 '판단'할 위치에 있지 않다.

가까운 벨기에나 네덜란드에 비하면 성소수자를 위한 정책이 보수적이었던 프랑스에서 동성 부부는 그동안 시민연대계약이라는 이름으로 동거만 가능했다. 그런데 프랑수아 올랑드의 사회당 정부가 들어서면서 동성 결혼이 합법화되었다.● 《리베라시옹_Libération》 2013년 4월 23일자 1면에, 주로 동성애와 남성의 몸을 소재로 한 작품을 제작하는 커플 작가 피에르와 질Pierre et Gilles의 사진이 실리기도 했다. 동성 결혼 합법화는 올랑드의 대선 공약이었다. 동성애와 사회주의Homosexualités et socialisme라는 동성애 인권단체가 꾸준히 사회당과 연대하며 정치 세력화되었고, 성전환자관련단체연합Inter-LGBT 등의 성소수자 단체가 강경하게 목소리를 냈기에 가능했던 일이기도 하다.

단지 결혼뿐 아니라 동성 부부의 아이 입양까지 합법화되었다. 공식 문서에서도 '남편mari'과 '아내femme'와 같은 단어를 없애고 '배우자époux'로 바꾸었으며, '엄마mère'와 '아빠père' 같은 단어도 사라졌다. 이성애 중심의 가족에 기반한 언어를 모든 형태의 부부와 가족에게 해당되는 언어로 새로이 바꾸는 중이다.

물론 이 모든 과정이 순조롭지는 않았다. 동성 결혼 반대 시위가 파리를 비롯하여 몇몇 대도시에서 일어나기도 했다. 보수적 가톨릭과

● 프랑스에서 '동성 결혼 합법화'를 위해 사용되는 용어는 'le mariage pour les homosexuels'과 'le mariage pour tous'이다. 전자는 '동성 결혼'이지만 후자는 '모두를 위한 결혼'이다. 이 글에서는 한국에서 통용되고 있는 '동성 결혼'이라는 용어로 통일해서 적었다. 하지만 '동성 결혼'과 '모두를 위한 결혼'이라는 용어 사이에는 섬세한 차이가 있으므로 정확히 밝혀 두고 싶다.

이슬람 단체, 극우 진영에서 반대가 거셌다. 반대자들은 결혼이란 남녀의 결합이기에 가정에는 반드시 '엄마'와 '아빠'라는 날개가 양쪽에 있어야 균형이 잡힌다고 주장했다. 이 주장에 대해서는 프랑스 극우 세력과 이슬람 단체의 의견이 하나로 모이는 기이한 모습도 발견할 수 있었다.

반대자들은 주로 성소수자는 존중하지만 '결혼'은 안 된다고 하며 특히 '입양'을 강하게 반대한다. 그런데 '존중하지만'이라고 하면서 '결혼'은 이성끼리의 결합으로만 가능하다고 하는 주장은 어딘가 이상하다. 또 '존중하지만'이라고 하면서 그들이 자식을 키우는 건 아이들에게 좋지 못하다는 주장은 더욱 이상하다. 결국 이들이 말하는 존중은 성소수자가 사회에서 '그들끼리' 살아가는 건 상관하지 않으나 '우리 이성애자'의 제도 속으로 들어오지는 말라는 주장이다. 이건 제도 바깥으로 밀어내는 태도이다. 이렇게 특정 존재에게 배제된 삶을 강요하는 것을 '존중'이라고 부를 수는 없다.

나아가 반대자들은 이런 주장도 한다. 지금도 동거인으로 지위를 가질 수 있는데 왜 굳이 '결혼'을 하려고 하는가, 이성애자들도 요즘은 결혼을 안 하고 동거를 하는 경우가 많은데 왜 굳이 결혼이라는 그 구태의연한 제도 속으로 들어오려고 하느냐, 다양한 성적 취향을 존중받길 원하면서 왜 더 진보적 자세를 가지지 않고 오히려 더 보수적인 결혼 제도 속에 들어오고 싶어 하느냐⋯.

하지만 이런 주장은 결혼과 동거 중에서 자신이 선택할 수 있는 권리를 가진 입장과 애초에 선택을 차단당한 입장 사이에 바로 차별이 있다는 사실을 간과하고 있다. 동성 결혼 합법화를 주장하는 목적은 이성애자의 제도 속으로 편입되겠다는 뜻이 아니다. 성소수자를 배제한 채 이성애자 가족을 중심으로 만들어진 현재의 제도를 바꾸길 원하는

존재에 대한 반대를 반대한다

것이다. 모든 형태의 가족이 제도권에서 차별받지 않도록 하자는 뜻이다. 그렇게 차별 없는 제도가 만들어지면 동거를 하든 결혼을 하든 자유롭게 선택하면 된다.

또 반대론자들은 동성 부모에게서 자란 아이들이 부모의 영향으로 나중에 동성애자가 될 수 있다는 이유를 들어 입양에 반대한다. 이미 많은 정신분석학자들이 부모의 성적 지향이 자녀에게 영향을 미친다는 증거를 찾을 수 없다고 밝혀 왔다. 게다가 많은 사람들이 굳건히 믿고 있는 이성애 중심의 가족 속에서 과연 모든 자녀가 행복하고 안전하게 성장하고 있는가? 아니다. 자녀 양육에 있어 중요한 것은 부모의 지속적 관심이지 그들의 성적 지향이 절대적 조건이 될 수 없다.

동성 결혼과 자녀 입양 문제가 구체적으로 정치 쟁점화되어서 그에 대해 머리 터지게 논쟁을 하는 상황은 차라리 진일보한 모습이라 할 수도 있겠다. 거기까지 진도가 나가기도 전에 한국에서는 동성애 그 자체를 두고도 '허용'이나 '반대'를 운운하고 있다. 거대 야당과 그 지지자들, 그리고 이 사안을 슬그머니 넘기려는 일부 [진보를 표방한다는] 언론 간에 맺고 있는 끈끈한 침묵의 동맹은 씁쓸하게 흐른다. 2012년 대선을 앞두고 있던 그들은 우선 정권 교체를 이루고 그 다음에 싸우자고 했다. 하지만 '닥치고' 정권 교체를 '대의'로 삼는 이들이 과연 그 대의를 이룬 후에 소수자와 연대할 수 있을까. 성소수자 차별 금지를 포함한 차별금지법을 추진하던 당시 민주당은 보수 기독교가 '종북 게이'라며 공격하자 2013년 4월 이 법안을 철회하기도 했다. 이에 대해 항의하는 소수자들의 의견은 '대의'를 위한다는 명목으로 줄곧 묵살당했다. 이렇게 성 정치가 배제된 정치 속에서 소수자들은 여전히 '열외'의 존재로 살고 있다.

'정상인'의 성은
없다

●

욕망을 이성애적인 것으로 만들면 '여자'와 '남자'의
표면적 특질로 이해되는 '여성성'과 '남성성' 간의 분명하고
불균형적인 대립이 생산되어야 하고 또 제도화되어야 한다.

_주디스 버틀러, 《젠더 트러블》 중에서

2013년 4월 26일, 프랑스에서는 인터넷상에서 어떤 '커밍아웃'이 최초
로 진행되고 있었다. 각자의 블로그, 커뮤니티 등을 통해 단체로 커밍
아웃을 하는 날이었다. 커밍아웃은 흔히 동성애자나 성전환자의 공개
적 고백으로 여겨진다. 그러나 이들은 동성애자도 성전환자도 아니었다.
그렇다면 누구였을까.

타인과 성관계를 하고 싶은 욕구도, 필요성도 느끼지 못하는 사람
들이 있다. 이 중에는 자위를 하는 사람도 있고 그조차 하지 않는 사람
도 있다. 애인의 손길을 좋아하지만 딱히 성기 결합 섹스를 하고 싶지
는 않다. 상대가 원할 때 할 수는 있지만 자신이 즐거워서 하는 것은 아
니다. 종교적인 금욕의 결과도 아니다. 그들은 바로 무성애asexuality자다.

20세기를 통과하며 섹슈얼리티 연구는 폭발적으로 늘어났지만 무
성애자에 대한 인식은 훨씬 더디게 일어났다. 흔히 성적 지향을 말할
때 어쨌든 나 외의 타인을 성적으로 욕망한다는 전제를 쉽게 의심하

지 않는다. 그 대상이 이성이냐 동성이냐에 주로 쏠려 있다. 그런데 과연 인간의 성욕은 지극히 기본적인 욕구이며, 타인과의 성관계만이 정상적 성생활일까. 오늘날 성소수자들이 하나둘 '벽장 속'에서 나와 '나여기 있다'고 말한다. 그렇게 성소수자 담론이 점점 다양하게 펼쳐지고있지만 이 무성애자의 존재는 여전히 '벽장 속'에 머물러 있다. 그 '벽장속'에 아직 얼마나 많은 이들이 웅크리고 있는지 파악조차 어렵다. 이제무성애자들은 또 다른 정상이 있음을 점점 알리고 있다.

2000년대 초반부터 무성애자들은 조금씩 커밍아웃을 했다. 그리고 조직을 만들어 목소리를 내기 시작했다. 2001년에 데이비드 제이David Jay가 조직한 무성애자 협회인 AVEN에는 2015년을 기준으로 6만 명 이상의 회원이 있다. 그렇다면 이 무성애자들은 전체 인구의 얼마를 차지할까. 캐나다의 심리학자이자 《무성애를 말하다Understanding Asexuality》의 저자인 앤서니 보개트Anthony Bogaert에 따르면 무성애자는전 세계 인구의 1퍼센트를 차지한다고 한다. 혹은 그보다 더 많을 수도있다고 추정한다. 그런데 세계 인구의 1퍼센트라면 7,000만 이상의 사람들이 무성애자에 속한다고 볼 수 있다. 5,000만의 남한 인구를 훨씬 웃도는 사람들이 타인에게 성적 욕망을 갖지 않는다는 얘기다. 보개트는이 무성애자를 '제4의 성'이라 명명했다. 무성애는 성욕을 억제하는 것이 아니며, 불감증과도 구별되고, 낭만적 사랑을 욕망하지 않는 것은더욱 아니다. 육체적 성관계를 하지 않는다고 해서 성관계를 부정하거나 혐오하는 것은 아니다. 싫어하는 경우도 있지만 대부분 성관계에 무관심하다. '연애의 목적'이 성관계인 사람도 있지만 연애 혹은 사랑과 섹스가 반드시 짝패를 이루진 않는다.

무성애자들은 성욕이 없기도 하고 있기도 하다. 성욕이 있다 하더라도 성기 결합으로 이루어지는 통념적 섹스에 대한 욕망이 없다. '세상에 성기 결합의 욕망이 없는 존재도 있다'는 인식이 요구된다. 보개트에 의해 그 개념이 정리된 무성애는 여전히 파악되어 가는 중이며, 논의는 이제 시작에 불과하다. 보개트에 따르면 무성애자는 우선 타인에게 성적인 매력을 느끼지 않는다. 그리고 성욕이 지속적으로 일어나지 않으며, 성적 파트너와 배타적 관계를 갖지 않는다. 또한 자신이 성행위의 주체라고 생각하지 않는다. 간단히 정리를 하면, 무성애자는 성욕이 있어도 타인과의 성관계를 원치 않거나 연애 감정은 있어도 성욕이 없는 경우다. 또한 성욕과 연애 감정이 모두 없는 경우도 있다.

인구의 1퍼센트라면 일상에서 마주치기 쉽지 않고, 대부분 무성애자에 대해 인식 자체가 없기 때문에 무성애자들은 다른 성소수자처럼 일상적 차별과 마주하고 있지는 않다. 그렇다면 왜 무성애자들은 게이 퍼레이드처럼 별도의 퍼레이드를 하고 온라인에서 커밍아웃을 하며 자신들의 존재를 점점 '정치적으로' 드러내는 것일까.

오늘날 '성性'은 중요한 정치적 담론 중 하나이다. 성에 대한 의식은 이제 자유로운 개인의 상징이자 정치적 진보의 중요한 의제가 되었다. 개인의 성적 '정체성'이 중요해졌고 나아가 성욕에 대해 말하도록 부추겨지고 있다. 표출하고 드러내야 억압되지 않은 개인으로 여겨진다. 이는 이성애자 남성이 성욕의 주체가 되는 사회에서 성소수자 등 사회적 약자들이 성에 대한 억압에 저항하고 경계를 넘는 방식이다. 그러나 지금까지의 성 정체성 담론은 언제나 타인에 대한 인간의 성욕 자체를 부정하지는 않았다. '정상적이고 건강한 사람이라면' 성욕이 있어야 마땅하다고 믿어 왔다. 성적 지향의 다양성이나 성욕의 많고 적음을 떠나 성욕의 유무를 논하지 않았다. 성욕이 없다는 것은 마치 치료가 필요한

'정상인'의 성은 없다

성적인 장애거나 '아직 경험이 없어서 뭘 모르는' 상태와 동일시된다. 무성애자들의 정치적 목소리는 이러한 관념에 도전한다고 볼 수 있다.

아직 무성애자에 대한 연구가 진행 중인 데다 대중적 인식이 부족한 상태에서 대중문화 속에서 그려진 무성애자들은 사실과 달리 왜곡되는 경우가 있다. 2012년 미국에서 개봉한 〈올리비아 엑스페리먼트〉에서 주인공 올리비아는 무성애자로 나온다. 포르노에 분노하고 젠더 연구를 하는 27세의 대학원생 올리비아는 스스로 무성애자라고 믿지만 영화 속의 그녀는 무성애자라기보다 단지 자신의 욕망에 소심한 경우다. 주로 대중문화를 분석하는 미국의 페미니즘 잡지 《비치미디어Bitch Media》에서는 영화나 텔레비전 속에 나타난 무성애자의 모습을 크게 3가지로 분석했다. 첫째, 무성애는 주로 백인 여성들에게 나타나는 일시적 상태다. 둘째, 이 여성은 자신의 욕망에 대해 솔직하게 말하지 못한다. 셋째, 무성애는 성관계를 원하는 사람이지만 표현하지 못하는 '문제'를 가지고 있다.[54] 결국 '무無'성애의 존재를 '미未'성애로 이해하고 있다.

성욕이 인간에게 절대적이고 보편적인 기본 욕구라는 관념이 다른 많은 담론의 가능성을 차단한다. 성적 욕망과 자극이 모든 인간의 본능이고 필수처럼 여겨지는 관념 속에서 무성애의 삶은 뭔가 문제가 있는 '비정상'으로 치부된다. 그래서 때로 무성애자들은 '정상'이 될 수 없는 자신을 부끄러워하기도 한다. 물론 그들은 소수이며, 보편적으로 인간에게는 성욕이 있기는 하지만 소수라고 해서 비정상으로 규정하면 곤란하다. 프랑스의 정신과 의사 필리프 브레노Philippe Brenot는 "만약 성생활이 없는 삶에 어떤 고통도 느끼지 않는다 해도 그것은 병리학적으로 문제가 없다"라고 한다. 그렇다. 문제없다. 나아가 '정상인의 성'이란 그 범주와 개념이 시대마다 유동적이다. 정상적인 성이 있다면 비정상적 성도 있게 된다. 그러나 한 시절 비정상적 성은 다른 시대에 정상이 되기도 한다. 1973년까지 미국정신의학회APA에서 동성애를 정신 질환으로 분류했지만 현재 미국은 동성 결혼까지 합법화한 나라다. 과학적 근거가 없어도 사회적 제도와 규범이 '개인의' 성 정체성에 대해 정상과 비정상이라는 질서를 생산한다는 사실을 알 수 있다. 성욕의 종류와 개념은 정치적으로 재단되어 왔다.

한편 무성애자들의 커밍아웃은 또 다른 차원의 정치적 운동이기도 하다. 오늘날 섹스 담론은 온 인간 사회를 휘감고 있으며 성욕의 표출은 종종 '자유'의 상징이다. 게다가 인간의 성욕은 신화적으로 부풀려져 있다. 섹스 없는 삶을 불완전하거나 인간으로서 제구실 못하는 불행한 삶처럼 여긴다. 더구나 성생활의 기준은 성기와 성기 결합에 맞춰져 있기에 비아그라는 단지 발기를 돕는 약품을 넘어 남성성을 '재건'하는 역할을 한다. 그러나 '의외로' 프랑스 여론조사 기관 입소스에서 섹스에 대한 프랑스인들의 생각을 조사한 결과 '인생에서 섹스보다 더 강력한 기쁨은 없다'는 말에 70퍼센트가 동의하지 않았다.

'섹시'라는 말이 폭넓게 사용되는 현상은 성적 매력과 성적 유혹이 중요해졌음을 시사한다. 사람이 아니어도 사물이나 현상을 두고도 '섹시하다'라고 표현하거나 사람의 지성을 칭찬할 때도 '뇌가 섹시하다'고 말한다. '섹스어필'은 중요한 매력적 요소가 되었다. 이렇듯 섹시함이 개인에 대한 찬사가 된 시기는 근대사회 이후다. 1920년대까지 《옥스포드 영어 사전》에 수록된 '섹시sexy'의 의미는 부정적이었다. 1950년 이후에야 오늘날과 같은 의미로 정착한다. 강한 쾌감을 표현할 때 '오르가슴'에 비유하는 모습도 간혹 볼 수 있다. "에로티시즘에 기반한 '나'를 구축하는"[55] 방식으로 이러한 표현의 성애화는 '당당하고 자유로우며 진보

'정상인'의 성은 없다

된' 개인을 보여 주는 태도이다. 우리는 언어와 대중문화의 섹스어필에 적응해야 하고, 이에 대한 성 담론은 종종 보수적 엄숙주의와 자유주의라는 단순한 대립적 구도로 마무리된다. 약자와 소수자를 향한 성적 억압에 저항하면서 동시에 성애화 자체에 의문을 갖는 것이 필요한 시점이다. 자유에 대한 상상이 성애화로 '축소'되고 있는 것은 아닌지 생각해 볼 때다. 욕망의 자유가 욕망이 있어야만 정상이라는 틀로 전환되는 것을 경계해야 한다. 성관계는 인간이 타인과 맺는 여러 방식의 관계 중 하나일 뿐이다.

그런 면에서 무성애에 대한 담론은 단지 개인의 성적 지향뿐 아니라 사회문화적으로 구성된 성애화에 대해 의구심을 가질 수 있는 계기를 제공한다. "케이크 한 조각It is a piece of cake"은 무성애자들이 사용하는 슬로건이다. 섹스보다 케이크 한 조각이 더 좋다는 뜻이다. 혹시 우리는 타인에게 성애의 대상이 될 것을 강요하고 있는 것은 아닌지, 그리고 성적 욕망이 있어야만 정상적인 인간이라고 자연스럽게 받아들이지는 않는지, 성욕은 과연 식욕·수면욕과 함께 인간에게 반드시 필요한 기본적인 욕구인지, 근본적인 질문이 필요하다.

동성애,
박해의 역사

●

제발 내가 동성애homosexual라는 단어를 사용하게 만들지 말아 주세요.

그 단어는 너무 위험하고 부조리하다고 생각해요. 혹시 괜찮다면,

너무 최근 단어이긴 하지만 '게이Gay'라고 말하세요.

_마그리트 유스나르

2013년 당시 민주당이었던 거대 야당이 개신교의 빗발치는 공격에 무릎을 꿇고 차별금지법 발의를 자진 철회하는 모습을 보며, 그 의지박약에 깊은 한숨을 쉬었다. 보수 기독교의 배타적인 차별 의식이 단연 심각한 문제지만, 그만큼이나 답답한 태도를 보여 줬던 건 바로 민주당이었다. 사회가 변화하는 과정에서 갈등은 필연적이다. 그런데 갈등을 조절하고 대화를 이끌어 나갈 '능력'도 '의지'도 없다. 나아가 군대 내 동성애를 처벌하자는 소리까지 들락날락하는 대한민국 국회는 정말 당혹스러운 인권 의식을 전시한다. 한 동성애자가 군대에서의 학대 가능성 때문에 결국 한국을 떠났고, 캐나다에서 난민으로 인정받은 사례가 있다. 군대 내에서 동성애자에게 가해지는 반인권적 행위에 대한 사회적 관심이 필요하다는 걸 알려 주는 사건이었다. 지금도 보수 기독교는 차별할 자유(?)를 종교의 자유나 표현의 자유로 이해하고 꾸준히 온갖 궤변을 쏟아 낸다. 언제나 기득권의 차별 의식은 '표현'이 되고 '견해'가 된

다. 이 차별을 거두라고 하면 '다른 소리'도 들으라고 하거나 '관용'을 베풀라고 억지를 부린다.

억압과 차별이라는 집단 폭력을 '표현'으로 인식하는 모습을 보면 총체적으로 문제가 심각하다. 타인에 대한 존중을 배우지 못한 자의 자유란, 늘 타인에 대한 폭력으로 향하기 마련이다. 너의 자유는 알 바 아니고 나의 자유를 수호하겠다는 이기심. 차별금지법을 거두고 처벌법을 만들겠다는 정신이 아득해지는 상황에서 과연 무엇을 해야 할까. 반대와 지지를 떠나 동성애가 여러 문화권에서 어떻게 다뤄져 왔는지 짚어 볼 필요를 느낀다. 동성애는 과연 인류 역사에서 언제나 금기시되었을까.

인류 최초의 문명으로 알려진 수메르 문명의 신화를 보자. 《길가메시 서사시》는 기원전 2700~3000년 즈음 메소포타미아의 도시국가 우르크의 왕이었던 길가메시를 노래한 서사시로, 오랜 세월 고대 근동[오늘날의 중동]에서 '베스트셀러'였다. 창조의 여신 아루루는 거칠고 호전적인 길가메시에 대항할 인물로 엔키두라는 강한 남성을 만든다. 둘 사이의 싸움에서 이긴 길가메시는 그 후 엔키두와 오히려 강한 '우정'을 만들어 나간다. 그런데 이 우정은 어떤 성격일까. 《길가메시 서사시》에는 두 사람의 관계가 꽤 섬세하게 담겨 있다. "그들은 서로 껴안고, 손을 잡고 우르크 거리를 거닐고, 침대 위에서 함께 잔다."

이 작품에서 동성애라는 개념을 직접적으로 언급하지는 않는다. 그러나 많은 암시를 준다. 길가메시는 사랑의 여신 이슈타르의 구애를 거부하여 그녀의 화를 이끌어 내는 반면, 그가 엔키두에게 보인 열정은 평범함 이상이었다. 신들의 분노로 엔키두가 죽은 후에 길가메시는 "그가 떠난 후 나는 더 이상 살아갈 이유가 없다"라고 말하며 삶의 의욕을 잃는다.

이들과 비슷한 관계를 《성경》에서도 역시 찾을 수 있다. 바로 분분한 의견이 있는 다윗David과 요나단Jonathan의 관계가 그러하다. 〈사무엘상〉 18장 1절은 다윗이 골리앗에게 승리를 거둔 뒤 요나단의 마음이 다윗의 마음과 연결되어 그를 자기 생명같이 사랑했다고 전한다. 이들은 서로 입을 맞추기도 한다. 길가메시가 여신 이슈타르를 거부하며 엔키두와 친밀했듯이, 다윗도 자신의 부인[들]보다 요나단을 더 중히 여겼다. 〈사무엘 하〉 1장 26절에서 다윗은 "나의 형 요나단이여 내가 그대를 애통해함은 그대는 내게 심히 아름다움이라 그대가 나를 사랑함이 기이하여 여인의 사랑보다 승하였도다"라며 요나단의 죽음을 애도한다.

그런데 스위스의 성서학자이며 《고대 근동과 성경 속의 동성애 L'homosexualité dans le Proche-Orient Ancien et la Bible》의 저자인 토마스 로메르Thomas Romer는 "오늘날의 동성애 개념을 당시의 문학 속에서 전혀 찾아볼 수 없다"라고 한다. '오늘날의 동성애 개념'은 이성애의 '반대'처럼 여겨진다. 그러나 당시에 동성애가 오늘날처럼 이성애의 반대 개념이었다는 증거를 문헌을 통해서는 찾을 수가 없다는 것이다. 그렇다면 오늘날의 개념으로 다윗과 요나단을 '동성애자'라고 섣불리 정의할 수도 없다.

이슬람교가 지배하기 전 고대 근동에서는 남성 간의 성적 관계가 딱히 금기시되지 않았다. 남성 간에도 인사나 애정 표현으로 입맞춤을 했다고 한다. 길가메시와 엔키두의 관계가 처음 그러했듯이 신화, 문학, 역사 등을 살펴보면 남성 간의 동성애는 젊은이의 교육에 필수적인 것으로 인식되었다.

이는 남성 영웅 사회에서 남성 간의 강한 동지애가 가장 숭고한 사랑의 방식이었기 때문이다. 그리스, 켈트, 라틴, 게르만, 트라키아, 마케도니아 등의 문화권에서도 남성 동성애는 이렇게 일반적이었다. 로메르

동성애, 박해의 역사

하르먼스 판 레인 렘브란트, 〈다윗과 요나단의 이별〉, 1642.
《성경》에서는 다윗이 골리앗에게 승리를 거둔 뒤 요나단의 마음이 다윗의 마음과 연결되어 그를 자기
생명같이 사랑했다고 전한다. 이들은 서로 입을 맞추기도 한다. 다윗은 자신의 부인[들]보다 요나단을
더 중히 여겼다.

에 따르면 주로 "두 남자의 관계에서 둘 중 한 사람은 '수동적 여성성'을 보여 준다." 한쪽은 강한 남성성을, 또 다른 남성은 통념적 여성성을 띤다. 이는 그리스 신화에서 '제우스와 가니메데스'의 관계에서 잘 나타난다. 제우스는 트로이의 소년 가니메데스의 아름다움에 매료되어 그를 천상으로 납치한다. 이 두 사람의 관계에서 제우스가 주인이 되고 가니메데스는 그에게 복종하는 입장이다.

실제로 고대 그리스에서 소년은 성인이 되기 전에 나이가 더 많은 남자에게 복종하는 관계를 가져야 했다. 이러한 관계는 사회적으로 체계화되어 있었고, 이 관계에서 나름의 의무와 권리가 있었다. 소홀히 하면 사회적 비난이 따랐다. 두 남자의 관계는 언제나 비대칭적이었다. 이 또한 오늘날의 동성애 개념과 차이를 발견할 수 있는 부분이다. 한 사람은 반드시 나이가 훨씬 많아야 했다. '윗사람' 남자의 욕망을 중심으로 관계가 형성되며 '아랫사람' 남자는 관계를 배우는 입장이었다. 남자들에게는 사랑과 우정을 '배우며' 남성다움을 습득하는 필수 과정이었다. 남성다운 '주인'이란 모두를 복종하게 해야 한다. 젊은 남자, 여성, 아이, 노예 등을. 이런 그리스 모델은 로마에도 어느 정도 계승된다. 젊은 남자 안티누스Antinous에 대한 로마 황제 하드리아누스Pablius Aelius Hadrianus의 사랑에서 이런 관계를 발견할 수 있다. 또한 《성경》에 등장하는 가버나움의 백부장 이야기에서 백부장은 예수에게 자신의 '사랑하는 종'이 병들어 누워 있다며 그를 구해달라고 청한다. 이 백부장과 사랑하는 종

• 《성경》에 등장하는 고대 그리스어 '파이스pais'가 주인과 어떤 관계인지에 대해서는 《성경》을 해석하는 입장마다 차이가 있다. 파이스는 에로틱한 대상인 연인, 어린 노예, 종 등으로 해석이 가능하다. 오늘날처럼 '자유연애'를 하는 사회에서 이해하는 동성 커플의 개념과는 다르지만 퀴어 비평 입장에서는 일반적인 노예[둘로스doulos]와도 다르게 본다.

시메온 솔로몬, 〈미텔레네 정원의 사포와 에리나〉, 1864.
그리스에서는 교육적 관계를 위해서만 여성 동성애가 허용되었다. 여성 간의 사랑은 음악과 미술 등 예술을 배우는 관계로 이뤄졌다. 오늘날 여성 동성애자를 뜻하는 레즈비언의 어원이 된 레스보스섬의 시인 사포가 그 대표적 예다.

'파이스'의 관계를 동성 커플로 보는 퀴어 비평도 가능하다.* 헬레니즘 문화권에서는 이 남성 동성애가 결혼과 함께 공존할 수 있었다. 청소년이나 노예와 어떤 관계를 맺든 간에 여성과의 관계를 배척하지는 않았다. 플라톤Platon의 《향연》에서 동성애는 지知와 덕德을 습득하는 과정으로 여긴다. 디오티마Diotima는 소크라테스Sōkratēs에게 남성 동성애는 미美와 선善을 배우는 진정한 사랑으로 향하는 단계이며, 이성 간의 사랑보다 상위에 있다고 한다. 이성 간의 결혼은 '재생산'을 위한 필요조건으로 인식되었다.

대부분 남성 동성애에 대한 기록이 있을 뿐 여성 동성애에 대해서는 찾기 어렵다. 그리스에서는 교육적 관계를 위해서만 여성 동성애가 허용되었다. 여성 간의 사랑은 음악과 미술 등 예술을 배우는 관계로 이뤄졌다. 오늘날 여성 동성애자를 뜻하는 레즈비언의 어원이 된 레스보스Lesbos섬의 시인 사포Sappho가 그 대표적 예다. 사포는 결혼을 했고 엄마이기도 했다. 또한 많은 젊은 여성들과 예술적 교류를 하며 밀접한 사이였다. 그러나 그들이 육체적 관계를 가졌는지는 알 수 없다.

이렇게 그리스와 라틴 문화권, 그리고 고대 근동의 기록들을 통해 알 수 있는 것은 동성애 그 자체가 금기가 아니었다는 점이다. 다만 그 개념이 오늘날과 다르다. 결혼과 상관없이 남성들은 동성애를 했고, 또 해야 했다. 그리고 개인적이라기보다 사회적으로 체계화되어 있었고 두 사람의 관계는 수평적이지 않고 종속적이었다.

《향연》에서 언급되었던 것과 마찬가지로 남성 간의 우정 혹은 사랑이 이성 간의 관계보다 더 우월한 연대로 받아들여졌다. 동성이냐 이성이냐가 중요한 것이 아니라 더 '우월한' 사랑을 추구하는 하나의 방식으로 남성 간의 연대 혹은 사랑이 있었음을 알 수 있다. 동성애에 '관대'했다기보다 사랑의 위계가 오늘날과 달랐다고 보는 편이 더 맞을 것이다. 그렇다면 언제부터 본격적으로 동성애라는 개념이 '특별하게' 등장했을까.

동성애, 박해의 역사

유일신교와 동성애:
동서양의 역사에서 보이는
'남성성'의 찬미

●

> 너는 여자와 동침하듯이 남자와 동침하지 말라. 이는 가증스러운
> 일이니라.
>
> _〈레위기〉 18장 22절

> 누구든지 여자와 동침하듯이 남자와 동침하면 둘 다 가증스러운 일을
> 행한 것이므로 반드시 죽일 터이니 자신의 피가 자신에게로 돌아가리라.
>
> _〈레위기〉 20장 13절

> 그와 같이 남자들도 순리에 따라 여자를 쓰지 않고 서로를 향해
> 색욕이 불 일듯 하여 남자가 남자와 더불어 부끄러운 일을 행하여
> 그들의 그릇됨에 부응하는 대가를 그들 자신이 치렀느니라.
>
> _〈로마서〉 1장 27절

기독교에서 동성애 반대(?)를 위해 흔히 성경 구절들을 근거로 삼는다. 특히 1세기에 사도 바울St. Paul은 '남색하는 자'를 '간음하는 자'와 '우상 숭배하는 자'와 마찬가지로 "하느님의 나라를 유업으로 받지 못"(고린도

전서〉6장 9절]할 자라 하였다. 동성애는 하나님의 창조 '순리'를 무너뜨리는 죄악이었다.

콘스탄티누스 1세Constantinus I의 밀라노칙령[313년] 이후 로마 제국은 기독교를 공식적으로 인정하고 교리를 정리해 나갔다. 나아가 기독교를 로마제국 국교로 자리 잡게 하기 위해 기독교의 절대적 힘을 구축할 필요가 있었다. 그래서 다른 종교를 '이단'으로 만들고 규제했다.《성경》에 나오는 소돔의 사례를 들어 동성애[남색]를 금기하고 이러한 금기를 지키지 않으면 성서를 따르지 않는 '우상숭배'로 간주했다. 4세기 즈음부터 그렇게 기독교는 공식적으로 동성애를 범죄화하게 되었다. 로마제국의 황제들은 동성애자들을 사형에 처했다.

당시의 신학자 아우구스티누스Aurelius Augustinus는 "만약 모든 사람이 소돔을 모방한다면 그들은 신의 규율 앞에 죄를 짓는 것이다. 신과 인간 사이의 약속을 훼손하는 것이다"라고 말하며 동성애를 강하게 비판했다. 신과 인간 사이의 언약을 부정하는 동성애는 악마와 손을 잡는 행위로 의심받게 되었으며, 반자연적인 엄청난 퇴폐 행위로 인식되었다. 이렇게 규정된 동성애는 심지어 지진, 기아, 흑사병 같은 자연재해나 질병의 원인으로 취급받기도 했다[오늘날 에이즈가 동성애 때문이라고 주장하며 동성애를 '반대'하는 이들의 모습을 생각하면 이해가 안 될 일도 아니다].

서구 사회가 기독교의 절대 권력 아래 놓이게 된 중세, 1150년 즈음부터 교회는 동성애에 대한 입장을 더욱 분명히 한다. 13세기에 신학자 토마스 아퀴나스Thomas Aquinas는 그의 《신학대전》에서 기독교인의 성도덕을 체계화하며 "자연계의 법칙을 훼손하는 죄악은 신을 모독하는 행위다"라고 동성애를 범죄화했다. 예나 지금이나 신의 이름을 팔아 자신의 주장을 정당화하는 이들은 신을 모독하지 않기 위해 인간을 모독하는 행위를 참 서슴없이 저지른다.

이슬람교는 어땠을까. 남성 간의 강한 우정과 사랑이 담긴 《길가메시 서사시》를 오랜 세월 공유했으며 남성 간의 육체적 접촉을 금기시하지 않았던 중동이지만 이슬람교가 자리 잡으면서 동성애는 최고의 혐오 대상이 된다. 역시 신의 질서를 배반하는 행위로 여겼기 때문이다. 유대교도 마찬가지였는데, 히브리어로 써진 최초의 랍비 문학인 《미슈나Mishna》에는 투석형과 태형으로 다스려야 할 가장 큰 죄로 이교 숭배와 살인, 그리고 동성애를 규정하고 있다.

《성경》이나 《코란》에서 '남자끼리의' 관계에 대해 비판하는 것에 비하면 여성 동성애에 대한 언급은 찾을 수가 없다. 그렇다고 여성 동성애에 관대했다는 뜻은 아니다. 가부장 사회에서 여자들의 동성애는 종교의 관심에서 아예 배제되어 있었다. 그러나 유대교에서는 약간의 차이가 있다. 12세기 유대인 철학자 모세 마이모니데스Moses Maimonides는 그의 책 《미쉬나 토라Mishne Torah》에서 여성 동성애를 '금지해야 할 성관계'의 하나로 다루었다. 이렇듯 기독교, 이슬람교, 유대교 모두 동성애를 단죄해 왔으며, 그 근거로 끌어오는 것은 잘 알려진 대로 '소돔과 고모라'의 이야기다.

하지만 도시 소돔이 신의 벌을 받고 멸망한 원인은, 동성애 때문이 아니라 롯의 집을 방문한 두 천사를 마을 사람들이 강간하길 원했기 때문이라는 해석이 더 자연스럽다.* 또한 소돔 사람들의 죄악을 통칭하

---

* 프랑스의 랍비 미카엘 아줄래Michaël Azoulay는 2010년 "《성경》의 재해석이 필요하다. 성서에서 단죄하는 동성 관계는 동성 '강간'이다. 자유롭게 합의된 관계를 말한 것이 아니다"라고 주장했고, 이에 대응하기라도 하듯 2011년 또 다른 랍비인 질 베른하임Gilles Bernheim은 동성 결혼 반대를 주장하는 책을 내 상당한 반향을 일으키기도 했다.

존 마틴, 〈소돔과 고모라의 멸망〉, 1852.
소돔 사람들의 죄악을 통칭하는 말로 쓰이는 '소도미'의 내용은 시대마다 다르게 인식되어 왔다. 중세 시
대에는 '자위'도 이 소도미에 포함되었다. 소도미가 구체적으로 '남성 동성애'를 의미하게 된 때는 15세
기부터다.

유일신교와 동성애: 동서양의 역사에서 보이는 '남성성'의 찬미

는 말로 쓰이는 '소도미sodomy'의 내용이 시대마다 다르게 인식되어 왔음을 상기해야 한다. 중세 시대에는 '자위'도 이 소도미에 포함되었다. 자위는 재생산과 무관한 성적 쾌락을 위한 행위였기 때문이다. 소도미가 구체적으로 '남성 동성애'를 의미하게 된 때는 15세기부터다. 그리고 19세기가 되면서부터는 이성과의 관계든 동성과의 관계든 상관없이 '항문 성교'를 의미하게 되었다. 현재 《브리태니커 백과사전》에 나와 있는 소도미의 정의는 광범위하다. 성기 결합이 아닌 성행위를 의미하기에, 구강성교도 포함되고 동물 성애와 소아 성애를 의미하기도 한다.

오랫동안 아시아 지역에 전파되어 나라마다 다양한 종파를 가진 불교는 동성 간의 사랑을 딱히 배척하지는 않았다. 오늘날 티베트 불교의 스승인 달라이 라마Dalai Lama는 "동성이든 이성이든 타인에 대한 존중만이 관계를 꾸려 나갈 수 있게 한다"라고 말하며 사랑의 대상이 이성이냐 동성이냐는 개의치 않는다. 그런데 불교는 성적 지향은 크게 억압하지 않지만 성욕 자체를 정신적 진보의 방해물로 여겼기에 섹슈얼리티와 적당히 거리를 둔 면이 있다.

그러나 일본 불교의 경우는 조금 다르게 섹슈얼리티 문제에 접근했다. 9세기 일본 불교 진언종의 창시자인 승려 구카이空海에 의해 남성 승려들 사이의 동성애가 '긍정적으로' 전파된다. 그는 이 동성애가 남자들 사이에서 기쁨의 근원이라고 했다. 그 때문에 당시 남성으로 이루어진 승려 집단 사이에서 동성애는 꽤 보편적이었다. 그 후 강한 남성성의 집단인 사무라이들에게서도 이러한 남성애는 발견된다. 사무라이들 사이에서는 남성애가 흔했고, 고대 그리스에서 그랬듯이 남성 간의 사랑을 이상화했다. 이하라 사이카쿠井原西鶴가 쓴 소설 《남색대감男色大鑑》은 사무라이의 사랑을 중심으로 이 남성애를 다루고 있다. 일본의 민속신앙에 속하는 신도神道 역시 개인의 다양한 성적 지향을 존중했다.

유일신을 믿기보다 수많은 신과 종교가 어우러져 있는 인도에는 훨씬 더 '신선한' 이야기가 있다. 케랄라주의 가장 대중적인 신인 아야 판Ayyappan은 시바Shiva와 비슈누Vishnou라는 두 동성 신의 결합으로 태어났다는 신화를 가지고 있다. 4~6세기 무렵 출간된 《카마수트라》의 저자로 알려진 바차야나Vātsyāyana는 동성애를 관능적 기쁨을 알아가는 하나의 방법으로 여겼다. 인도의 비폭력주의 종교인 자이나교도 일본의 신도와 마찬가지로 개인의 성적 지향을 존중했으며 상당히 개방적이었다. 사회적으로 비난당하는 성관계는 동성애가 아니라 근친상간이나 동물 성애였다.

가까운 중국에서는 한나라[기원전 202~220] 시대에는 동성애가 통용되었던 것으로 알려져 있으나 4세기 이후 도교가 국가적 종교로 자리 잡아 가면서 상황이 달라졌다. 이는 도교의 음양론 때문이다. 여성적 기[음]와 남성적 기[양]의 조화를 중시하는 도교에서 인간의 몸은 곧 소우주이고, 이 우주는 음양의 조화를 이루어야 한다. 이 조화가 장수에 좋다고 여겼으며 음과 음, 혹은 양과 양의 결합인 동성애는 개인 내부의 균형을 깬다고 생각했다. 음양의 조화를 긍정하는 사상은 결국 남성[양]과 여성[음]이 결합하는 '이성애'만을 '건강하고 정상적인' 관계로 간주할 수밖에 없다. 단, '양기'가 부족한 남성의 경우 예외적 가능성을 열어 두었다.

동서양에서 공통적으로 드러나는 사실은, 궁극적으로 '남성성'을 우월한 가치로 삼았다는 점이다. 고대 그리스나 일본의 사무라이들이 '남성애'를 찬미했던 것은 모두 동성애에 '관대'했다기보다 남성성을 높

유일신교와 동성애: 동서양의 역사에서 보이는 '남성성'의 찬미

은 가치로 추구했기 때문이라고 볼 수 있다. 양기가 부족한 남자에게는 남성과의 관계가 필요하다는 사고 역시 '여성성'을 가진 남성을 '결핍'된 존재로 여겼기 때문이다.

군이 이렇게 '옛날' 얘기가 아니어도 오늘날 '계집애 같은 남자'라는 표현은 남성을 비하하고 조롱할 때 쓰인다. 동성애를 제도적으로 금지하는 말레이시아에서는 현재 '여자 같은 남자 청소년'을 위한 재교육 제도가 있을 정도다. '사나이다움'의 늪에서 벗어나지 못하기는 동서고금을 막론하고 마찬가지다. 그래서 지배 문화에 대한 대항 운동 차원에서 일부 게이들은 남성성의 특권을 거부하는 '여성화 운동effeminist movement'을 하기도 했다.

'동성애자' 혹은 '성소수자'라는 같은 범주로 묶이지만 게이와 레즈비언은 서로 축적한 운동의 역사가 다를 수밖에 없다. 여성 동성애자는 더 부정되고 더 침묵을 강요받은 집단이다. 과거에도 존재했던 '동성애의 역사'는 주로 남성성을 찬미하거나 남성 간의 관계를 박해했다. 여성 동성애의 역사는 아직도 채워야 할 부분이 많다. 그래서 종종 게이와 레즈비언을 아우른다는 '중립적'인 '퀴어'라는 용어와 개념이 "표면적으로는 젠더 중립적으로 보임에도 불구하고 남성성이 그 핵심에 다시금 자리 잡는 것은 아닌지"[56] 우려하는 것은 여전히 필요하다.

정상적인
사람들

●

'나'는 신과 신을 곱한 뒤 신으로 나눈 결과다.

_클로드 카엥

이탈리아 일간지 《라 레푸블리카*La Repubblica*》의 한 기자가 2012년 "카라바조Caravaggio는 동성애자가 아니었다. 그는 정상이었다"라고 발언하여 이탈리아의 성소수자들을 격분하게 만든 적이 있다. 카라바조가 동성애자가 아닌 이유로는 그가 좋아하는 여자 때문에 한 남자를 살해했던 사실을 꼽았다. 남자 누드를 많이 그려서 동성애자라는 '의혹'이 있었던, 17세기 이탈리아의 대표적 화가인 카라바조는 오늘날 양성애자로 알려졌다. 그가 동성애자인지 이성애자인지는 별로 중요하지 않다. 분노의 초점은 바로 '정상'과 동성애자의 분리에 있다. 아울러 흥미로운 지점은, 그가 살인을 저질렀다는 사실보다 동성애자라는 사실이 거장의 명예를 더 훼손한다고 여기는 모습이다. 어떻게 해서든 거장을 정상으로 되돌려야 한다. 동성애자는 '정상'이 아니다.

우리는 '우리'라는 정상 범주에 속하기 위해 무수한 '나'들을 깎으며 산다. 정상적인 사람으로 완성된 가정을 이뤄야 정상적인 삶이다. 이 정상의 기준 때문에 이혼한 사람, 한 부모 가정, 성소수자, 노처녀·노총각, 비혼모 등은 감옥 같은 타인의 시선을 견뎌야 한다. 개개인의 몸과 삶, 취향 등은 우리의 보편성이나 평균과 같은 개념에 늘 밀린다. 평균은 중간 값이지 보편도 아니거니와 정상이라는 개념과는 무관하다. 좋은 성격을 표현하는 말은 '둥글둥글한 성격'. 정상이 강조되는 사회일수록 '각角'을 참지 못한다. 남 하는 대로, 남들처럼, 정 맞을 모난 돌로 보이지 않으려면 스스로 굴려서 둥글게 다듬어야 한다. '그래 가지고 사회생활 하겠어?'라는 힐난은 대부분 둥글게 되지 않으려는 개인의 자아 존중감을 공격하는 말이다. 정상성에 대한 규정은 지극히 정치적이기에, 무엇을 정상으로 규정하는지를 통해 알 수 있는 내용은 바로 그 사회 권력의 얼굴이다.

여성과 성소수자, 장애인을 비하하는 '개그'라는 이름의 미디어 폭력은 숱하게 만들어지고 있다. 외국인이 출연하는 예능 프로그램도 불편함 투성이다. 드라마 속의 가부장, 외화 번역에서의 성차별은 공기처럼 일상적인 현상이다. 부부 사이에 아내는 남편에게 존댓말을, 남편은 근엄하게 반말을 하는 정도는 예삿일이고,[57] 아내는 남편에게 폭행당한 후 아무렇지도 않게 멍든 얼굴을 계란으로 문지르기도 한다. 이런 장면을 금지하자는 뜻이 아니다. 금지가 많은 사회는 옳지 않다. 멍든 얼굴을 감추려 애쓰는 여자의 수치심을 더욱 강조할 뿐 이를 '폭력'으로 보지 않는 그 시각이 문제다. 드라마 속에서 성폭행 피해 여성이 임신을 알게된 후 가해 남성에게 매달리는 복장 터지는 진행도 본 적 있다. 이 모든 현상은 특별히 심의 대상이 되지 않는다.

현실 세계의 폭력보다 가상 세계의 연애에 더 당혹감과 분노를 드러내는 경우는 흔하다. 옆집의 가정 폭력보다 드라마 속의 '불륜'을 더욱 막장으로 바라본다. 또한 영화 속의 '야한 장면'을 볼 수 있는 나이와 실제 성관계를 할 수 있는 나이는 다르다. 한국에서 13세 이상이면

법적으로 성적 자기결정권을 가질 수 있지만 19세가 될 때까지 볼 수 없는 영화는 수두룩하다. 텔레비전 속에서 담배를 모자이크 처리하는 아무 의미 없는 규제는 시각적 방해와 비웃음만 생산할 뿐이다. 여성 보호라는 구실의 여성 통제가 존재하듯, 청소년 보호는 대부분 청소년 통제로 향한다. 게다가 그 통제의 방식이란 얼마나 이상한가. 20세가 될 때까지 술과 담배를 살 수는 없어도 [프랑스의 15세나 영국의 16세 이상보다 훨씬 '관대하게'] 13세 이상이면 성적 자기결정권이 있다니 도대체 이 기준은 누구의 입장으로 만들어졌는지 생각해 볼 필요가 있다.

정상적인 사람, 정상적인 삶의 기준은 소수의 삶을 제외하면 대부분을 괴롭히는 고문 같은 인식 체계다. 동성 간의 키스 장면이 방송에 나오는 것이 불편한 그들은 누구인가. 드라마 〈선암여고 탐정단〉에서 두 여고생의 키스신은 두고두고 논쟁의 대상이 되었다. 의붓아버지가 딸을 성폭행하거나 부부 사이에 강간이 벌어지는 장면도 '문제없이' 방영되었다. 자유와 욕망을 영위할 수 있는 범위는 주로 특정 계층과 성별에게 한정되어 있다. 노인, 청소년, 성소수자, 여성은 자유와 욕망의 주체가 되기 어렵다.

제도화된 폭력은 폭력이 아니라 문화나 전통, 국민 정서 등으로 둔갑하여 우리와 한 몸이 되어 있다. 너무 일상적이라 문제 제기하기에도 눈치가 보이며, 매사에 '피곤하고 예민한 사람'이라는 눈초리가 두려워 이 불편함을 불편하다고 잘 표현하지도 못한다. 심지어는 '피해 의식'이라는 모욕적인 공격까지 감수해야 하기 때문에 전혀 '쿨'하지도 않으면서 '쿨'한 척 넘어갈 때도 많다. 이것이 우리 몸에 그대로 박혀 있는 차별의 실체다. 누군가의 문제 제기는 불평, 불만, 투정 혹은 피해 의식이 되지만 누군가는 제도적으로 당당하게 심의를 거쳐 금지와 삭제라는

정상적인 사람들

억압을 행할 수 있다.

'가족 드라마'는 '가부장 드라마'인 경우가 많다. '재미있으면 그만' 이라고 하기에는 그 '재미'의 기준이 지극히 편협하다. 어떤 폭력은 정상의 범주 속에서 재미있게 펼쳐지고, 어떤 연애는 비정상으로 밀려나 심의를 받는 현실을 '정상적'으로 받아들일 이유가 전혀 없다. 가장의 권위를 지속하며 가부장을 유지하는 '훈훈한' 결말이 얼마나 많은가. 한국의 가족을 다룬 작품이 "신파 아니면 패륜"이라는 류승완 감독의 말은 꽤 적절하다. 끈끈한 '가족애'를 유지하고, 이를 확인하기 위해 신파와 패륜 사이를 오간다.

정상적인 삶을 위해 결혼해야 하고, 아이를 낳아 길러야 하며, 제도권 안에서 교육받아야 하고, 이 모든 것들은 '제 나이에' 맞게 이루어져야 한다. 생애 주기별로 규정된 정상성이 있다. 그렇지 않으면 '늦은 나이'라는 꼬리표가 늘 따라붙는다. 나의 기준으로 나의 삶을 살기보다 '남의 눈'에 삶의 기준이 맞춰져 있다. 입버릇처럼 하는 말이 '남들처럼', '남보란 듯이', '남부럽지 않게'다.

나는 정상적인 사람들이 무섭다. 살면서 내게 가장 쉽게 상처 준 사람들은 대부분 정상적으로 세상을 살아가는 사람들이었다. 그들이 '정상적인 인간'이라는 뜻이 아니다. 정상적인 성장 과정, 정상적인 연애, 정상적인 교육, 정상적인 몸, 정상적인 직업, 정상적인 가족…. 만인이 정상이라 부르짖는 그 정상성의 틀을 '지향'하는 '정상 추구자'라고 할 수 있겠다. 이들은 자신이 정상이라는 믿음이 강력하기에 스스로에 대한 성찰이 부족하다. 체육 시간에 오른팔을 번쩍 들며 "기준!"을 외치면 자신은 가만히 있고 주위에서 질서 있게 열을 맞추 듯, 정상적인 사람들은 자신을 기준으로 늘 다른 사람들을 재배치시키고 재구성하려고 한다. '나는 정상이다, 네가 바뀌어야 한다' 이렇게.

　바로 그것이 일상의 폭력이다. 왼손잡이를 강제로 오른손잡이로 만들 듯, 정상이 행하는 폭력은 어떤 규제도 받지 않는다. 때로는 지지 받기도 한다. 정상성이라는 관념에 빠진 사회는 이 정상인들의 폭력을 폭력이라 부르지도 않는다. 대신 도덕, 전통, 관습, 민족적 정서 등에 포함시킨다. '다르다'와 '틀리다'를 혼동하는 언어 습관이 너무 보편적이라 방송인들조차 종종 아무렇지 않게 '다르다'를 사용해야 할 상황에서 '틀리다'를 사용하고는 한다. 이는 단지 개개인의 실수라기보다 혹시 다름과 틀림의 개념 자체가 우리 사회에서 명확하게 자리 잡지 못했기 때문 아닐까.

주註

1) 주디스 핼버스탬 지음, 유강은 옮김, 《여성의 남성성》, 이매진, 2015, 30쪽.

2) "수도권의 아파트 가격 상승 폭은 지속적으로 커졌지만, 비수도권 아파트 가격은 이렇다 할 큰 폭 상승이 없었다. 1986~2002년 사이 아파트 가격 상승률은 전라남도와 전라북도 지역에서 가장 낮았고, 서울 지역에서 가장 높았다. 심지어 목포 지역에서는 2002년도 아파트 가격이 1986년보다 더 낮게 나타나기도 했다. 3배 이상 아파트 가격이 오른 서울 지역에 비해서 목포 지역 거주자들은 그만큼 상대적으로 가난해진 셈이다." 신광영, 《한국 사회 불평등 연구》, 후마니타스, 2013, 71쪽.

3) 조은, 《사당동 더하기 25》, 또하나의문화, 2012, 9쪽.

4) 빈센트 반 고흐 지음, 신성림 옮김, 《반 고흐, 영혼의 편지》, 예담, 1999, 79쪽.

5) "현서는 운이 없는 것이 아니라 그것이 그녀의 계급적 운명이다. 운명이라고? 그렇다. 나는 그래서 그녀의 죽음이 더 슬프다. 그녀는 매일, 그 시간에, 그 장소에 학교가 끝나면 와야 한다. 가난의 대물림." 정성일, 〈노골적이고 단호한 정치적 커밍아웃, '괴물'〉, 《씨네21》, 566호.

6) 토리, 〈레디앙 만평 '수염난 여성' 유감〉, 《레디앙》, 2012년 11월 23일.

7) 이수정·손지선·공형식, 〈가족 구성원 간 살해에 대한 고찰: 가족 살해의 범죄원인론과 양형을 중심으로〉, 《경찰학연구》, 2006, 47~71쪽.

8) 정약용 지음, 양홍렬 옮김, 《다산시문집》 4, 솔출판사, 1994.

9) Philip S. Foner, *Helen Keller: Her Socialist Years*, International Publishers New York, 2011, pp.21~26.

10) 이용남, 〈티라노의 무는 힘, 현존 최고 악어의 두 배〉, 《조선일보》, 2015년 4월 25일. 제목에 대한 비판이 일자 인터넷상에서는 제목을 바꾸었다.

11) 알렉산드라 콜론타이, 〈성과 계급투쟁〉, 《마르크스주의자들의 여성해방론》, 책갈피, 2015, 200쪽.

12) 메리 울스턴크래프트 지음, 손영미 옮김, 《여권의 옹호》, 연암서가, 2014, 143 쪽.

13) 시몬느 드 보부아르 지음, 조홍식 옮김, 《제2의 성(상)》, 을유문화사, 1993, 279쪽.

14) 같은 책, 238쪽.

15) MBC 베스트극장 〈남편의 못생긴 애인〉, 1999년 1월 11일 방영.

16) 박완서, 〈그는 담 밖 세상을 눈뜨게 해준 스승〉, 《못 가본 길이 더 아름답다》, 현대문학, 2010년, 221쪽.

17) 정두리 인터뷰, 〈편견에서 자유로워지고 싶다〉, 《씨네21》 1011호, 2015년 7월 7일.

18) "내게 만약 액세서리가 있다면 아마 핑크색일 것이다. 나는 패션 잡지 《보그》를 본다. 혹여 역설적으로 보일지 모르겠으나 그런 것은 아니다." Roxane Gay, *Bad Feminist*, Harper Perennial, 2014, p.315. [노지양 옮김, 《나쁜 페미니스트》, 사이행성, 2016.]

19) 임수영, 〈뛰어난 지성과 아름다운 외모로 남자들을 주눅 들게 한 미국 여성운동의 대모 글로리아 스타이넘〉, 《여성동아》 484호, 2004년 4월 1일, 660~663쪽.

20) 〈반가워, 2030녀의 '팬질 정치'〉, 《한겨레21》 제795호, 2010년 1월 18일.

21) "나는 우리나라 여자들이 다들 예쁘고 다들 주눅 들지 않았으면 좋겠다. 젊은 여자들의 성적 매력은 나라의 힘이고 겨레의 기쁨이다." 김훈, 〈노출〉, 《밥벌이의 지겨움》, 생각의나무, 2007, 120쪽.

22) 임석민, 〈째려봐야 할 명품〉, 《한겨레》 온라인 오피니언 훅, 2011년 11월 2일.

23) 안석주, 〈꼬리피는 공작!〉, 《조선일보》, 1928년 2월 9일.

24) 마리아 미즈 지음, 최재인 옮김, 《가부장제와 자본주의》, 갈무리, 2014, 424 쪽.

25) 모현주, 〈화려한 싱글과 된장녀: 20, 30대 고학력 싱글 직장 여성들의 소비의 정치학〉, 《사회연구》, 통권15호(2008년 1호).

26) 로절린드 P. 페트체스키, 〈인권, 재생산 건강, 경제 정의는 왜 분리될 수 없는 가〉, 《페미니즘 왼쪽 날개를 달다》, 메이데이, 2012, 143쪽.

27) 박완서, 〈그까짓 거 내버려두자〉, 《꼴찌에게 보내는 갈채》, 세계사, 2002, 181 쪽.

28) 여주영, 〈언제까지 가정폭력인가〉, 《미주한국일보》, 2009년 10월 20일.

29) 박완서, 앞의 글, 앞의 책, 185쪽.

30) 실비아 페데리치 지음, 황성원 옮김, 《혁명의 영점》, 갈무리, 2013, 267쪽.

31) 박완서, 〈내가 싫어하는 여자〉, 앞의 책, 253쪽.

32) 남은주, 〈레드카펫, 여인에게 길을 내주다〉, 《한겨레》, 2015년 8월 16일.

33) Martha M. Lauzen, The Celluloid Ceiling: Behind-the-Scenes Employment of Women in the Top 250 Films of 2013, San Diego State University.

34) Alexandra Kollontai, Communism and Family, www.marxists.org [정진희 엮음, 《마르크스주의자들의 여성해방론》, 책갈피, 2015.]

35) 이갑용, 《길은 복잡하지 않다》, 철수와영희, 2009년, 77쪽.

36) MBN 〈속풀이쇼 동치미〉 140회, '엄마 밥, 아내 밥', 2015년 7월 18일.

37) 이배용, 《한국 역사 속의 여성들》, 어진이, 2005, 145쪽.

38) 심상정, 《실패로부터 배운다는 것》, 웅진지식하우스, 2013, 42쪽.

39) 2012년 7월 23일, 프랑스 민영 라디오 Europe 1 다니엘 시크Daniel Schick와의 인터뷰에서.

40) 박완서, 〈여자와 맥주〉, 앞의 책, 276쪽.

41) 고나무, 《인생, 이 맛이다》, 해냄, 2010, 116쪽.

42) 버지니아 울프 지음, 이미애 옮김, 《자기만의 방》, 민음사, 2006, 42쪽.

43) 이은의, 《삼성을 살다》, 사회평론, 2011년, 178쪽.

44) 김태훈은 칼럼을 통해 "현재의 페미니즘은 뭔가 이상하다. 무뇌아적인 남성보다 더 무뇌아적이다. 남성을 공격해 현재의 위치에서 끌어내리면 그 자리를 여성이 차지할 거라고 생각한다"라며 "어쩌면 이제 사이비 페미니스트들은 가까운 미래에 바보 같은 남자들이 아닌 칼라시니코프 기관총을 든 진짜 테러리스트들과 싸워야 할지 모른다"라고 했다. 김태훈, 〈IS보다 무뇌아적 페미니즘이 더 위험해요〉, 《그라치아》 48호, 2015년 2월.

45) 〈'무죄' 판결 트렌드 이제 그만!〉, 《여성신문》 1369호, 2015년 12월 16일.

46) 국회 환경노동위원회 소속 민현주 의원[새누리당]이 2015년 고용노동부에서 제출받은 〈육아휴직과 출산 전후 휴가 중 고용보험 자격 상실자 현황〉 자료에서 인용.

47) Amartya Sen, *Development as Freedom*, Anchor Books, 1999, pp.104~105. [김원기 옮김, 유종일 감수, 《자유로서의 발전》, 갈라파고스, 2013.]

48) 마라 비슨달 지음, 박우정 옮김, 《남성 과잉 사회》, 현암사, 2013, 153쪽.

49) 같은 책, 90쪽.

50) 임미나, 〈여아 임신에 낙태 요구한 시아버지… 법원, 이혼 불허〉, 《연합뉴스》, 2015년 9월 2일.

51) "en afrique l'homophobie est un exutoire pour tous les autres maux sociaux",

Libération, 2014. 11. 19.

52) 이준석은 "동성애에 매우 비판적"이지만 그건 "막연한 거부감"일 뿐이고, 동
성애에 대한 사회적 거부감을 사람들에게 "납득시킬" 만한 주장이 있었으면
한다는 요지의 글을《주간경향》에 기고한 바 있다. 이준석, 〈막연한 거부감
과 절박함의 대립〉,《주간경향》 1028호, 2013년 6월 4일.

53) 남재희, 〈동성애 합법화, '나를 고루하다고 해도…'〉,《시사인》 297호, 2013년
5월 30일.

54) *Bitch Media*, 2015. 8.

55) Eva Illouz, *Pourquoi l'amour fait mal,* Edition du Seuil, 2012, p.89. [김희상
옮김,《사랑은 왜 아픈가》, 돌베개, 2013.]

56) 애너메리 야고스 지음, 박이은실 옮김,《퀴어 이론 입문》, 여성문화이론연구
소, 2012, 11쪽.

57) "작가 마음대로 쓸 수가 없습니다. 예를 들어 부부 간의 대화도 여자는 으
레 '그러셨어요, 저러셨어요?'합니다. 남편이 같이 존댓말을 하면 '쪼다 남편'
이라고 합니다. 여자가 남자한테 반말하는 경우는 학교 동창생이거나 아주
특별한 경우에만 그렇습니다. 대사 때문에 저도 많이 싸웠습니다. 처음에 존
댓말을 하는 남편을 썼더니 바보도 아닌데 왜 존댓말을 쓰느냐고 하더군요.
피디가 일단 자기 맘에 걸리니까 얘기를 하는데, 그게 자기 의사라기보다 시
청자들이 항의를 하니까 그러는 겁니다. '선생님, 대세대로 하시죠' 그러더군
요. 여성개발원에 계셨다는 건 잘 알겠는데 그래도 튀지 않으시는 게 좋겠다
고, 좋은 게 좋은 거 아니냐고 그래요. 드라마에서 며느리가 시부모한테 바
른말 좀 하고 그러면 시어머니들이 그렇게 전화를 걸어 항의를 한다고 그러
더군요." 문화영,《무심》, 수선재, 2004, 141~142쪽.

참고문헌

단행본

강영심 외 지음,《일제 시기 근대적 일상과 식민지 문화》, 이화여자대학교 출판부, 2008.

권현정 외 지음,《마르크스 페미니즘의 현재성》, 공감, 2002.

권현정 외 지음,《페미니즘 역사의 재구성: 가족과 성욕을 둘러싼 쟁점들》, 공감, 2003.

김교빈,《한국철학에세이》, 동녘, 2008.

김성희,《한국여성의 가사노동과 경제활동의 역사》, 신정, 2002.

낸시 홈스트롬 엮음, 유강은 옮김,《페미니즘 왼쪽 날개를 달다》, 메이데이, 2012.

마라 비슨달 지음, 박우정 옮김,《남성 과잉 사회》, 현암사, 2013.

마리아 미즈 지음, 최재인 옮김,《가부장제와 자본주의》, 갈무리, 2014.

메리 울스턴크래프트 지음, 손영미 옮김,《여권의 옹호》, 연암서가, 2014.

미셸 하웨이 · 제임스 M.오닐 엮음, 김태련 · 김정휘 옮김,《남성의 폭력성에 관하여》, 이화여자대학교 출판부, 2002.

바바라 크리드 지음, 손희정 옮김,《여성괴물, 억압과 위반 사이》, 여성문화이론연구소, 2008.

버지니아 울프 지음, 이미애 옮김,《자기만의 방》, 민음사, 2006.

박완서,《꼴찌에게 보내는 갈채》, 세계사, 2002.

수잔 벅 모스 지음, 김정아 옮김,《발터 벤야민과 아케이드 프로젝트》, 문학동네, 2004.

시몬느 드 보부아르 지음, 조홍식 옮김,《제2의 성》, 을유문화사, 1993.

신광영, 《한국사회불평등 연구》, 후마니타스, 2013.

실비아 페데리치 지음, 황성원 옮김, 《혁명의 영점》, 갈무리, 2013.

심상정, 《실패로부터 배운다는 것》, 웅진지식하우스, 2013.

안토니오 네그리·마이클 하트 지음, 윤수종 옮김, 《제국》, 이학사, 2001.

애너메리 야고스 지음, 박이은실 옮김, 《퀴어 이론 입문》, 여성문화이론연구소, 2012.

윤난지 엮음, 《모더니즘 이후, 미술의 화두》, 눈빛, 2000.

이갑용, 《길은 복잡하지 않다》, 철수와영희, 2009.

이배용, 《한국 역사 속의 여성들》, 어진이, 2005.

이은의, 《삼성을 살다》, 사회평론, 2011.

알렉산드라 콜론타이 외 지음, 정진희 엮음, 《마르크스주의자들의 여성해방론》, 책갈피, 2015.

조은, 《사당동 더하기 25》, 또 하나의 문화, 2012.

주디스 버틀러 지음, 조현준 옮김, 《젠더트러블》, 문학동네, 2008.

주디스 핼버스탬 지음, 유강은 옮김, 《여성의 남성성》, 이매진, 2015.

카를 마르크스 지음, 강유원 옮김, 《경제학-철학 수고》, 이론과실천, 2006.

Abdelwahab Bouhdiba, *La Sexualité en Islam*, PUF, 2004.

Alain Corbin, *L'Harmonie des plaisirs: les maniéres de jouir du siécle des lumiéres á l'avénement de la sexologie*, Perrin, 2008.

Amartya Sen, *Development as Freedom*, Anchor Books, 1999. [김원기 옮김, 유종일 감수, 《자유로서의 발전》, 갈라파고스, 2013.]

Andrea Weiss, *Paris was a woman*, Rivers Oram Press/Pandora List, 1995.

Anthony Bogaert, *Understanding Asexuality*, Rowman & Littlefield Publishers,

2012. [임옥희 옮김, 《무성애를 말하다》, 레디셋고, 2013.]

Arlene Swidler, *Homosexuality and World Religions*, Trinity Press International, 1993.

Bernard Faure, *Sexualités bouddhiques*, Flammarion, 2005.

Catheine Coquery-Vidrovitch, *Être esclave: Afrique-Amériques, XVe-XIXe siécle*, La Decouverte, 2013.

Christine Bard, *Un siécle d'antiféminisme*, Fayard, 1999.

Clara Dupont-Monod, *Histoire d'une prostituée*, Grasset, 2003.

Claude Cahun, *Aveux non avenus*, Mille et une nuits, 2011.

Claude Cahun, *Les écrits de Cahun*, Jean-Michel Place, 2002.

Eva Illouz, *Pourquoi l'amour fait mal*, Edition du Seuil, 2012. [김희상 옮김, 《사랑은 왜 아픈가》, 돌베개, 2013.]

Florence Dupont, *L'Erotisme masculin dans la Rome antique*, Belin, 2009.

Florence Quentin, *Isis l'Eternelle: Biographie d'un mythe féminin*, Alban Michel, 2012.

Florence Tamagne, *Histoire de l'homosexualité en Europe(Berlin, Londres, Paris, 1919-1939)*, Éditions du Seuil, 2000.

Florence Tamagne, *Mauvais genre? Une histoire des représentations de l'homosexualité*, La Martiniére, 2001.

FranÇois Buot, *Gay Paris: Une histoire du Paris interlope entre 1900 et 1940*, Fayard, 2013.

Geneviéve Paicheler, *Sexualité, normes et contrôle social*, L'Harmattan, 2003.

Geneviéve Pastre, *De l'amour lesbien*, Editions Horay, 2004.

Kenneth Dover, *Greek Homosexuality*, Harvard University Press, 1978.

Marie-Hélène Bourcier, *Queer Zones: Politique des identités sexuelles et des savoirs*, Editions Amsterdam, 2006.

Mark Tyler Connoley.Jeff Miner, *The Children Are Free: Reexamining the Biblical Evidence on Same-Sex Relationships*, LifeJourney Press, 2002.

Michel Foucault, *Histoire de la sexualité, tome 1: La Volonté de savoir*, Gallimard, 1994.

Monique Wittig, *La Pensée Straigt*, Balland, 2001.

Philip S. Foner, *Helen Keller: Her Socialist Years*, International Publishers New York, 2011.

R. B. Parkinson, *A Little Gay History*, Columbia University Press, 2013.

Régis Revenin, *Homosexualite et prostitution masculines à Paris*, 1870-1918, L'Harmattan, 2005.

Roxane Gay, *Bad Feminist*, Harper Perennial, 2014.

Sherry Wolf, *Sexuality and Socialism: History, Politics, and Theory of LGBT Liberation*, Haymarket Books, 2009.

Thibaud Collin, *Les Lendemains du mariage gay*, Salvator, 2012.

Thomas Römer·Loyse Bonjour, *L'homosexualité dans le Proche-Orient Ancien et la Bible*, Labor et Fides, 2005.

Yannick Ripa, *Les Femmes actrices de l'histoire: France, de 1789 à nos jours*, Armand Colin, 2010.

논문

김욱영, 〈1920-30년대 한국 여성잡지의 모성담론에 관한 연구: "신여성", "신가정", "여성"을 중심으로〉,《스피치와 커뮤니케이션》, 한국소통학회, 2003.

김정철, 〈그림형제의 동화 속에 묘사된 마녀상〉, 한국독일언어문학회, 2002.

김준호, 〈거리노숙인들이 생산하는 '차이의 공간'에 대한 연구: 서울역 거리노숙인들을 중심으로〉, 경희대학교, 2010.

김효주, 〈1920년대 여행기에 나타난 미국 인식과 표상: 허헌, 허정숙의 미국 여행기를 중심으로〉, 《한국민족문화》 49, 2013.

모현주, 〈화려한 싱글과 된장녀: 20, 30대 고학력 싱글 직장 여성들의 소비의 정치학〉, 《사회연구》, 통권15호, 2008.

박종민·박경희·최서경, 〈여성 성역할에 관한 환상 주제의 시대적 변천〉, 《광고연구》 99호, 한국광고홍보학회, 2013.

이수정·손지선·공형식, 〈가족 구성원 간 살해에 대한 고찰: 가족살해의 범죄원인론과 양형을 중심으로〉, 《경찰학연구》, 2006.

최옥선, 〈여성의 몸과 성형: 여성 잡지의 기사와 성형 의료 광고를 중심으로〉, 성균관대학교, 2004.

Alexandra Kollontai, Communism and Family, www.marxists.org

Martha M. Lauzen, The Celluloid Ceiling: Behind-the-Scenes Employment of Women in the Top 250 Films of 2013, San Diego State University, 2014.

Nicola Griffith, Books about women don't win big awards: some data, Mslexia, 2015 summer.

Pap Ndiaye, Les Habits Neufs de la Discrimination, l'Histoire, 2014. 6.

Seo-Young Cho · Axel Dreher·Eric Neumayer, Legalized Prostitution Increases Human Trafficking?, World Development, 2013. 1.